普通高等学校“互联网+”立体化教材

大学体育与健康

主编　林少琴

北京体育大学出版社

策划编辑：吕常峰
责任编辑：姜艳艳
责任校对：李云虎
版式设计：高荣华

图书在版编目（CIP）数据

大学体育与健康 / 林少琴主编 . -- 北京 : 北京体育大学出版社 , 2018.7（2022.7 重印）
ISBN 978-7-5644-3010-8

Ⅰ . ①大… Ⅱ . ①林… Ⅲ . ①体育—高等学校—教材 ②健康教育—高等学校—教材 Ⅳ . ① G807.4 ② G647.9

中国版本图书馆 CIP 数据核字 (2018) 第 179124 号

大学体育与健康
DAXUE TIYU YU JIANKANG　　**林少琴　主编**

出版发行：北京体育大学出版社
地　　址：北京市海淀区农大南路 1 号院 2 号楼 2 层办公 B-212
邮　　编：100084
网　　址：http://cbs.bsu.edu.cn
发 行 部：010-62989320
邮 购 部：北京体育大学出版社读者服务部 010-62989432
印　　刷：三河市东方印刷有限公司
开　　本：787mm × 1092mm　1/16
成品尺寸：185mm × 260mm
印　　张：19
字　　数：474 千字
版　　次：2018 年 7 月第 1 版
印　　次：2022 年 7 月第 5 次印刷
定　　价：36.00 元

《大学体育与健康》编审委员会

前 言

大学体育是我国高等教育的重要组成部分，其主要任务是增进大学生身心健康，增强大学生体质，提高大学生的运动技能和体育素养，促进大学生养成终身体育习惯。拥有健康的体魄，大学生在进入职场后能够更好地投入工作，成为合格的社会主义建设者和接班人。

为了更好地开展大学体育教学，积极发挥大学体育在促进学生身心健康、提高学生整体素质方面的主导作用，编者根据《中共中央国务院关于深化教育改革，全面推进素质教育的决定》《全国普通高等学校体育课程教学指导纲要》《“健康中国 2030”规划纲要》等一系列文件精神，并根据学校和学生的实际情况，结合时代发展的特征，组织编写了本书，以教育并引导大学生正确看待健康与体育的关系，并付诸实际行动，参与引领社会新风尚。

本书注重对大学生进行体育文化素养的培养和对大学生进行运动技能及体育锻炼方法的传授与介绍，以期全面提高大学生的体育素养，使大学生能现时获益、终身受益。

本书在编写上具有以下特点。

1. 内容丰富、全面

本书不仅列举了大学体育与健康概述，大学生应科学地进行体育锻炼、做好运动防护、注重体育保健与养生、有效提高健康体适能等相关的体育基础理论，而且介绍了田径、篮球、足球、排球、乒乓球、羽毛球、武术、健身气功、健美操、啦啦操、体育舞蹈、瑜伽、排舞、健美、游泳、龙舟、手球、休闲体育运动等多个体育运动项目。本书不仅可以丰富大学生的体育知识，激发大学生体育锻炼的兴趣，提升大学生的运动技能；还可以提升大学生的身心素质，为其终身体育锻炼奠定基础。

2. 趣味性强

本书不仅介绍了基础体育运动项目和专业项目，还介绍了龙舟等民族传统体育项目和毽球、花样跳绳等休闲体育运动项目。不同的运动项目的练习方法也不同，各具特色，能增强学生学习和练习的兴趣及耐力，促进学生个性发展。

3. 版式新颖、时尚

本书在版式设计上具有创新性。美观、新颖的版式设计使书本变得生动、美观，不仅可以给大学生带来视觉上的享受，而且有助于激发大学生的阅读兴趣，减少其学习的枯燥感。

4. 实用性强

本书实践项目章节里设置了大量二维码。大学生通过扫描二维码可以观看运动项目的技战术讲解视频，这有助于他们直观、快速地学习及掌握运动项目的动作要点，具有便捷性和可视性；这也体现了“互联网+”的立体化教学模式的优势，具有较强的实用性。

本书中的心肺复苏的视频由陈立新参与拍摄；气排球的视频由李明参与拍摄；排舞的视频由王丰彩参与拍摄；龙舟的视频由林立参与拍摄。

北京体育大学出版社对本书出版给予了大力支持和帮助。在编写本书的过程中，编者还参考和借鉴了一些文献资料，在此，向相关资料的作者一并表示诚挚的感谢。

由于编者水平有限，书中若有不妥之处，恳切广大读者给予批评与指正，以便本书不断完善。

目　录

第一章

大学体育与健康概述

第一节 大学体育概述

一、大学体育的地位和作用

（一）大学体育的地位

大学体育是全面发展教育的重要组成部分，是实现高素质人才培养目标不可忽视的一个方面。《全国普通高等体育课程教学指导纲要》中明确指出："体育课程是大学生以身体练习为主要手段，通过合理的体育教育和科学的体育锻炼过程，达到增强体质、增进健康和提高体育素养为主要目标的公共必修课程；是学校课程体系的重要组成部分；是高等学校体育工作的中心环节。体育课程是寓促进身心和谐发展、思想品德教育、文化科学教育、生活与体育技能教育于身体活动并有机结合的教育过程；是实施素质教育和培养全面发展的人才的重要途径。"

大学体育在促进社会主义精神文明建设、促进文化建设中也起着重要作用，这一作用首先通过大学体育促进学生的智力表现出来，同时大学体育也是学生进行思想品德教育的重要手段。

大学体育还是丰富现代社会生活的重要内容。随着体育的发展和人们生活水平及文化需求的不断提高，体育已成为人们生活中必不可少的组成部分。近年来，学校体育、社会体育和竞技体育三者之间的关系日趋密切，大学生参与社会体育、竞技体育的程度越来越深，大学体育对人们社会生活所起的积极作用日趋显著，这成为了社会生活的积极因素。

（二）大学体育的作用

大学体育作为全民健身的基础之一，在人才培养中发挥着独特的作用。

1. 增强大学生体质，促进大学生身体正常生长发育

《中共中央国务院关于深化教育改革，全面推进素质教育的决定》中明确指出："健康体魄是青少年为祖国和人民服务的前提，是中华民族旺盛生命力的体现。学校教育要树立健康第一的指导思想，切实加强体育工作。"学校应把促进学生健康成长作为一切工作的出发点和落脚点。增强体质、增进健康是体育最主要的功能。体育锻炼有利于人体骨骼、肌肉的生长，并能增强心肺功能，改善心血管系统、呼吸系统和消化系统的机能状况，有利于人体的生长发育，提高抗病能力，增强人体的适应能力。

2. 促进大学生身心的全面发展

体育锻炼对于人体身心健康起着重要的作用。科学的体育锻炼不仅能增强人体各器官、系统的免疫功能，全面促进机体的新陈代谢和身体的正常发育，还能磨炼意志，提高抗挫能力，陶冶情操，增强社会适应能力。

3. 有利于大学校园精神文明建设

体育作为社会主义精神文明建设的重要手段，既是文化建设的一项重要内容，又是思想建设的重要手段。大学体育，不仅要育"体"，而且要育"心"。不论是在大学教育中，还是在中小学教育中，德育都应位于首位，并且要贯穿于学校教育的始终。大学体育是大学生文化娱乐活动的组成部分，能使大学校园充满生机与活力，并以其丰富多彩、形式多样的内容，吸引广大大学生参与其中，是一种外向型的文化活动，使学生热情开朗，精力充沛，学习、生活劳逸结合，趣味多多。各种身体练习活动可以培养他们不怕失败、积极进取、坚忍顽强等思想品质，各式各样的竞赛活动可以培养大学生公平、公正的竞争意识，为校园内其他竞争活动的开展提供良好的示范作用；通过参与和观赏体育赛事活动，如跳水、花样游泳和篮球等一些充满运动美感的项目，大学生可以从中得到美的艺术感受与享受，同时，大学生还可以受到美学教育，树立正确的审美观，提高审美和创造美的能力。国内及国际性的体育交流和竞赛还可以培养大学生的爱国主义精神。因此，大学体育加强校园精神文明建设的作用是全方位、多层次的。

4. 奠定大学生终身体育的基础

终身体育包括两个方面的内容：一是指人从生命开始至生命结束的过程中学习与参加身体锻炼，使终身锻炼有明确的目的性，使体育成为人一生的生活中始终不可缺少的重要内容；二是在终身体育思想的指导下，以体育的体系化、整体化为目标，为人在不同时期、不同生活领域中提供参加体育活动机会的实践过程。

在体育教学过程中，大学生可以复习巩固体育课教学的内容，从而促进体育课教学质量的提高；另外，还可以选择从事自己所喜爱的活动，以便能体验到运动带来的成功与喜悦，对锻炼产生满足感，逐渐培养起对运动的兴趣，形成爱好，养成锻炼习惯。大学按作息制度安排的早操、课间操、班级体育锻炼等，是大学课外体育锻炼基本的、重要的组成部分，是大学生每天学习和生活中必不可少的内容。只要大学生持之以恒，就会养成良好的锻炼习惯，这样的习惯会由学生时代延续到终身，他们可以在生命历程的各个阶段都进行与自己的年龄、个性、兴趣、爱好和身体状况相适应的体育锻炼。这对他们的身心健康将产生良好的影响。自我体育意识是在反复实践中形成的。在反复不间断的实践中，加深对体育的情感体验，不断提高体育水平，使体育锻炼成为自觉主动的行为。学校体育是终身体育的组成部分，是打基础的阶段。课外体育锻炼在培养学生体育兴趣和能力、养成锻炼习惯等方面有着重要的作用，能为终身体育奠定良好的基础。大学体育在激发大学生参加体育锻炼的兴趣，使大学生掌握体育卫生的基础知识和科学锻炼身体的方法，提高大学生的体育文化素养，培养大学生良好的锻炼习惯与卫生习惯等方面均发挥着重要的作用。

5. 发挥社会效应

大学体育不仅是高校课程体系的一个重要组成部分，它在发挥社会效应方面的独特作用也不容忽视。在市场经济条件下，高等教育应适应国家的需要，适应社会发展的要求。形式活泼多样的群众性体育活动可以加强校际联系，通过辐射作用扩大社会影响；精彩激烈的体育比赛具有很强的观赏性，以运动员高超的技术、娴熟的战术、默契的配合、精湛的表演和宏大的比赛场面吸引着广大观众。欣赏高水平的竞技比赛已成为人们生活中不可或缺的一部分，同时，它作为一种极富感染力又容易传播的精神力量，除了在参赛学校中产生较大影响外，还可以通过媒体、网络等多个渠道发挥社会效应。大学体育的这种作用，其频率之高、影响之广、程度之深，是其他教育教学或学术交流活动无法比拟的，应该受到重视。实际上，很多高校已经切实地付诸行动，并取得较大的成效。大学体育发挥的社会效应无论是国际性的、全国性的，还是地区性的，其作用都不可小觑。

二、大学体育的目的和任务

（一）大学体育的目的

大学体育以运动和身体练习为基本手段，对大学生个体进行科学的培育，在提高人的生物潜能、心理潜能的过程中促进德智体美劳全面发展，达到身心健康、全面发展的教育总目的。随着大学生身体及心理的逐渐成熟，他们面临的学习压力和日后的工作压力也在逐步加大。大学生通过体育课在锻炼身体的同时，能够学会释放压力，调节心情，养成一个通过运动缓解压力的良好习惯，这无疑是大学体育最有价值的目标之一。教学过程是具有目的性和计划性的，它可以根据具体的教学内容，从中挖掘出具有心理健康教育的素材，从而有目的地改善和调节大学生的精神状态，使其适应繁重的学习、生活以及来自各方面的压力，树立积极向上的思想意志品质，培养大学生自强、自立、自尊、自爱的健康人格，为成功走向社会打下基础。体育活动是在一定的社会环境中进行的，总是与人群发生着联系，大学生在活动中要努力控制和约束自己的内心冲动，这对协调人际关系、扩大社交圈、遵守公共生活中的基本道德行为规范有着积极的影响。同时，在教学过程中，学校通过不同的体育活动内容、教学方法和手段，可以缓解大学生的心理矛盾，消除其抑郁和焦虑等心理问题，调节其心理状况，使大学生维持心理平衡。体育活动能改善中枢神经系统的均衡性和灵活性，提高综合分析能力，使人头脑清晰，思维敏捷，促进人体的生长发育，调节人的心理，使人朝气蓬勃，充满活力，养成良好的品质。

大学体育课的开设不仅是要让学生们完成身体锻炼的过程，关键是要以大学生的兴趣为着力点，让大学生积极投入自己喜欢的体育活动中去，养成主动锻炼的好习惯，树立终身体育的思想，为今后的工作、生活打下坚实的基础。

（二）大学体育的任务

（1）锻炼大学生身体，增强大学生体质，提高大学生健康水平。

（2）让大学生更好地掌握体育健康的基础知识、技术和技能。

（3）培养大学生良好的思想品德，促进大学生个性完善发展。

（4）培养大学生体育兴趣，帮助其树立终身体育的思想。

（5）提高大学生运动技术水平，为国家培养高素质体育人才。

第二节　现代健康新理念

一、健康的概念

健康是人类最大的财富。通常人们认为，一个人只要不生病、不打针、不吃药就是健康的。随着社会的进步与发展，人们对健康有了更加深刻和全面的认识。世界卫生组织于1948年指出：“健康不仅为疾病或羸弱之消除，而系体格、精神与社会之完全健康状态。”

（1）身体健康：躯体结构和功能正常，具有生活自理能力。

（2）心理健康：个体能够正确认识自己，及时调整自己的心态，使心理处于良好状态，以适应外界的变化。

（3）社会适应良好：能以积极的态度和行为去适应社会生活的各种变化。

由此可见，真正意义上的健康应该是确保高质量生活的一种最佳身心状态。

二、HELP哲学观与健康

如何保障当今社会中人类的健康生存？HELP哲学观的提出为当今社会保障人类健康生存提供了理论基础。HELP是四个英文单词的首字母：H—health，E—everyone，L—lifetime，P—personal。理解HELP的理论内涵将有助于人们培养健康的生活方式，并将影响其一生。

HELP中的H代表健康。健康是生命的根本，健康的生活习惯是健康机体的根本保证。只有深刻地理解并领会健康的含义，才能有效地付诸行动，并保持良好的生活习惯，而良好的生活习惯会有效地促进身心的健康发展。

HELP中的E代表每个人。具备追求健康的意识很重要，但关键是要使每个人都认识到健康的重要性，进而保证每个人都能养成良好的生活习惯，并影响周围的人；要使每个人都认识到终生都要保持良好的生活习惯；健康效果的显现滞后于生活习惯和行为方式的改变；体育运动并非运动员的专利，体育运动不是为了艺术欣赏而出现的，体育运动的根本目的是促进健康。这里强调“每个人”，其最终目的是消除国民的健康差距，促进全民健康。

HELP中的L代表一生。部分年轻人对吸烟、酗酒、运动不足等不利健康的行为对机体危害的严重性缺乏足够的重视。只有等到疾病发生时，人们才意识到这种行为的后果。因此，要使人们认识到不良健康行为具有累积性。从生命的早期就开始重视健康行为，树立终身体育意识，将使人受益终生。实施健康生活习惯的时间越早、越长，机体的受益时间就越久。长期健康的生活习惯甚至能改变某些疾病的遗传易感性。

HELP中的P代表个体。迄今，世上还没有一种能包治百病的灵丹妙药。同样，增强身心健康、提高身体素质也没有单一的行为或运动处方，健康的生活习惯应基于个体需求，每个体都要根据个人的习惯，对个体行为做出调整。指导者要了解被指导者的具体情况，做到因人而异，并要强调循序渐进。

三、亚健康

（一）亚健康的概念

亚健康也称第三状态，是近年来由医学界提出的新概念。现代医学根据人的健康情况，把健康人称为“第一种人”，把患病者称为“第二种人”，把处于健康与疾病之间的人称为“第三种人”，又称第三状态或亚健康状态。第三状态是指机体虽无明确的疾病，却呈现出活力降低、功能减退的一种生理状态，是一种暂时性的生理功能失调，常常会造成精神紧张综合征、疲劳综合征、疼痛综合征等。亚健康状态的主要表现有疲乏无力、焦虑不安、易激怒、情绪不稳定、适应能力差、失眠、胃口不佳、懒散、注意力不集中、理解判断能力差、社交障碍等。

（二）亚健康的临床表现

1. 神经系统的临床表现

（1）头痛：亚健康的神经系统表现中，头痛为最常见、最令人烦恼的症状。头痛的种类较多，以紧张性头痛和偏头痛最为多见。

（2）眩晕：突然感到周围物体旋转，同时感觉坐立不稳，伴有恶心、呕吐、出汗等，但始终无意识丧失。

（3）昏厥：昏厥是一种极短暂的失去知觉和行动能力的状态，可出现头晕、眼花、胸闷及饥饿等先兆，多由暂时性脑缺血或缺氧引起，一般在长时间站立、过度劳累、肌肉运动与大脑争夺碳水化合物或炎热环境下发生。

（4）耳鸣：耳朵感受到蝉鸣、哨声、铃声，或感受到风声、雨声。若自己感受则为主观性耳鸣，若检查者与病人均可听到耳鸣则为他觉性和客观性耳鸣。轻者表现为单耳、间歇发生，多在安静时出现，重者持续感到耳内吵闹不宁。

（5）麻木：有的麻木是疾病的早期信号。麻木的部位多不固定，呈游走性，时轻时重，变化多样，特别是可随着情绪的变化而发生变化。同时，病人常会伴有焦虑、烦躁、失眠、多梦、记忆力减退、心慌气短和周身乏力等自主神经紊乱症状。

2. 消化系统的临床表现

（1）肠易激现象：腹胀并伴有腹泻或便秘，晨起便意紧迫。临床起病隐匿，症状反复发作，但查不到器质性病变，该病较为顽固，易复发，常影响生活质量。肠易激主要与心理因素、胃肠动力异常、内脏痛觉过敏和胃肠道激素变化、免疫功能变化等有关。

（2）吸收不良：胃肠道有一定的营养吸收功能，吸收不良可能由吸收功能下降或排泄过快引起，也可能由长期服药而致。

（3）十二指肠淤滞症间歇期：易被忽视，仅表现为体质衰弱、消瘦、贫血，似为健康，实为发作间歇的休止期。发作时表现为呕吐、腹痛。

（4）菌群失调：正常人的肠道内保持着一定数量比例的正常菌群，如大肠杆菌、乳酸杆菌等，起着合成维生素、促进机体生长发育的作用，并能产生一定的防御功能。亚健康状态会出现轻微的菌群失调，使机体的防御功能减弱，这样虽然不会引起重大病理变化，但会影响营养代谢和破坏自身的保护机制。

3. 循环系统的临床表现

（1）无症状性心肌缺血：多为胸闷、憋气、气短，且没有明显疼痛症状。它与基因、体质、疼痛耐受性、糖原供给能量、身心、社会环境因素有关，如运动、寒冷、兴奋、忧虑等影响交感神经、迷走神经及肾上腺素神经，常有情绪变化表现，有闷痛，并伴有窒息感甚至濒死的危险。

（2）二尖瓣脱垂：二尖瓣是分隔左心房和左心室的一对瓣膜。如果在每次心搏后瓣膜不能很好地关闭，少量的血液就会回流入左心房并产生杂音。大多数病人感到疲劳，而有时疲劳是二尖瓣脱垂的唯一症状。

（三）亚健康状态的调控

亚健康状态的调控如图 1–2–1 所示。

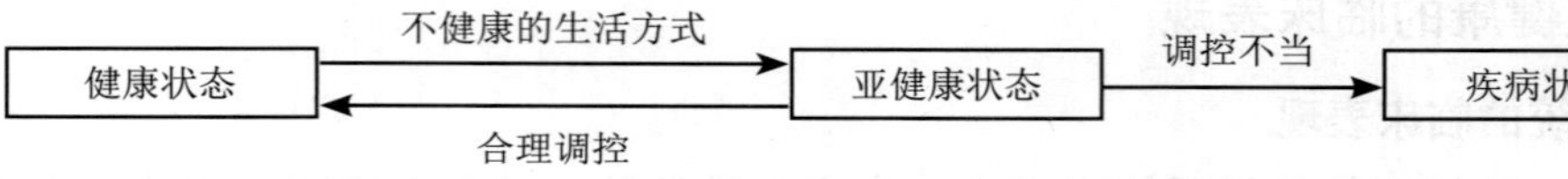

图 1–2–1

下列做法可改善机体的亚健康状态。

（1）改变不良生活习惯，戒烟、戒酒，减少或避免来自外界的恶性刺激。

（2）保持体内生物钟的稳定，做到劳逸结合，作息规律，防止加重身心负担。

（3）适度增加运动强度，延长运动时间，这不仅可以增强心肺功能，还能产生愉悦感。

（4）加强营养，定时进餐，尤其要重视早餐，注意提高早餐的质量。

（5）通过旅游活动，如春踏青、夏赏花、秋登山、冬赏雪等，经受大自然的洗礼，增强体质、陶冶情操。

（6）通过自我心理调适，逐渐提高对外来刺激的承受能力，增强心理抵抗力，以心理健康促进躯体健康。

（7）广交益友。多交朋友，并加强与朋友的交流与沟通，有助于维持良好的人际关系，完善性格，调节情绪，促进心理健康。

（8）当慢性疾病症状重复出现时，须就医，进行对症治疗。

第三节　影响健康的因素

一、人体生物学因素

人体是一个极为复杂的有机体。在影响和制约人体健康的诸多生物学因素中，遗传和心理两种因素是最主要的。

（一）遗传因素

后代形成与亲代相似的多种特征被称为遗传特征。遗传不仅使后代在形态、体质以及性格、智力、功能等方面与亲代相似，还会把亲代的许多隐性的或显性的疾病传给后代。遗传病不仅种类多，而且发病率高（约占一般疾病的20%）。某些遗传病影响个体终生，这是重大的社会问题。现在世界上许多国家正在大力发展康复医学，遗传残疾人是其重要的康复对象。对于遗传病，最重要的还是预防，如提倡科学婚姻，用法律来禁止近亲结婚等。

（二）心理因素

1. 消极的心理因素能引起多种疾病

我们的祖先在两千多年前就发现了情绪对身心健康的影响。《黄帝内经》中曾提到了“怒伤肝”“喜伤心”“悲伤脾”“惊恐伤肾”。现代医学心理学的研究也证明了许多疾病的发生、发展与心理因素有关，如心血管疾病、高血压、肿瘤等。大量的临床实践也证明，消极的情绪（如悲伤、恐惧、紧张、愤怒、焦虑等）能引起各器官、系统的功能失调，导致失眠、心动过速、血压升高、尿急、月经失调等症状。在我国癌症普查中还发现心理因素与食道癌、子宫颈癌的发病有着密切的关系。

2. 心理因素在治疗中的作用

心理因素在治疗中的作用主要表现在两个方面：一方面，在疾病治疗中要打消顾虑，树立与疾病做斗争的坚强信念，积极与医护人员配合，以提高治疗效果；另一方面，对由心理因素、情绪因素引发的疾病要坚持心理治疗，即消除致病的消极心理因素。

二、环境因素

（一）自然环境

优美的自然环境能使人精神振奋、呼吸畅通、内分泌协调，这些对人的身心健康无疑是十分有利的。

大自然在为人类提供各种营养物质的同时，也传播对人体健康有害的物质，如广泛存在的有害微生物（细菌、病毒）、空气中的污染物、溶于水中的有害成分等。另外，气候的突然变化（如酷暑、严寒、雾霾、空气湿度异常等）也会影响人体健康。

（二）社会环境

社会环境包括社会制度、法律法规、经济、文化、人口、民族、职业等。社会制度决定着与健康相关的政策和资源保障；法律法规决定着对人们健康权利的维护；经济决定着与健康密切相关的衣、食、住、行；文化决定着人的健康观及与健康相关的风俗和习惯；人口的质量和密度影响着人们健康的程度；民族影响着人们的饮食结构和生活方式；职业决定着人们的劳动强度和方式等。

三、生活方式因素

生活方式指的是人们长期受一定的民族文化、社会经济、风俗，特别是家庭的影响而形成的一系列的生活习惯。

在现代社会，人们越来越清楚地意识到，不良的行为和生活方式是影响人类健康的主要原因。

人的行为是人在为个体生存和种族延续而适应不断变化的环境时所做出的反应或一切活动的总称，它既包括人的一些本能性活动，又包括人所从事的劳动和人际交往等高级的社会活动。人的生活方式是社会及其组成人群中占优势的社会和个人的卫生规范，是人们长期受一定民族、文化、经济、习俗、规范，以及家庭的影响而形成的一系列生活意识、生活习惯和生活制度。

四、卫生保健设施因素

保健是指旨在对疾病患者进行治疗的康复训练、普查疾病、促进健康、预防疾病、预防伤残以及健康教育等一系列活动的总和。显然，健全的社会保健制度是维护和促进健康的重要保障。

社会保健制度涉及多个方面，而其中最重要的是建立和健全初级卫生保健制度。初级卫生保健制度是最基本的卫生保健制度，它的特点是能针对本区域人群中存在的主要卫生问题，相应地提供预防疾病、治疗伤病以及促进身心健康等方面的卫生服务。例如，开展针对性的健康教育，提供安全饮用水和基础卫生设施，改善食品供应及合理营养，开展妇幼保健和计划生育、地方病的预防和控制、常见病和外伤的妥善处理、主要传染病的免疫接种，提供基本药物等，这样就可以使所有个人和家庭都能享受到基本的卫生保健。

五、体育锻炼因素

人体在适宜的运动过程中将产生一系列适应性的良性变化，有助于达到健身防病的目的。然而，如果运动量过大，人体则可能因难以承受而受到伤害；如果运动量过小，则人体难以达到刺激体内各组织、器官从而提高生理功能的目的。因此，体育锻炼要想获得理想的健身效果必须注重科学性。

第四节　运动对健康的促进

一、适量运动对健康的影响

适量运动是指运动者根据个人的身体状况、场地、器材和气候条件，选择适合的运动项目，使运动负荷不超过人体的承受能力，即运动过程中的运动强度、持续时间和运动频率适宜，运动时的心率范围控制在 120 ～ 150 次/分；机体无不良反应，运动后略觉疲劳，恢复速度快；情绪和食欲良好，睡眠质量高，醒后感觉精力充沛。

适量运动

（一）适量运动对人体生理机能的影响

1. 对运动系统的影响

运动系统是大学生正常生活、工作和运动不可缺少的器官和系统。运动生理学研究表明，经常参加体育运动有助于人体骨骼的发育和生长；有助于关节变灵活，这可以增加动作的幅度；有助于增加肌肉的体积和力量。

2. 对心血管系统的影响

人的心血管系统是由心脏和血管组成的，其中，血管担负着人体新陈代谢过程的运输任务，而心脏是血液循环的总动力中心。在进行体育运动时，心脏毛细血管开放的数量增多，心肌的血液供应和新陈代谢加快，增加了心肌中蛋白质和糖原的储备，心肌纤维变粗，心壁增厚，心脏的形态发生了良好的变化。随着心肌收缩力量的增大，心脏容量也得以增加。心脏每搏输出量和每分输出量也会增加。有资料表明，一般人每搏输出量为 70 ～ 90 毫升，经常锻炼的人为 100 ～ 120 毫升。安静时一般人心率为 60 ～ 80 次/分，经常锻炼的人可减少到 50 ～ 60 次/分；剧烈运动时，一般人的心率只能达到 180 次/分，经常锻炼者的心率可达到 200 次/分，这些变化都是心血管系统机能增强的表现。此外，经常参加体育运动还会影响血管壁的结构，改变血管在器官中的分布状态，使冠状动脉口径变粗、心肌毛细血管的数量增加。因而，体育锻炼也是预防一些心血管系统疾病、保护心脏健康的积极手段。

3. 对呼吸系统的影响

人体的呼吸系统是由呼吸道（包括鼻、喉、气管和支气管）和肺组成。呼吸道是呼吸时气体的通道，肺是进行气体交换的场所。大学生肺的结构和机能迅速生长发育，呼吸肌力量逐渐加强，呼吸差、肺活量已接近或达到成年人水平。呼吸频率逐渐减慢，呼吸深度相应增加，呼吸系统已经达到健全程度。

经常参加体育活动可使呼吸系统的机能得到改善。因为运动可以保持肺组织的弹性，改进胸廓活动范围，使呼吸深度加大，肺活量增加。一般成年男子肺活量为3500毫升左右，女子为2500毫升左右，而经常锻炼的成年男子肺活量可达到4000～7000毫升，女子可达到3500毫升左右。运动也使呼吸系统的通气和换气功能得以增强。安静时一般人的呼吸频率为12～20次/分，肺通气量为4～8升/分，经常锻炼的人呼吸频率仅8～10次/分就可达到同样的肺通气量。在定量工作时，呼吸机能还能表现出节省化现象，即能够较长时间地保持高效率的工作，能够适应和满足较大运动负荷对呼吸系统的要求。

4. 对神经系统的影响

经常参加体育活动可以使人的头脑清醒、思维敏捷。因为大脑虽然只占人体重的2%，但它所需要的氧气却要由心脏总血流量的20%来供应，比肌肉工作时所需的血流量还要多。进行体育运动，特别是到大自然中去运动，可以改善大脑供血和供氧情况，促使大脑皮质兴奋增强。另外，进行体育锻炼是调节大脑皮质兴奋和抑制过程的有效措施，因为人体神经系统的活动就是兴奋和抑制过程的相互转换。人体在运动的过程中，肌肉需要不停地做出收缩和放松的反应，这一过程本身就是对神经系统兴奋与抑制机能很好的锻炼，可以使人的动作敏捷，反应灵敏迅速，思维灵活，也可以改善神经系统对心血管系统、呼吸系统和运动系统的调节功能，从而更好地保证大学生在校期间的学习效率。

5. 对免疫功能的影响

适度运动可增强机体对运动应激的生理性适应，表现为机体免疫机能增强，不易感冒，抵抗病毒的能力增强。

6. 对胃肠机能的影响

适量运动可使胃肠蠕动加强，血液循环改善，消化液分泌增加，营养物质转化与吸收加速。

7. 对身体成分的影响

适量运动可促进脂肪分解，促进肌肉蛋白质的合成，使体脂含量减少，瘦体重增加，有利于改善和保持正常的身体成分。

8. 防治疾病

适量运动可降低正常人或轻度高血压患者的血压，延缓动脉粥样斑块的形成；可有效地减缓随年龄增长而发生的骨质疏松；有助于调整神经系统的活动状态，协调各中枢间兴奋与抑制的平衡，改善其机能活动，防止神经衰弱的发生。此外，适量运动还能增加胰岛素受体对胰岛素的亲和力，提高肌肉对糖的利用率，降低血糖，增加肌肉对脂肪酸的利用，降低血脂，因而有防治糖尿病的作用。

9. 延缓衰老

适量运动可以改善老年人的心血管机能，改善脂代谢，保持机体自由基的生成与清除的动态平衡，提高机体的新陈代谢和抗氧化能力，促进免疫系统机能，改善内分泌功能，起到延缓衰老的作用。

（二）适量运动对人体心理机能的影响

1. 有助于改善情绪状态

在繁重的学习压力下，某些人经常会产生忧愁、紧张和压抑等情绪反应，参加体育活动可以转变个体不愉快的意识和情绪，因为运动能够提高人的情绪唤醒水平。唤醒水平是指一个人情绪兴奋的水平。当达到一定的运动负荷时就会使唤醒水平提高，使人精神振奋、乐观自信、充满活力。

2. 有助于培养意志品质

意志品质是指一个人的果断性、坚韧性、自制力以及勇敢顽强和独立自主等精神。意志品质既是在克服困难的过程中表现出来的，又是在克服困难的过程中培养起来的。在体育活动过程中，需要不断克服各种客观困难（如气候条件的变化、动作的难度加大、运动损伤等）和主观困难（如惰性、胆怯、畏惧、疲劳等）。坚持参加体育活动，可以培养坚强的意志品质，并能够迁移到学习、生活和工作中去。

3. 有助于培养人际交往能力

人际交往是指在社会活动中人与人之间进行信息交流和情感沟通的联系过程。人际交往能力强是一个人心理健康的重要标志之一。经常参加体育活动有助于培养大学生的人际交往能力，因为体育活动增加了人与人接触和交往的机会。很多体育运动项目是以集体参与的方式表现出来的，参加运动的过程就是一个与他人紧密协作和配合的过程。

4. 有助于心理卫生问题和心理障碍的防治

体育锻炼被公认为一种有效的心理治疗方法。一项调查发现，在1750名心理医生中，80%的人认为体育锻炼是辅助治疗抑郁症的有效手段之一，60%的人认为应该将体育锻炼作为一种医疗手段来消除焦虑症。

二、过度运动对健康的影响

过度运动包含两个方面的含义：一是运动负荷超过人体的承受能力，机体在精神、能量等方面过度消耗，使其无法在正常时间内恢复体力；二是指当身体的某些机能发生改变时，因恢复手段无效、营养不良、情绪突变、思想波动等，使正常的负荷变成超量负荷，从而使主动运动变成被动的应激刺激。过度运动往往会出现运动能力减退，出现某些不正常的生理状态以及心理症状。

过度运动可引起心肌毛细血管的持续性损伤，使心肌细胞发生缺氧性损害，心肌收缩性能和舒张性能也会产生较为严重的损伤；可造成骨骼肌收缩机能下降，肌肉细胞内钙离子平衡紊乱，从而引发关节慢性劳损、肌腱损伤、疲劳性骨折；还会使人体内各器官供血供氧失去平衡，导致大脑早衰，扰乱内分泌系统，使免疫机制受损，加速身体各器官的衰老。

三、运动缺乏对健康的影响

运动缺乏的含义包括久坐、机体缺乏运动应激刺激、不运动或很少运动。如果每周运动不足 3 次，每次运动时间不足 10 分钟，运动强度偏低，运动时心率低于 110 次/分，则为运动缺乏。

运动缺乏将对人体健康产生不利的影响。长期缺乏运动，人的新陈代谢机能就会降低，由此很容易引起各种肌肉、关节的疾病，如肩周炎、骨质疏松症等，也会导致心肺机能下降等不良身体反应。久坐不动还是痔疮、坐骨神经痛、盆腔瘀血等病症的祸根。运动缺乏或久坐不动可使人体的抵抗力下降，极易患疾病。运动不足是 2 型糖尿病发病的独立危险因素。运动缺乏可加速衰老，增加老年人的死亡率，并且使心肌损伤、中风、糖尿病及心绞痛的发病率明显上升。

四、终身体育与个体健康

运动对人体影响的双向性特征说明：生命不仅在于运动，而且在于科学地运动。要实现“健康第一”的指导思想，达到强身健体的目的，就必须树立终身体育的理念，养成终身体育锻炼的习惯。

终身体育，是指人们在一生中所进行的身体锻炼和所受到的各种体育教育的总和，即在人的一生中实参与体育，它是与生命具有共同外延的一种连续性的教育过程。因此，伴随着个体年龄、体力、心境、环境与观念的变化，终身体育的侧重点也会发生阶段性变化。幼年期突出“游戏性”，青春期张扬着“竞争性”，成人期较多关注“社交性”，而人至暮年，对于健康长寿必然倾注更多热忱。由此得知，体育已成为每一位人类成员的生存必需品，贯穿于每个生命的全过程。

对于当代大学生而言，要顺利完成学业，适应就业后的激烈竞争，更应具备终身体育意识，培养终身体育锻炼的兴趣，掌握终身体育锻炼的知识，提高终身体育锻炼的能力，养成终身体育锻炼的习惯，以远离疾病和衰弱，努力让身心健康的完好状态伴随一生。

思考题

1. 大学体育的作用有哪些？
2. 简述亚健康的临床表现。
3. 影响健康的因素有哪些？
4. 简述运动对健康的促进作用。

第二章

大学生应科学地进行体育锻炼

第一节 体育锻炼的原则与方法

一、体育锻炼的基本原则

（一）自觉积极性原则

自觉积极性原则是指体育锻炼者要有明确的健身目标，充分认识体育锻炼的价值，自觉积极地从事体育锻炼活动。体育锻炼的积极性是锻炼者进行自主锻炼的重要前提，是由被动锻炼转为主动锻炼的催化剂，是推动自我体育锻炼不断深入的内在动力。

（二）实效性原则

实效性原则是指体育锻炼时应根据锻炼者的年龄、性别、健康状况、运动基础、职业特点等实际情况，合理地选择锻炼内容、方法及安排运动负荷，科学地进行体育锻炼，以取得最佳的锻炼效果。

（三）经常性原则

经常性原则是指应长期地、不间断地、持之以恒地进行体育锻炼。长期的体育锻炼能使人体的结构和机能产生适应性变化，增强体质，提高机体免疫力。短时间的体育锻炼能对身体产生一定的影响，但体育锻炼一旦停止，这种良性影响会很快消失。因此，体育锻炼贵在坚持，不能期望在短时间内取得显著效果。要想保持锻炼效果持续存在，就必须长期坚持体育锻炼。

（四）循序渐进原则

循序渐进原则是指体育锻炼必须遵循人体自然发展、逐步适应的基本规律，从实际出发，合理安排运动负荷，渐进性地提高锻炼水平。在体育锻炼过程中，运动技能的学习应由易到难，由简到繁；运动量的安排应由小到大，逐渐提高。运动负荷的大小因人、因时而异。运动负荷是否适宜，对锻炼效果的好坏起很大的作用。即便是同一个人，在不同的机能状态下、不同的时间段里，对负荷的承受能力也不尽相同。因此，进行体育锻炼时应循序渐进，随时调整运动负荷，逐步提高自己的锻炼水平。

（五）全面性原则

全面性原则是指体育锻炼必须追求身心的全面和谐发展，使身体形态、机能、身体素质及心理素质等方面得到全面协调的发展。人体是由各局部构成的一个整体，各局部均按用进废退的规律发展。体育锻炼能促进机体的新陈代谢，使锻炼各系统、组织、器官和谐地发展，达到身心均衡发展的完美状态。

（六）安全性原则

从事任何形式的体育锻炼都要注意安全。如果体育锻炼安排得不合理，违背了科学规律，就可能引起伤害事故。安全性原则要求锻炼者在体育锻炼的过程中始终注意保护自己，做到安全第一。

二、体育锻炼的方法

（一）重复锻炼法

重复锻炼法是指按一定的负荷标准重复进行某项练习的方法。重复锻炼的次数和时间是决定健身效果的关键。确定和调节重复的次数与时间时，应考虑项目的特点和锻炼者的身体状况。采用重复锻炼法时应注意以下几点。

（1）合理确定重复练习的要素，其中包括重复练习的总次数，每次重复练习的距离或时间，每次重复练习的强度，如速度或负重，各次重复练习之间的间歇时间等。

（2）切实保证每次重复练习的质量，不能因重复次数多而降低动作要求，也不能因为疲劳的出现而减少锻炼计划中规定的练习量。

（3）克服厌倦情绪，防止机械呆板。在采用这一方法时，一方面要加强意志力锻炼，克服由重复练习造成的枯燥感；另一方面，可安排调整练习内容，如在练习前后穿插轻松活泼的辅助性练习等。

（二）间歇锻炼法

间歇锻炼法是指在进行重复锻炼时上下两次练习之间进行合理休整之后，再进行下一次练习的方法它是提高锻炼效果的一种常用的锻炼方法。间歇锻炼的间歇时间的长短，主要以运动负荷价值阈为准。一般来说，负荷超过上限时，间歇时间应长些，以防止负荷继续上升，引起过多的体力消耗；负荷在下限以下时，间歇时间应短些，密度应大些。采用间歇锻炼法时应注意以下几点。

（1）科学确定间歇时间。间歇时间的长短要根据个人的身体状况和锻炼水平来决定。锻炼水平较差，承担的生理负荷较大，则间歇时间应长些。反之，间歇时间应短些。

（2）要在间歇时安排轻微活动。在间歇期应该进行积极性休息和放松，如进行慢跑、按摩肌肉和做深呼吸运动等，以此来促进静脉血流回心脏，保证机体的氧气供给。

（3）间歇锻炼法对机体承担负荷的能力要求较高，锻炼者要加强对负荷承担情况的监测，如有不适，必须及时调整锻炼方案。

（三）变换锻炼法

变换锻炼法是指在体育锻炼过程中，采用变换条件、变换环境、变换要求等方式来提高锻炼效果的一种锻炼方法。采用变换锻炼法可以有效地调节生理负荷，提高锻炼情绪，强化锻炼意志，克服疲劳和厌倦情绪。运用变换锻炼法时，常采用各种辅助性、诱导性和转移性练习，配合乐曲，利用日光、空气和水等外界条件。采用变换锻炼法时应注意以下几点。

（1）要以锻炼的实际需要为前提。运用变换锻炼法时容易打破原有的锻炼习惯和行为定式，机体对此有一个适应的过程。锻炼者要根据长远的计划安排采用变换锻炼法。

（2）要灵活调整锻炼计划，注意积累有关材料和反馈信息。变换锻炼法由于不同于常规的锻炼方式，具有尝试性。因此，锻炼者必须加强锻炼过程中的自我监督，视身体反应随时加以调整。要对新的锻炼方式及时观察和总结，为制订新的锻炼计划提供依据。

（3）在采用变换锻炼法时，要把注意力集中到所要解决的任务上。

（四）循环锻炼法

循环锻炼法是指把各种类型的动作和具有不同练习效果的手段组成一组锻炼项目，并按照一定的顺序循环往复地进行锻炼的方法。采用循环锻炼法时应注意以下几点。

（1）循环锻炼法所布置的各个练习点的锻炼内容的搭配要选用已经掌握的简单易行的动作，同时要规定好练习的次数、标准和要求。

（2）初次锻炼者或体弱者，练习的时间不宜过长。

（3）根据自己在练习中的体力状态和身体反应，及时调整运动强度和练习方式，以防止运动损伤和过度疲劳。

（4）强调每组动作的质量，防止出现片面追求运动密度和运动量的倾向。

（五）综合锻炼法

综合锻炼法是指在进行身体锻炼的过程中，为促进身体的全面发展，把能对身体各个部位起到不同健身效果的几个或更多的运动项目联合起来，形成一个可影响身体数个部位乃至全身所有部位的运动方法，如“慢走—跳绳—立卧撑—引体向上—立定跳远”综合锻炼法。采用综合锻炼法时应注意以下几点。

（1）根据身体锻炼的任务，选定组合的各项练习内容，使之相互配合，取长补短。

（2）合理确定各项练习的数量和次序，采用综合锻炼法时，既可将各个练习时长平均分配，求得均衡发展，也可确定一个中心项目，使其余项目围绕此项做出适当安排。

（3）合理掌握练习间歇。综合锻炼法有两种间歇——练习间间歇和组合间间歇。练习间间歇时间较短，既是上一项练习后的休息和体力恢复时间，又可以为下一项练习做准备；而组合间间歇时间则可稍长，以保证机体能得到较充分的休息。

第二节　体育锻炼的常识与误区

一、体育锻炼的常识

（一）体育锻炼的时段

一天中选择什么时间运动效果最好，是体育锻炼者十分关注的问题，目前尚没有明确的科学定论。可以选择自己喜欢和习惯的时间去运动，当然还要在自己允许的时间里运动。下面介绍一天中 4 个运动时间段的运动方法。

1. 早晨运动

许多人喜欢选择在早晨运动健身。人经过一晚上充足的睡眠，身体得到充分休息，早上的体力和精力都比较充沛。同时，因为清晨空气质量好，运动健身效果明显。但在早晨运动时，运动强度不要太大，这是因为清晨刚起来，身体机能并未处于最佳状态，需要有一段适应的时间。因此，不太适宜接受大强度运动刺激。另外，在早晨运动时，多为空腹运动，强度过大、时间过长的运动可能会导致低血糖症状。因此，在早晨运动时，可以选择一些中小强度的有氧运动，如健身走、间歇跑、慢节奏健身操等，也可以进行太极拳、健身气功等中国传统运动健身方式。

2. 上午运动

一些中老年人常选择在这个时间段进行运动，但上午真正用于体育活动的有效时间并不长，因为早饭后 1 小时内、午饭前 1 小时内一般不安排运动健身，以免影响胃肠的消化、吸收。如果要进行大强度运动，应该安排在早饭后 2 小时。

3. 下午运动

下午是较为理想的运动时段。上班族和学生多选择下午作为体育锻炼的时间段，因为这段时间相对较长，体育锻炼者可以选择自己喜欢的运动方式，进行各种强度的体育锻炼。运动后，特别是剧烈运动后，不要马上用晚餐，运动后切不可暴饮暴食。

4. 傍晚运动

晚饭后选择一些中小强度运动，可取得较好的健身效果，运动后洗澡、休息，还有利于睡眠。晚上运动结束至上床休息的间隔时间至少为 1 小时。晚上不宜进行剧烈运动，因为晚饭后剧烈运动，会影响胃肠道的消化、吸收，而睡前进行剧烈运动和比赛后，机体处于相对兴奋的状态，会直接影响入睡时间和睡眠质量。

（二）体育锻炼的服装

在运动健身时，穿合适的运动服装非常重要。不同的运动方式对运动服装有不同的要求。选择合适的运动服装不仅有助于运动技能的发挥，提高运动效果，而且可以预防运动伤害的发生。

1. 选择合适的运动鞋

运动鞋要专业，即在选择运动鞋时要考虑运动项目的特点，许多运动项目都有自己的专业运动鞋，如跑步鞋、网球鞋、篮球鞋、足球鞋、高尔夫球鞋等。这些专业运动鞋符合运动专项特点，运动效果好。如果运动项目没有特定要求，则可以选择跑步鞋或一般运动鞋。

选择运动鞋时，一定要穿上运动袜试穿鞋，以确定鞋的大小、松紧度。穿上鞋后要感到舒适，做一些行走和跳跃等动作以感受运动时是否舒适。

运动鞋最好是布面或皮革面，这样有助于透气、排汗，尽量不要选择橡胶（塑料）运动鞋，因为透气性差。运动鞋不要太重，过重的运动鞋会增加额外的运动负担。

2. 运动服装要舒适

运动服要相对宽松透气，这样会使身体在运动过程中感到舒服，同时有利于血液循环，确保运动器官的氧气供给和代谢产物排出。有些青少年喜欢在运动时穿紧身运动服，当经过长时间重复性运动后，紧身运动服可能会导致皮肤受伤。

在运动过程中要及时更换服装。人体运动时排汗量增加，要及时脱去外衣。运动后，要更换被汗水浸透的服装。天气较凉时，运动后要增加服装。因此，参加体育活动时，最好多穿或多带一些备用服装，以便及时增减和更换。

运动时要选择透气的运动服装，这样有利于运动时热的散发。有的人穿着不通风运动服装进行运动，以增加排汗量，通过出汗来减重。如果这些人是为了参加有体重控制的比赛项目而不得已通过排汗减体重，即是可行的。如果要通过这种方式减重是不科学的，这样不仅不能达到减重的效果，而且容易引起脱水、中暑等运动伤害。

（三）体育锻炼与气温

天气是影响体育健身效果的重要因素。在天气过热或过冷的环境下进行体育锻炼，要遵循科学健身原则，预防运动伤害的出现。

热天气对运动健身有很大影响。因为人体运动时体温上升，身体通过排汗等方式散热，以保持热平衡。在热天气条件下运动，热天气本身就会引起排汗增多，加上身体运动，排汗会进一步增多，这会造成汗液流失过多和体内水盐代谢失调。在潮湿、闷热的环境中运动，会影响人体的排汗，可能会引起中暑。对于没有锻炼习惯或体质较弱的人来说，在闷热天气，最好不要进行体育锻炼，或避免剧烈运动。

冷天气对运动也有一定影响。在冷天气中运动时最容易出现的问题是肌肉拉伤和体温过低。人体在冷天气中运动，由于体温过低，肌肉黏滞性大，运动中出现肌肉或韧带等软组织拉伤的可能性增加。在冷天气条件下运动时，由于体温过低，则可能导致感冒、运动中哮喘等。

在冷天气条件下运动的另一个严重问题是冻伤。在冷天气条件下运动时，冻伤早期并无明显的疼痛感，因而增加了冻伤的可能性。因此，建议不要在冷天气，特别是有冷风的天气中运动。

（四）体育锻炼与空气质量

随着全世界工业化进程的加快，空气污染已经成为体育锻炼中不能回避的问题。

空气污染物可增加呼吸道阻力，影响机体氧气运输能力。在高污染环境下运动不仅会影响运动效果，而且有害于健康。人体在污染环境下运动对身体的影响程度取决于污染物浓度、在污染环境的持续时间。在运动过程中呼吸交换率上升，吸入的污染物将增多，对身体的危害性更大。因此，人们应该尽量避免在空气质量差的环境中运动。

空气质量用空气质量指数评价。0 ～ 50 为优，可进行正常活动和体育锻炼；51 ～ 100 为良，可进行正常活动和体育锻炼；101 ～ 150 为轻度污染，正常人群有刺激症状，仍可进行体育活动，体质较弱的人、有心肺疾病的人应减少体育活动；151 ～ 200 为中度污染，正常健康人群普遍有反应，应减少或限制体育活动，体质较弱和有心肺疾病的人群应停止体育活动；201 ～ 300 为重度污染，对人体健康有明显影响，应停止一切户外体育活动。

二、体育锻炼常见的误区

（一）体重越轻越好

体重越轻越好的观念是错误的。科学的观念是提倡健康体重，既不是越瘦越好，也不是越胖越好。目前，人们已经普遍认识到肥胖的健康危害，这是因为人体内过多的脂肪（肥胖）会引起人体的生理和心理上的一系列变化，带来许多健康危害。但也应该知道，脂肪组织是人体必需的成分，有很多重要的生理功能。脂肪的主要作用包括：保护和固定器官；保温（皮下脂肪）；供给必需脂肪酸；携带脂溶性维生素并促进其吸收利用。对于青春发育阶段的女孩来讲，脂肪尤为重要，如果体内脂肪积累不足体重的 17%，就很难形成月经初潮，这不利于生殖系统的发育及功能的完善；育龄妇女体内有一定的脂肪含量也是必需的。因此，不能简单地认为脂肪含量越少越好，而应该保持在正常范围内。

（二）减重就是降体重

人们往往把降体重和减重混为一谈，这种认识是不准确的。减重是指减去身体多余的脂肪；而降体重可能是脂肪的减少，也可能是身体的减轻，后者不是科学的减重方法。人体体重包括 50% ～ 60% 的水分、15% ～ 30% 的脂肪与 15% ～ 30% 的肌肉与骨骼。女性体脂控制在 12% ～ 25% 以下为宜。如果低于 12%，则可能出现月经紊乱、缺铁性贫血和免疫力降低等一系列问题。因此，在决定是否要减重之前，首先测量身体成分，尤其要关注体脂百分比，如果体脂百分比超过了正常的范围，则要通过运动加饮食控制的方法来降体重，减少体内的脂肪含量；如果体脂百分比并不高，即使体重大，也不必减重，这是因为肌肉等瘦体重较大，是身体机能好的表现。

（三）跑步、游泳是有氧运动，力量练习是无氧运动

很多人认为跑步、游泳就是有氧运动，而力量练习、球类运动就是无氧运动，其实这种观点是错误的。

有氧运动、无氧运动的区分不在于运动的形式，而在于运动时的能量代谢方式。从能量代谢的角度讲，有氧运动主要是指运动时人体的能量供应以有氧代谢的方式进行，此时，人体吸入的氧气可以满足机体对氧气的需要，氧气达到了供需平衡。区分有氧运动和无氧运动以运动强度为标志。同样是跑，如果跑得慢，运动强度属于中小强度，此时机体的供能以氧代谢的形式，就是有氧运动；而跑速快，如 100 米、200 米短距离的比赛（全速跑）就是无氧

运动，此时的机体供能主要以磷酸原系统和无氧糖酵解系统供能为主。其他的运动方式，如力量练习、球类运动都如此，当运动强度小时，以有氧代谢的方式供能就是有氧运动。

不能根据运动的方式简单地区分有氧运动与无氧运动，而要根据运动强度等区分。同一种运动方式，强度大、运动较激烈的就可能是无氧运动，而强度小、运动比较舒缓的就可能是有氧运动。

（四）运动强度越大越好

体育锻炼要因人而异。运动强度要根据每个人的体质状况、锻炼目的和运动习惯而定。既不是运动强度越大越好，也不是运动强度越小越好。

运动量过小达不到锻炼目的，运动量过大易引起过度紧张和过度疲劳，反而对健康产生危害。过度紧张往往在一次大强度的训练或者比赛后即刻或短时间内发生，此时，运动的负荷超出了机体的耐受能力，会出现一系列反应。对于平时没有锻炼习惯、运动能力和体质水平较差的人，尤其是患有高血压、冠心病等慢性病的人，都要特别注意坚持循序渐进的原则。另一方面，一次大强度、大运动量的锻炼还易引起运动损伤。没有锻炼习惯的人，肌肉力量较弱，反应能力、协调性等较差，对身体的控制能力相对弱，耐力水平也比较差，因此，运动强度过大或者运动量过大时就容易出现肌肉拉伤、关节肌肉扭伤或者比较严重的肌肉酸痛等。

（五）运动引起损伤后马上揉捏或热敷

运动引起损伤后马上揉捏或热敷的做法是错误的。正确的方法是制动、冷敷、加压包扎、抬高患肢。

很多人在发生了急性闭合性软组织损伤后马上就开始热敷，并且采取按摩、推拿等方法，试图减缓症状，殊不知这样会起到相反的作用，如容易加重受伤部位的出血等。如果盲目活动，还会造成关节习惯性扭伤及关节囊、韧带松弛等，继发关节病变。

发生运动损伤后首先检查有无合并伤，有无肌肉断裂、脑震荡、内脏破裂等严重情况。如果有，要先处理合并伤；如果确定只是急性软组织损伤，首先要采取一些止血、减轻水肿和镇痛的措施，通常要在发生后的48小时内进行制动、冷敷、加压包扎、抬高患肢。制动是指一旦发生关节损伤应立即停止运动，并在急性期（两周）内用专门护具进行固定。

第三节　肥胖者和消瘦者的体育锻炼

一、肥胖者的体育锻炼

（一）肥胖的判断

脂肪是人体不可缺少的成分，在人体的生命活动和体育运动中起着重要的生理作用。人体的体脂要适当，一旦体内的脂肪总质量大于脂肪应占身体质量的正常比例，就意味着已步入肥胖者的行列。肥胖会造成器官功能和代谢的障碍，并诱发出许多慢性疾病。但是，对于18岁的年轻人来说，男性体重中有15%～18%是脂肪，女性则为20%～25%（20岁以上人群的体内脂肪比例参考标准见表2-3-1）。因此，人们通常依据脂肪总质量与体重的比例来判定其是否肥胖，其标准值：男性脂肪含量超过体重的25%，女性超过30%，就说明他或她是肥胖者。这里需要说明的是，肥胖是脂肪问题，而不是体重问题。超重和肥胖不是一回事，它们有着本质的差异。超重是指体重超过某种体型的理想质量。虽然肥胖者总是超重，但超重者不一定就是脂肪多，也不一定就是肥胖者。因为肌肉发达的人也可能是个超重者，而肌肉发达的人体内可能只有少量的脂肪。减肥的目标是消除过多的脂肪，而不是针对肌肉，体重仅仅是判断肥胖的一个参数。

表2-3-1　20岁以上人群的体内脂肪比例参考标准

年龄	男性	女性	年龄	男性	女性
20～29岁	21.6%	25.0%	50～59岁	24.1%	29.3%
30～39岁	22.4%	24.8%	60岁以上	23.1%	28.3%
40～49岁	23.4%	26.1%			

（1）根据体重分成3组。第1组“轻度肥胖”，指超过标准体重的20%～29%；第2组“中度肥胖”，指超过标准体重的30%～49%；第3组“重度肥胖”，指超过标准的体重的50%以上。

（2）根据肥胖的原因分成3组。第1组“先天性肥胖”，他们的体重并不涉及情感问题。第2组“反应性肥胖”，当感到压力或空虚时，他们就吃得比往常多得多，大有以生理性的暂时满足来缓解心理紧张和孤独的倾向。第3组“发展性肥胖”，他们一生都肥胖。

（3）依照肥胖者的年龄分成2组。第1组“青少年肥胖”，指在少年期或青春期即已肥胖的青少年。第2组“成人肥胖”，指成年后才开始发胖的人。

（4）门德尔索根据情绪稳定性的复杂心理因素设计了一个肥胖连续统一体。处于最低位置的是情绪稳定的肥胖者，他们占肥胖者的20%～25%；处于中间位置的肥胖者，常常随情绪的波动而改变其饮食量，过量的饮食往往出现在机体处于某种应激状态的时候；最高位置的肥胖者是那些饮食紊乱的人，他们整天与食物为伴，时刻都想吃东西。

体育锻炼对肥胖者的意义

（二）肥胖者锻炼的注意事项

（1）要有正确的目的。减重的目的应该是健康。

（2）正确地对待减重的速度。减重并非越快越好，美国莫尔豪斯博士认为，体重每周减轻1磅（1磅=0.4356千克）以上，简直等于自杀。迅速减重无异于把肉从身上撕下来，非常有害于身体健康且无必要。

肥胖的成因

（3）要注意锻炼的时间。不论是散步、做操，还是打球、练拳，都要持续一段时间，最好是每次30分钟以上或1个小时左右。当然，最初的持续时间可短些，每次10多分钟，以减少运动损伤的发生和缓解锻炼初期机体的酸痛反应。

（4）要循序渐进。要在机体可以承受的程度下逐渐增加运动量和锻炼时间。

（5）要注意环境的选择。因为肥胖者耐热能力差，故应尽量避免在炎热和潮湿的环境中锻炼。

（6）要以改善心血管系统的功能为中心，不要一味地追求体形的改善和力量的提高。

（7）要养成经常锻炼的习惯。

（8）要培养加大动作幅度的意识。

二、消瘦者的体育锻炼

（一）消瘦的危害

人体内的肌肉、脂肪含量过低，体重低于标准体重20%以上即为消瘦。消瘦既是一种症状，又是一种疾病，它对人体健康有着多方面的危害。消瘦者不仅容易疲倦、体力差、兴趣低、工作和学习效率不高、自我效能低以及常有“力不从心”之感等，而且，因为他们抵抗力低、免疫力差、耐寒抗病能力弱，易患肺结核、肝炎、肺炎等疾病，也经不起疾病的折磨。此外，消瘦者还可能会因羞于自己的单薄体型而有不愿运动、不愿交往的心态。显然，消瘦与肥胖一样，既不是人类健康的标志，也不是人体健美的象征，而是人类身心健康的大敌。

消瘦的成因

（二）消瘦者锻炼的注意事项

（1）形成正确的体形观。肥胖不美，不利于健康，同样，消瘦也不是美的“别名”，更不是健康的标准。作为消瘦者，首先需要走出过度崇尚瘦的时代潮流的误区。

（2）克服不良饮食习惯（如偏食、挑食），保证摄入平衡膳食。

（3）要有进行康复锻炼持久战的思想准备。体育锻炼的增强体能、强壮体魄、健美体形等功效，皆非一日之功。唯有锲而不舍、持之以恒方能见效。

（4）消瘦者的锻炼应以全身性的运动为主，以提高体能为宗旨，配合身体局部区域进行体育锻炼。

第四节　运动处方

一、运动处方的概念

运动处方是对从事身体锻炼者按其年龄、性别、心肺功能或运动器官的功能及运动经历、健康状况等特点而制订的运动医疗和康复的方案或运动锻炼身体的方案。

二、运动处方的主要内容

（一）运动种类

为锻炼者提供最适宜的运动项目是运动处方的重要功能。运动种类包括有氧运动、伸展运动和力量性运动。

有氧运动包括：步行、慢跑、走跑交替、骑自行车、滑冰、越野滑雪、划船、跳绳、上下楼梯以及骑室内功率自行车、玩步行车、玩活力平板等。伸展运动包括：广播操、太极拳、八段锦、健身舞以及各种医疗体操和矫正体操等。力量性运动包括：中等强度的足以发展和维持去脂体重的力量训练。

（二）运动强度

1. 概念

运动强度是单位时间内的运动量（运动负荷），是运动处方科学化的核心问题，也是取得锻炼效果与安全性的关键。

2. 计算方法

按心率确定运动强度，可采用以下公式：运动适宜心率＝ 180 －年龄。

有学者根据运动时心率和强度的相关关系提出如下标准：心率 160 次/分的锻炼强度大约是 80%；心率 140 次/分的锻炼强度大约是 70%；心率 120 次/分的锻炼强度大约是 60%；心率 110 次/分的锻炼强度大约是 50%。国内外科研成果表明，最适宜的锻炼强度为 65%～ 75%，心率为 130 ～ 150 次/分。

（三）运动时间

以健身为目的的运动，采取强度小而时间长的处方效果好；对于青少年来说，短时间的剧烈运动且反复多次的处方，对增进健康有很好的作用。据研究，每次进行 20 ～ 60 分钟的耐力性运动是比较适宜的。从运动生理学来说，5 分钟是全身耐力运动所需的最短时间，60 分钟对于坚持正常工作的人是最大限度的运动时间。心率达到 150 次/分以上时，最少持续运动 5 分钟才有效果。

通常一次锻炼运动包括准备时间、训练时间、结束时间。在早期阶段，准备时间一般为 10 ～ 15 分钟，训练时间为 20 ～ 25 分钟，结束时间为 5 ～ 10 分钟；在中期和后期阶段，准备时间一般为 5 ～ 10 分钟，然后进入训练时间，最后 5 分钟为结束时间。

（四）运动频率

有人研究观察到：当每周锻炼多于 3 次时，最大摄氧量的增加逐渐趋于平缓；当锻炼次数增加到 5 次以上时，最大摄氧量的提高幅度就很小；而每周锻炼少于 2 次时，通常不引起改变。因此，每周锻炼 3 ～ 5 次是最适宜的运动频率。由于运动效应和蓄积作用，时间间隔不宜超过 3 天。如果以健身为目的，坚持每天锻炼当然更好。

（五）运动量

运动量是由运动频率、运动强度和运动时间（持续时间）共同决定的。运动量对促进健康体适能的重要作用已被证实，它对身体成分和体重管理的重要性尤为突出。每周的运动量可以用来评价运动量是否达到了促进健康体适能的推荐量。

人们可以考虑使用以下方法估算总运动量：①以 100 步/分的速度步行大约相当于中等强度的运动；②每天以中等强度步行 30 分钟，相当于每天走 3000 ～ 4000 步。如果运动者的目的是通过运动来管理体重，那么他需要走得更多。以维持正常体重为目的的男性运动者需要每天步行 11000 ～ 12000 步，女性需要 8000 ～ 12000 步。

（六）运动进程

运动计划的进度取决于运动者的健康状况、健康体适能、训练反应和运动计划的目的。专业人员在实施进度计划时，可以通过增加运动频率、运动时间和运动强度中的任何一项或几项来达到目的。在运动计划的开始阶段，建议逐渐增加运动时间（即每次训练课的时间）。推荐给一般成年人的较合理的进度是在计划开始的 4 ～ 6 周中，每 1 ～ 2 周将每次训练课的时间延长 5 ～ 10 分钟。当运动者规律锻炼至少 1 个月之后，在接下来的 4 ～ 8 个月里，逐渐增加运动频率、运动时间或运动强度，直到达到推荐的数量和质量。训练时，应该遵照循序渐进的原则，避免大幅度增加运动频率、运动时间或运动强度等，这样可以将肌肉酸痛、运动损伤、过度疲劳的发生以及过度训练的长期风险降到最低。若因运动量增加而产生了不良反应，如运动后的呼吸急促、疲劳和肌肉酸痛，运动者无法耐受调整后的运动计划，应降低运动量。

三、按程序制订运动处方

（一）一般体检

收集锻炼者病史、运动史。了解锻炼者运动目的、运动情况、社会环境、有无指导、对运动的期望等。

（二）临床检查

人体测量和体质测定。其目的一是对锻炼者现在的健康状况进行评价；二是判断锻炼者能否进行运动负荷试验；三是判断锻炼者是否有潜在性疾病或危险因素。

（三）运动试验及体力测验

运动试验是制订运动处方的基本依据之一。常用的方法是“递增负荷运动试验”。只有运动负荷试验无异常的人才能接受体力测验（肌力、爆发力、柔韧性等运动能力和全身耐力测验）。库珀等学者的研究证明，12 分钟跑测验与最大摄氧量的相关系数最高。库珀提出的有氧代谢运动的体力测验包括走、跑、游泳三种方式，可任选其中之一，用来检查和测量心血管系统功能。需要指出的是，参加测验的人必须符合：35 岁以下身体健康，无器质性心脏疾病和高血压；有半年以上运动经历；按库珀介绍的锻炼计划至少运动了6周等条件。

（四）制订运动处方，安排锻炼计划

运动处方中需要制订出运动目的、运动种类、运动强度、运动时间、运动频率、运动量和运动进程。

（五）善后工作和复查

与锻炼者保持联系，及时掌握运动处方运用的情况以及用后的反应，运动处方可根据实际情况做出相应的调整。

第五节 体育锻炼与营养

一、运动前的营养补充

（一）运动前的食物

运动前应以高碳水化合物、低脂肪的食物和水果为主，如面包、米饭、面条和水果等，这些食物容易消化，又能提供碳水化合物，因此常作为运动时的能量来源。

如果运动时间超过60分钟，可以选择升糖指数较低的食物，如水果、脱脂牛奶、米饭、豆类，这些食物会缓慢地被消化成碳水化合物，能够长时间地供应碳水化合物，供运动中的肌肉消耗。

如果运动时间少于60分钟，可以选择升糖指数高的食物，如面包、运动饮料，这些食物可以很快就被消化，能够迅速提供碳水化合物。

有些高纤维的食物也富含碳水化合物，如全麦面包、高纤饼干、一些高纤饮料等。高纤维的食物容易造成肚子不舒服，因为它们需要较长时间的消化，如果锻炼者在食用这些食物后在运动中感觉不舒服，就应该避免在运动前吃这些食物。

（二）运动前的最佳进食时间

进食的时间因运动和食物的种类不同而各异，但共同的原则是吃进去的食物可以在运动过程中提供充足的营养和能量，而不至于在运动过程中造成肠胃不适。

身体进行震动比较大的运动，受胃内食物的影响比较大，少量的食物就可能会令人感到不舒服。这就需要在运动前较早地进食，或减少食物的摄取量，以减轻这些症状。一般而言，身体震动比较小的运动，如骑自行车和游泳，人体受胃中食物的影响相对较小，对于进食的时间和食物的选择有较大的弹性。

少数人若在运动前15～20分钟吃甜食或高升糖指数的食物，如运动饮料、面包、蜂蜜

等，在运动时会发生低血糖，感到头晕和乏力。因为这些食物可刺激胰岛素的分泌增加，而运动时肌肉耗能也增加，两者都可引起血糖下降，从而影响运动能力。为避免出现血糖过低的症状，最好的方法是，对于短时间的运动（持续时间在 40 分钟以下），可在运动前 5 ～ 10 分钟进食高碳水化合物食物，这是因为胰岛素的分泌无法在短时间内做出反应，而在运动开始后，胰岛素的分泌会被抑制，不会对升高的血糖产生反应，也就不会有上述血糖过低的症状发生。如果运动时间较长，则宜在运动前两小时进食高碳水化合物，到开始运动时，胰岛素增高的因素已不明显。

二、运动后的营养补充

体育锻炼后的恢复是体育锻炼非常重要的环节，恢复得好坏不仅直接影响锻炼的效果，还关系到第二天的运动能力。越来越多的研究表明，锻炼后简单的运动仅是恢复手段之一。能适当地补充营养对体能的恢复有很大帮助。

（一）水分的补充

剧烈的运动会导致机体水分大量丢失，而失水会影响运动能力，即使失水只占体重的 1%，也容易引起疲劳和不适；失水占体重 3%，不适感加重，运动能力可下降 20% ～ 30%。通常情况下，运动中补充的水分都少于丢失量。因此，在运动后，人体还处于不同程度的缺水状态，需要积极地加以补充水。

想要知道人体到底在运动中流失了多少水分，最直接的方法就是测量运动前和运动后人体的体重变化，每减少 1 千克体重，就表示至少需要补充 1 升水，甚至更多，因为在运动后人体仍然会持续地流汗和排尿。若不方便测量体重，也可以根据口渴的感觉补水，但有时人体缺水了仍不会口渴，所以应适当再多喝一些水，且应少量多次地补水。另一个明显的指标是排尿，如果在运动后 1 ～ 2 小时中，排尿量很少或完全没有，而尿液的颜色很深，表示身体仍然处于缺水的状态，仍需补水，直到排尿量恢复正常，而且尿液颜色变淡或无色，这才表示身体已经有了足够的水分。

（二）电解质的补充

汗液中主要的电解质是钠离子和氯离子，还有少量的钾离子和钙离子。进行了长时间的运动后，如长跑或在酷热的天气下连续剧烈运动数小时后，可以饮用淡盐水或运动饮料补充水分和电解质。一般情况下，运动后丢失的电解质可在正常的饮食中得到补充。

（三）碳水化合物的补充

肝糖原是运动时的主要能量来源之一，体内肝糖原储存量不足以应付运动所需，是疲劳和运动能力下降的原因之一。研究显示，在运动后两小时内，身体合成肝糖原的效率最高，两小时后则恢复到平常的水平。因此，在运动后迅速补充碳水化合物，就可以利用这段自然的高效率时段，迅速地补充体内消耗的肝糖原。如果下次训练或比赛是在 10 ～ 12 小时之内，这段高效率时段便特别重要，因为如果错过这个时段，即使在后续时间进食了足够的碳水化合物，身体也可能没有足够的时间完全补充消耗的肝糖原，使得体内的肝糖原存量一次比一次降低，人体越来越容易疲劳。若下一次运动在 24 ～ 48 小时之后，即使错过这段时间，接下来只要侧重于高碳水化合物的摄入，仍然有足够的时间补充所有消耗的肝糖原。

一般的建议是在运动后 15 ～ 20 分钟之内补充 50 ～ 100 克碳水化合物（每千克体重大约 1 克），每两小时补充 50 ～ 100 克碳水化合物，直到进餐为止。正餐以及其他运动期间的饮食也应该以富含碳水化合物的食物为主。

（四）肌肉和组织的修复

即使是进行没有身体接触的运动，也会造成肌纤维和结缔组织受损害，如运动后酸痛的部位就是受损的肌肉组织。身体接触性的运动，如篮球、足球、橄榄球等，会造成更多的肌肉损伤。受损的肌肉合成和储存肝糖原的效率也会降低。因此，参与身体接触性运动，或比赛后受伤的运动员，需要补充更多的碳水化合物，也需要把握运动后两小时的那段高效率时段，有效地补充体内消耗掉的肝糖原。

（五）适合食用的食物

一般而言，运动后宜补充运动饮料或易消化的富含碳水化合物和蛋白质的食物，同时不要忘记补充足够的水分。以下列出含有 50 克碳水化合物的食物，各人可以依照不同的习惯或喜好以及需求的量来选择适合的食物，或加以组合变化：800 ～ 1000 毫升运动饮料；500 毫升纯果汁；三个水果（苹果、香蕉、橘子等）；6 ～ 10 片饼干；两个水果加一杯牛奶；两片面包加少许果酱和一杯牛奶。

（六）应该避免的食物

大运动量运动后，应避免喝酒。酒精有利尿的作用，会减少体内的水分，也会抑制肝糖原的合成，还会影响受损组织的复原，不利于运动后的恢复。运动后也应该避免饮用含有咖啡因的饮料，如咖啡、茶等。咖啡因也有利尿的作用，会减缓体内水分的补充。

思考题

1. 简述体育锻炼的原则与方法。
2. 体育锻炼的常识与误区分别有哪些？
3. 肥胖者与消瘦者在进行体育锻炼时应注意哪些事项？
4. 如何制订运动处方？
5. 运动前后如何进行营养补充？

第三章

大学生应做好运动防护

第一节　运动安全防护

一、上体育课应注意安全防范

（1）短跑等项目要按照规定的跑道进行，不能串跑道。这不仅是竞赛规则的要求，也是安全保障的需要。特别是快到终点线时，更要遵守规则，因为这时人身体的冲力很大，注意力又集中在竞技之中，思想上毫无戒备，一旦相互绊倒，就可能严重受伤。

（2）跳远时，必须严格按教师的指导助跑、起跳。起跳前，前脚要踏准起跳板，起跳后要落入沙坑之中。这不仅是跳远训练的技术要领，也是保护身体安全的必要措施。

（3）在进行投掷训练时，如投铅球等，一定要按教师的口令进行，令行禁止，不能有丝毫的马虎。这些体育器材有的坚硬沉重，有的前端装有尖利的金属头。如果擅自行事，就有可能击中他人或者自己，从而造成受伤，甚至有生命危险。

（4）在进行单杠、双杠和跳高训练时，器械下面必须备好厚度符合要求的垫子。如果直接跳到坚硬的地面上，会伤及腿部关节或后脑。做单杠、双杠动作时，要采取各种有效的方法，使两手握杠时不打滑，避免从杠上摔下来，使身体受伤，同时要有教师和学生在器械旁站立保护。

（5）对于前后滚翻、俯卧撑、仰卧起坐等垫上运动的项目，做动作时要严肃认真，不能打闹，以免发生扭伤。

（6）参加篮球、足球等项目的训练时，要学会保护自己，不要在争抢中蛮干而伤及他人。在这些争抢激烈的运动中，自觉遵守竞赛规则对于安全来说是很重要的。

二、参加竞技体育运动要注意安全

学校运动会竞赛项目多，持续时间长，运动强度大，参加人数多，因此安全问题十分重要。应该做到如下几点。

（1）要遵守赛场纪律，服从调度指挥，这是确保安全的基本要求。

（2）没有比赛项目的学生不要在赛场中穿行、玩耍，要在指定的地点观看比赛，以免被投掷的铅球等击伤，也须避免与参加比赛的学生相撞。

（3）参加比赛前要做好准备活动，以使身体适应比赛。

（4）在临赛的等待时间里，要注意身体保暖，春秋季节应当在轻便的运动服外穿上防寒外衣。

（5）临赛前不可吃得过饱或者过多饮水。临赛前半小时内，可以吃些巧克力，以增加热量供应。

（6）比赛结束后，不要立即停下来休息，要坚持做好放松活动，如慢跑等，使心脏逐渐恢复平稳状态。

（7）剧烈运动以后，不要马上大量饮水或吃冷饮，也不要立即洗冷水澡。

高危项目危害安全

第二节　运动损伤的预防与处置方法

运动损伤是指在体育运动过程中发生的各种损伤。基于大学体育活动的特点和主客观方面的原因，在体育运动中发生运动损伤、创伤或运动性疾病是很常见的。运动损伤会严重地影响学生的身体健康、学习、生活，也妨碍体育活动的正常开展。为此，大学生必须了解常见运动损伤发生的原因及预防和处理方法，以便掌握运动损伤发生的规律，最大限度地减少和避免运动损伤，从而更有效地发挥体育锻炼对增强体质、增进健康的作用。

一、造成运动损伤的原因

造成运动损伤的原因是多方面的，既与锻炼者的运动基础、体力水平有关，也与运动项目、技术难度、运动环境等外部因素有关，其主要原因有以下几种：① 思想麻痹大意，对预防损伤的意义认识不足，上课精力不集中或争强好胜，这是造成运动损伤最主要的预防原因；② 缺乏必要的预防运动损伤的知识；③ 运动前准备活动不充分；④ 技术不合理，动作粗野或违反规则；⑤ 身体状况不佳，缺乏自我保护能力；⑥ 运动环境不好，场地器材不合规格；⑦ 组织和教法不当，运动量过大或过于激烈；⑧ 旧伤未好就过早参加训练或比赛。

运动损伤的预防

二、常见运动损伤的预防与处理

（一）开放性软组织损伤

1. 擦伤

擦伤是指在运动时，因摔倒或皮肤受器械摩擦致伤。擦伤后皮肤出血或组织液渗出。

小面积擦伤可用碘伏涂抹伤口；大面积擦伤应先用生理盐水洗净，再涂抹碘伏，再用消毒纱布覆盖包扎。

2. 撕裂伤

撕裂伤是指在剧烈运动时突然受到强烈撞击，造成肌肉撕裂致伤，撕裂伤分为开放伤和闭合伤。常见的撕裂伤有眉际撕裂、跟腱撕裂等。

3. 刺伤

刺伤是由尖细物刺入人体所致。特点是伤口较小但是较深，可能伤及深部组织器官，或者将异物带入伤口深处，容易引起感染。常见的有田径运动员的鞋钉和标枪的刺伤。

4. 切伤

切伤是由锐器切入皮肤所致，如冰刀切伤等。切伤伤口边缘整齐，多成直线，出血较多，但是周围组织创伤较轻。深的切伤能切断大血管、神经、肌腱等组织。

要处理撕裂伤、刺伤和切伤，轻者可先用碘伏、酒精将伤口周围消毒，然后在伤口撒上消炎粉，用消毒纱布包扎。裂口较长和感染较重者，应该清除伤口内的污物，及时就医，切除坏死的组织，彻底止血，缝合伤口。凡伤情和感染较重者，应该及时就医，口服或者注射适当的抗生素，预防感染；凡被不洁物致伤较深者，应该及时就医，注射破伤风抗毒素，预防破伤风。

（二）闭合性损伤

1. 挫伤

（1）原因：运动时因撞击器械或练习者之间相互碰撞。

（2）症状：局部疼痛、肿胀、皮下淤血、压痛，内脏器官有损伤时，则出现头晕、脸色苍白、心慌气短、出虚汗、四肢发凉、烦躁不安甚至休克等症状。

（3）处理：刚发生损伤时采取停止运动、冷敷或用自来水冲、加压包扎、抬高患肢等措施以止痛、止血、减轻肿胀。24 小时后可进行热敷、按摩，以促进局部血液循环，加速血肿和渗出液的吸收，减轻疼痛。如果怀疑有内脏损伤，则需在做临时性处理后，送医院检查。

2. 肌肉拉伤

（1）原因：当肌肉猛烈收缩超过它可承受的负荷，或突然被拉长超过了它的伸展限度时会被拉伤。准备活动不充分、技术不正确、活动过猛、气温太低或场地条件差等，容易导致肌肉拉伤。

（2）症状：局部肌肉疼痛、肿胀、压痛、僵硬紧张，并可摸到肿块，产生功能性障碍。严重的肌肉拉伤是肌肉撕裂。

（3）处理：轻者采取停止运动、冷敷或用自来水冲、加压包扎、抬高患肢等措施以止痛、止血、减轻肿胀，还应将受伤肌肉置于放松位置，24 小时后做伤部按摩。如果肌纤维断裂严重，在加压包扎急救后，应立即送医院治疗。

3. 踝关节扭伤

（1）原因：运动中跳起失去平衡，使踝关节过度内翻或外翻。准备活动不充分，场地不平或踩在他人脚上易造成踝关节损伤。

（2）症状：伤处疼痛、肿胀，活动受限，皮下淤血，行动困难。

（3）处理：受伤后应立即冷敷或用自来水冲，抬高患肢，检查是否错位、骨折，在确诊没有问题时可固定伤位、敷药，24 小时后热敷、按摩。如怀疑骨折、骨裂，应及时送医治疗。

4. 急性腰扭伤

（1）原因：运动时因腰部受力过重，肌肉收缩不协调，或脊椎运动超过正常生理范围而致伤，严重时可发生错位并压迫神经。

（2）症状：疼痛、腰部肌肉痉挛、运动受限，神经受压迫时下肢酸麻，甚至失去知觉。

（3）处理：腰部急性扭伤后，让患者平卧，一般不应立即扶动。如果疼痛剧烈，则需用担架送至医院诊治。处理后，应该睡硬板床或者腰后垫一个高度合适的枕头，使肌肉韧带处于放松状态，24 小时后方可施行按摩、针灸、外敷等治疗。若是轻度扭伤，则须停止运动，稍做休息，等扭伤自行恢复后，加强腰部肌肉的训练。

5. 关节脱位（脱臼）

（1）原因：由外力使关节的完整接连状态受到破坏。关节脱位常伴随韧带及关节囊的撕裂，甚至损伤神经。

（2）症状：关节脱位后常出现关节畸形，局部疼痛、肿胀，失去正常功能，甚至发生肌肉痉挛等现象。

（3）处理：用夹板固定伤肢，如没有夹板可将伤肢固定在自己的躯干或健肢上，防止震动，及时送医院做复位治疗。

6. 脑震荡

（1）原因：头部受到打击或磕碰后大脑感受器机能失调，引起意识和机能的一时性障碍。

（2）症状：患者神志不清，脉搏徐缓，肌肉松弛，瞳孔稍大但尚对称，神经反射减弱或消失；清醒后，常有头痛、头晕、恶心呕吐感、注意力不集中、耳鸣、心悸、多汗、失眠、记忆力减退、情绪烦躁等。

（3）处理：当患者头部受到打击或磕碰后，应立即让患者平卧，冷敷头部。如昏迷则指压人中穴、内关穴、合谷穴。若有呼吸障碍，立即进行人工呼吸。如果仍然反复出现昏迷，或耳、口、鼻出血，瞳孔放大且不对称，则表明病情严重，应立即护送至医院抢救。运送过程中应固定头部，避免颠簸。轻度脑震荡只要注意休息就可以自愈，无须住院治疗，但要进行必要的药物治疗，保持情绪稳定，减少脑力劳动。在恢复过程中，可定期做脑震荡平衡试验，以检查病况进展。其方法是闭目，单腿站立，两臂平举。如果能保持平衡，表明脑震荡已基本治愈，这时可适当参加体育锻炼，但要避免滚翻或旋转性动作。

第三节　心肺复苏

心肺复苏

珍惜生命、敬畏生命，掌握拯救生命的知识与技能，才能有效地提高在生命安全受到威胁时的应对能力。

一、判断有无意识

轻拍伤（患）者肩部，大声呼喊伤（患）者，判断其有无意识，5 秒内完成。

二、求援、呼救

现场呼救，或尽快拨打急救电话；若有他人在场，则请其拨打急救电话求援。求援时一定要讲明地点、联系电话、现场伤员情况等。

三、帮助伤（患）者处于正确体位

使伤（患）者仰卧于水平硬面，解开其衣物，确保血液回流。

四、判断大动脉搏动

专业人士：摸颈动脉脉搏，在喉结左右约两指幅处，单侧触摸，力度适中，时间不超过10秒。

非专业人士：立即开始胸外按压。

五、30次胸外按压

当确定伤（患）者已无脉搏或已无呼吸时，施救者应迅速对其进行胸外按压。

施救者跪于伤（患）者一侧，以下以施救者跪于伤患者右侧为例。找到伤（患）者两乳头连线中点，左手在下，两手交叉相握，两臂垂直于地面，肩部和腰部发力，两臂垂直向下按压（图3–3–1）。按压要平稳、有规律，掌根要始终贴于按压点，不能抬离，以免改变正确的位置。

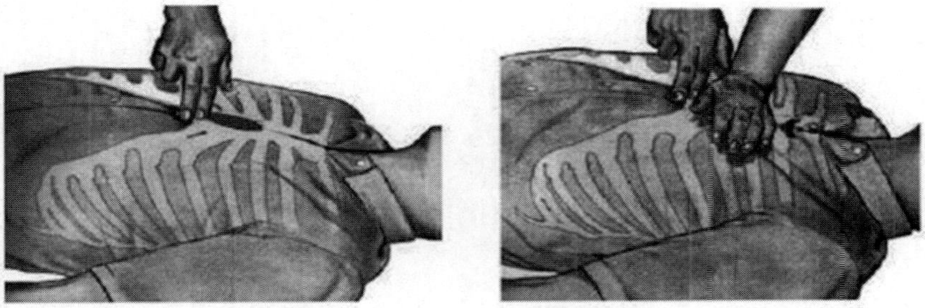

图3–3–1

按压深度：成年人至少为5厘米；儿童和婴儿不小于其胸部前后径的1/3。

按压频率：100～120次/分。

注意：必须垂直向下按压胸骨，且此法不可用于健康者。

六、清除口腔异物、开放气道

胸外按压30次后，施救者需检查伤（患）者口腔内是否有分泌物、假牙等异物，并将其清除。之后，使伤（患）者气道打开。

方法：施救者一手下压伤（患）者额头，另一手食指和中指上抬伤（患）者下颌。

七、口对口人工呼吸

人工呼吸有口对口、口对口鼻、口对鼻三种方式。最常用的是口对口人工呼吸。胸外按压 30 次后，进行 2 次口对口人工呼吸，即按压与通气比例为 30 ∶ 2。

方法：施救者深吸气，以自己的口包住伤患者的口，即密封式口套口，缓慢吹气入肺。吹气时，施救者左手拇指和食指轻捏伤患者鼻翼，并目视伤（患）者胸部的起伏，每次吹气后松开捏鼻的手。

八、循环动作

施救者应持续进行心肺复苏循环，直到伤（患）者有呼吸、脉搏或伤患者已抵达医院接受救治为止。若施救者感到疲劳无法进行心肺复苏时，伤（患）者仍未恢复呼吸、脉搏，则应马上更换施救者，确保心肺复苏不间断。

思考题

1. 如何做好运动安全防护？
2. 常见运动损伤的预防与处置方法有哪些？
3. 简述心脏复苏的操作步骤与方法。

第四章

大学生应注重体育保健与养生

第一节　体育保健与按摩

一、体育保健

（一）做好准备活动与整理活动

体育运动过程是人体由静态到动态再到静态的变化过程，准备活动和整理活动就是实现这种变化的过渡手段。

1. 准备活动

体育锻炼前进行充分的准备活动对于体育锻炼者来说是非常重要的，有些大学生由于不重视锻炼前的准备活动而出现了各种运动损伤，这不仅影响锻炼效果，还影响锻炼兴趣，甚至会使大学生对体育活动产生畏惧感。

做好准备活动能起到以下作用：① 克服人体的生理惰性；② 加速肌肉组织的新陈代谢，提高氧的利用率；③ 调节心理状态，提高神经系统的兴奋性；④ 预防运动损伤。

2. 整理活动

整理活动是人体由运动状态过渡到相对安静状态的活动过程，它是促进体力恢复的一种有效手段。整理活动的作用：① 有助于人体机能尽快恢复常态；② 有助于偿还运动后过量氧耗。

整理活动应侧重于全身性放松。特别是在紧张、剧烈的运动之后，一定要进行全身性放松活动，以免身体受到损伤。整理活动之后，应注意保暖，防止着凉、感冒。

（二）讲究运动饮食卫生

经常进行体育锻炼，可促进胃肠道的蠕动和消化液的分泌，对消化吸收产生良好影响。如果在体育锻炼前后不注意饮食卫生，则会严重影响锻炼者的身体健康。这是因为运动时大量血液流入运动器官，消化器官的血液量相对减少，胃液分泌减少，消化系统的功能处于相对抑制的状态。如果运动后立即进食，必然影响食物的消化和吸收，长此以往，会造成消化不良或其他消化道疾病。因此，在体育锻炼中应注意饮食卫生。

1. 饭后不宜立即进行剧烈运动

饭后立即进行剧烈运动，不仅易导致消化不良，还会引起腹痛、恶心等症状，甚至造成胃下垂等疾病。吃饭与运动之间要有一定的时间间隔，一般在饭后30分钟方可进行慢走等轻度运动；剧烈运动或比赛最好安排在饭后1.5小时以后，缺乏体育锻炼或体质较弱的人，吃饭与运动之间的时间间隔应更长些。

2. 空腹不宜进行长时间剧烈运动

长时间剧烈运动要消耗大量能量，而能量主要来自体内血糖的氧化。早晨空腹进行长时间剧烈运动，无充足的血糖补充，易发生低血糖症状。另外，空腹进行长时间剧烈运动会使胃发生痉挛性收缩，出现胃痛的情况，经常空腹运动会导致胃炎等疾病。因此，早晨空腹锻炼的时间，一般不宜超过30分钟，且运动强度不宜过大。

3. 运动后不宜立即进食

体育锻炼后不要急于进食。要等心肺功能稳定下来，胃肠道机能逐渐恢复后再用餐。体育锻炼后一般间隔30分钟后方可就餐。如果在下午进行较剧烈的体育锻炼，间隔的时间应更长些。由于运动后易产生饥饿感，用餐时不要狼吞虎咽，更不能暴饮暴食。

4. 体育锻炼中或锻炼后应合理补充水分

体育锻炼中或锻炼后正确的饮水方法是首先确认体内是否真的缺水。在短时间的体育运动或剧烈的体育运动中感到口渴，主要是由口腔和咽部黏膜水分蒸发、唾液分泌减少引起的，或者是由心理紧张造成的，此时不必补充水分，只需用水漱漱口，增加口腔湿润感即可。对体育锻炼中失去水分的补充，要采取少量多次的办法。预防运动失水的最好办法是每15～20分钟饮水150毫升左右；在锻炼前10～15分钟，可饮水300～500毫升，以保证体内水分充足，预防失水过多。一次补水最大量不能超过800毫升。但有时人缺水了仍不会口渴，这种情况下应适当多喝一些水。

（三）防止和消除运动性疲劳

1. 运动性疲劳

疲劳是一种暂时的生理现象，对人体来说是一种保护性抑制。运动性疲劳出现后，只要不使疲劳积累而产生过度疲劳，就不会损害人的身体健康；相反，经过疲劳的产生—消除过程，借助不断强化的体育锻炼，人体机能和运动能力可以达到超量恢复，从而运动者的健康水平可以得到提高。

2. 运动性疲劳的判定

判定运动性疲劳的出现及其程度，对科学地锻炼身体，增强体质，合理地安排运动强度及提高运动成绩都有着重要的意义。在学校体育运动和自我锻炼中，可采用比较简单的方法来判断运动性疲劳及其程度。（表4-1-1）

表 4-1-1　运动性疲劳的判定

内容	轻度疲劳	中度疲劳	重度疲劳
自我感觉	无任何不适	疲乏、腿痛、心悸	除疲乏、腿痛、心悸外，还有头痛、胸痛、恶心，甚至呕吐等症状，有些症状存在的时间较长
面色	稍红	相当红	十分红或苍白，有时呈紫色
排汗量	不多	稍多，特别是肩带部位	非常多，尤其是整个躯干部分
呼吸	中度加快	显著加快	显著加快，且表浅（其中有少数深呼吸出现），有时呼吸节奏紊乱
注意力	较好，能正确执行指令	执行口令不准确，改变方向时有时发生错误	执行口令缓慢，只接受大声口令
动作	步伐轻稳	步伐摇摆不稳	步伐摇摆现象显著，行进时掉队，出现不协调动作

3. 消除运动性疲劳的常用方法

为了使运动中消耗的物质和各器官、系统的机能得到尽快恢复，避免疲劳积累而造成过度疲劳，一般可采用以下消除疲劳的方法。

（1）放松活动。

放松活动包括慢跑、呼吸体操及各肌群的伸展练习。运动后做伸展练习，可消除肌肉痉挛，增强人体血液循环，减少肌肉酸胀和僵硬程度。

（2）按摩和物理方法。

按摩可改善全身血液循环状况，促进代谢产物的消除，减轻肌肉的酸痛感和坚硬感，提高肌肉的收缩力，改善关节的灵活性。

消除运动性疲劳的物理疗法种类较多，训练和比赛后采取局部热敷和进行温水浴是简单易行的手段。

（3）合理补充营养物质。

运动时消耗的物质要靠饮食中的营养物质来补充，体育锻炼和比赛后，合理补充营养有助于运动者恢复体力和消除运动性疲劳。因此，运动后应根据运动项目的特点补充足够的碳水化合物、蛋白质、维生素（维生素 C、维生素 E、维生素 B_1、维生素 B_6）、无机盐（钠、磷、铁）和水等。

（4）充足的睡眠。

充足的睡眠是消除疲劳、恢复体力的最好方法之一。睡眠时大脑皮质的兴奋度降低，体内分解代谢处于最低水平，而合成代谢则相对较高，有利于体内能量的蓄积。因此，运动者每天应保证充足的睡眠时间，一般每天不少于 8 小时。在大运动量训练和比赛期间，睡眠时间应适当延长。

二、按摩

（一）按摩疗法的概述

运用手、指的技巧，在人体皮肤、肌肉组织上连续动作来治病，这种方法叫作按摩疗法。按摩经济简便，因为它不需要特殊医疗设备，也不受时间、地点、气候条件的限制，随时随地都可实行，且平稳可靠，易学易用。

（二）按摩的种类和手法

按摩常用手法包括如下八种：按、摩、推、拿、揉、捏、颤和打。

1. 按法

利用指尖或指掌，在患者身体适当部位有节奏地一起一落按下，叫作按法。通常使用的有单手按法、双手按法。临床上，在两肋下或腹部通常应用单手按法或双手按法，在背部或肌肉丰厚的地方还可使用单手加压按法，也就是左手在下，右手轻轻用力压在左手指背上的一种方法，也可以右手在下，左手压在右手指背上。（图 4–1–1）

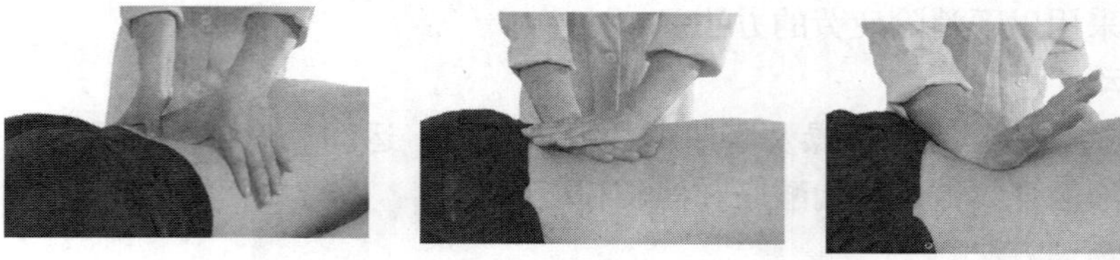

图 4–1–1

2. 摩法

摩，就是抚摩的意思。用手指或手掌在患者身体的适当部位，给以柔软的抚摩，叫作摩法。摩法多配合按法和推法，有常用于上肢和肩端的单手摩法和常用于胸部的双手摩法。（图 4–1–2）

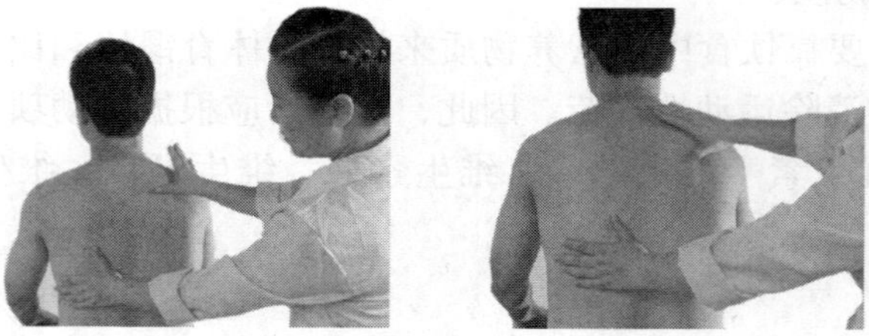

图 4–1–2

3. 推法

在前用力推动叫推法。临床常用的，有单手或双手两种推法。因为推与摩不能分开，推中已包含摩，因此推摩常配合使用，如两臂、两腿肌肉丰厚处多用推摩。用拇指与食指夹持胳膊肌肉，为推法中的单手推摩法。由于手指面积太小，操作时，我们多用左手握住患者腕部，右手拇指、食指握住患者一个手指进行推摩，或者只用右手拇指在患者手指上推摩。推摩的手法是多样的。把两手集中在一起，使拇指对拇指，食指对食指，两手集中一起往前推动，叫作双手集中推摩法，这种方法是推摩法中最方便的一种手法（图 4–1–3）。

4. 拿法

用手把适当部位的皮肤稍微用力拿起来，叫作拿法。临床上常用的有在腿部或肌肉丰厚处的单手拿法。如果患者因情绪紧张、恼怒，突然发生气闷，胸中堵塞，出现类似昏厥的情况，可在锁骨上方肩背相连的地方，用单手拿法把肌肉抓起来放下，再抓起，以每秒拿两下的速度连拿 20 次，稍微休息，再连拿 20 次，则有助于胸中通畅，气息自渐调和。（图 4–1–4）

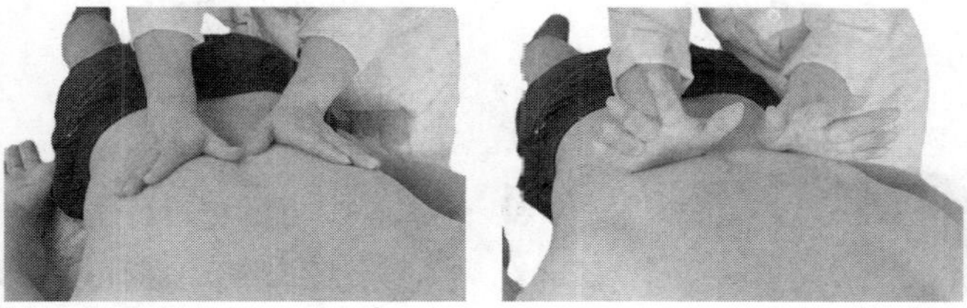

图 4–1–3

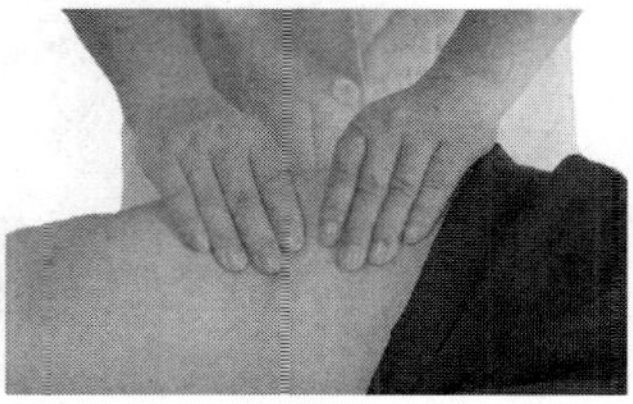

图 4–1–4

5. 揉法

医生用手贴着患者皮肤，做轻微的旋转活动的揉拿，叫作揉法。揉法分单手揉和双手揉。对于太阳穴等面积小的地方，可用手指揉法；对于背部面积大的部位，可用手掌揉法。单手加压揉法：如揉小腿处，左手按在患者腿肚处，右手则加压在左手背上，进行单手加压揉法。肌肉丰厚的小腿肚上，则可使用双手揉法。揉法具有消瘀去积、调和血行的作用，对于局部痛点，使用揉法十分合适。

6. 捏法

在适当部位，利用手指把皮肤和肌肉从骨面上捏起来，叫作捏法。捏法和拿法有类似之处，但是拿法要用手的全力，捏法则着重在手指上。拿法用力重，捏法用力轻。捏法是按摩中常用的基本手法，它常常与揉法配合进行。捏法实际包括了指尖的挤压作用。捏法轻微挤压肌肉，能使皮肤、肌腱活动能力加强，能改善血液和淋巴循环。浅捏可去风寒，可化瘀血；深捏可以缓解肌腱和关节囊内部及周围因风寒湿而引起的肌肉和关节疼痛。（图 4–1–5）

7. 颤法

颤法是一种震颤而抖动的按摩手法，动作以迅速而短促、均匀为合适。要求每秒颤动 10 次左右为宜，也就是一分钟达到 600 次左右为宜。颤法与“动”分不开，因此又称颤动手法。将拇指垂直地点在患者痛点，全腕用力颤动，带动拇指产生震颤性的抖动，叫单指颤动法。用拇指与食指，或食指与中指，放在患者疼处或眉头等处，利用腕力进行颤动，叫双指颤动法。（图 4–1–6）

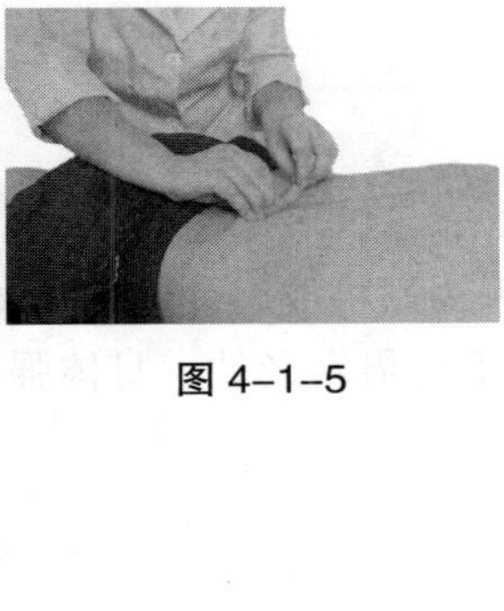

图 4–1–5

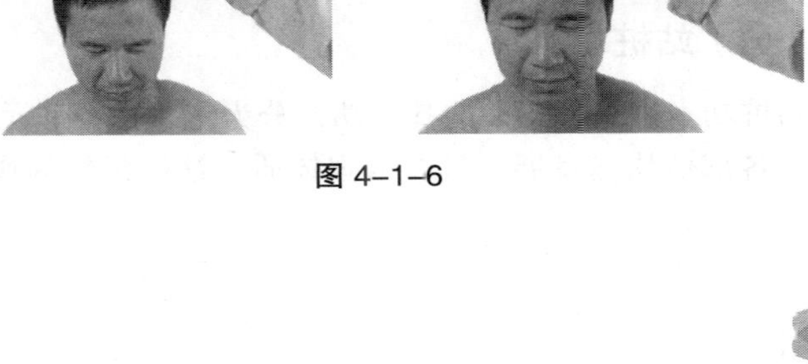

图 4–1–6

8. 打法

打法，又叫叩击法。临床上多在手术后配合按摩使用。当然，必要时也可单独使用打法。打法手劲要轻重有准，柔软而灵活。手法合适，能给患者以轻松感，否则就是不得法。打法主要用的是双手。常用手法有侧掌切击法、平掌拍击法、横拳叩击法和竖拳叩击法等。（图 4–1–7）

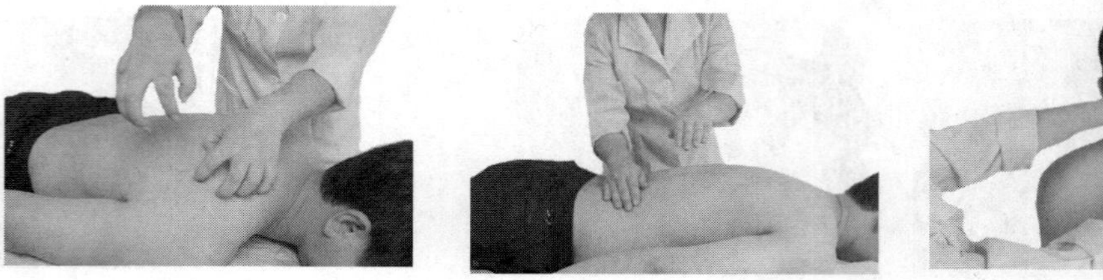

图 4–1–7

（三）注意事项

（1）按摩前要修整指甲、热水洗手，同时，将指环等有碍操作的物品预先摘掉。

（2）按摩者与被按摩者的位置要安排合适，特别是被按摩者坐卧等姿势要舒适而又便于操作。

（3）按摩手法要轻重合适，并随时观察被按摩者的表情，使之有舒服感。

（4）按摩时间以每次 20 ～ 30 分钟为宜，按摩次数以 12 次为 1 个疗程。

（5）饱食之后，不要急于按摩，一般应在饭后 2 小时左右为宜。

最好早晚各一次，如清晨起床前和晚上临睡前。为了加强疗效，防止皮肤破损，在按摩时可选用一定的按摩油或按摩乳等。若有局部皮肤破损、溃疡、骨折、结核、肿瘤和出血等，禁止在此处做按摩。做自我按摩时，最好只穿背心、短裤，操作时手尽量直接接触皮肤。推拿后有出汗现象时，应注意避风，以免感冒。此外，在过饥、过饱、酗酒或过度疲劳时，也不要做按摩。

第二节　体育养生

一、气养

（一）站桩功

站桩功本来是形意拳的基本功，分为三才桩、浑元桩两种。因为站桩能够使人的身体上、中、下各部位均衡发展，具有增强体质、祛病延年的作用，所以不论男女老幼、身体强弱均可练习。

站桩功有许多姿势上的要求。初练站桩功者可采用抱球式或捧球式。两脚成“八”字形分开站立，宽度约与肩齐，两膝微屈，臀部稍向下坐，胸部放松，头向上顶，两眼向前平视，闭目或垂帘均可，呼吸自然、均匀。平心静气后两手向前伸出，成抱球或捧球状，两手距离约两拳之隔，高度是上高不过眉，低稍过脐，一切要求松静自然，舒适得力。

初学者应站多长时间，可由自己来决定。由于体质、性情等情况不同，有的人一学会就能站较长时间，有的人站 10 分钟或 5 分钟就感到疲惫，在此情况下不可过分强求延长，可以休息一下或散散步再练。时间久了，自可延长，每次可站 40 分钟，甚至 60 分钟以上。一切开头难，最初练习时由于身体不习惯，必然产生一些两臂酸痛、腿足酸胀等不舒适的感觉。练习稍久，舒适感就会胜过不舒适感，而渐入佳境。站桩功用在医疗适应证上非常广泛，如高血压、低血压、半身不遂、关节炎、肺炎、肝脏病、肠胃病、血管硬化、神经症、精神分裂症等。

（二）放松功

放松功是采用逐步放松来诱导入静，用自然呼吸法来调息的养生功法。练习时可采取站桩式，也可采取坐式，从头到脚、从上到下逐步放松。一般采用三线放松法。

第一线：头部两侧—颈部两侧—两肩—两上臂—两前臂—两手—两手指。

第二线：头顶—面部—颈部—胸部—腹部—两大腿前—两小腿前—两脚背—两脚趾。

第三线：头后部—颈项—背部—腰部—臀部—两大腿后部—两小腿后部—脚跟—脚掌（涌泉穴）。

按上述放松三线法，反复放松三遍，就会感到轻松安静。如果感到身体某一部位没有放松，不必急躁，在此部位再放松一下，或任其自然，不必强求。在自然呼吸的基础上，在每一次呼吸中，吸气时想静，呼气时想松。如此练功十余次，然后把意念完全集中到丹田处片刻，再练功时默念“静”“松”。如此循环进行，这种方法叫作练养相间。

二、形养

（一）八段锦

八段锦是由八节动作组成的一种健身运动方法。全套动作精练，运动量适度，其每节动作的设计都针对一定的脏腑或病症的保健与治疗需要，有疏通经络气血、调整脏腑功能的作用。八段锦在历代相传中得到不断发展，流派繁多，现代较为流行的练习方法和口诀见于清代梁世昌《易筋经图说》所附《八段锦》中。

（二）护肾保精养生法

在传统养生中，护肾保精是一条重要原则，传统养生认为肾为先天之本，精不仅是繁衍人类的生命之源，而且是人体生命活动的物质基础。中医学认为，精、气、神是构成人体的基本物质，是主持人体生命活动的重要物质基础。肾精充足与否，直接影响人的健康和生命，纵欲耗精，会导致肾气亏损，使人精先衰，甚至早夭。

护肾保精可采用以下保健功法。

（1）叩齿闭颔法：即晨起后叩齿数百次。闭颔就是小便时咬牙关，此法有补肾壮腰、固齿益精之功效。

（2）虎口摩腰法：两手握拳，虎口平放于两侧腰部，上下摩擦百次左右，速度缓慢，温热为度。此法能温肾摄精，对肾虚而遗精，阳痿早泄，女子虚寒带下，月经过多以及耳鸣、腰酸、大便不实等，均有良好的防治效果。

（3）涌泉按摩法：即摩擦脚掌，直至发热。此法有引火归元之功，对心肾不充足引起的失眠、遗精有很好的治疗作用。

（4）饮津、提肛缩肾：饮津即晨起后舔上腭及舌下、齿龈，含津液满口，饮入胃中。提肛缩肾，即吸气时将肛门收紧，呼气时放松，如此反复数十次。饮津有益于生津，提肛缩肾有补肾、固精作用。

（5）固精法：左手兜住阴囊，右手在小腹部顺时针方向按摩36次，左右轮换。

思考题

1. 按摩的种类和手法有哪些？
2. 如何进行体育养生？

第五章

大学生应有效提高健康体适能

第一节　体适能概述

一、体适能的定义

体适能是从体育学角度评价健康的一个综合性指标，是指人体执行自身机能的能力，也是人体适应环境（包括自然环境和心理环境）的一种能力。理想的体适能状态是指人能够精力充沛地从事日常工作，有余力享受休闲的娱乐生活，并能抵抗因运动不足而引发的疾病和应付突发的紧急状况。

二、体适能的分类

体适能因对象和个人的需求不同，可分为与运动技能相关的体适能和与健康相关的体适能，即运动体适能和健康体适能。

（一）运动体适能

运动体适能是指人体能成功地执行各种运动技术的身体要素。它以运动技能为核心，受遗传因素的影响较大，主要包括敏捷性、平衡性、协调性、力量、反应力和速度等要素。

（二）健康体适能

健康体适能是指偏重于身体方面的健康状态，是促进健康、预防疾病和增进工作效率的身体要素，主要包括心肺耐力、肌力、肌耐力、柔韧性和身体成分五项要素。

（1）心肺耐力是指心脏、肺和心血管系统将维持生命所需的氧气有效地输送至全身，供肌肉组织进行新陈代谢活动，并产生能量的能力。人体心肺耐力可通过长时间的有氧耐力运动得到改善，它是五项要素中最重要的一项。

（2）肌力是指肌肉 1 次收缩所产生的最大力量。人体肌群只有得到均衡的发展，才能满足（适应）日常工作与生活的需要。若肌力不足，不但动作效率低，而且肌肉易产生疲劳，甚至会导致运动损伤的发生。同时，还会导致人们形成不良的身体姿势，进而引起身体局部病痛。经常进行抗阻力练习可有效地提高人体肌力。

（3）肌耐力是指肌肉反复地收缩或维持某一固定用力状态的持久能力。它和肌力既各自独立，又互有联系。家务劳动、步行、上楼梯等，均需要良好的肌耐力体适能，肌耐力是享受休闲与居家生活的重要基础。采用小负荷强度、较多重复次数的力量练习，可促进肌耐力体适能的发展。肌力和肌耐力统称为肌肉适能。

（4）柔韧性是指人体各部位的活动幅度。影响柔韧性的因素除了关节本身的结构外，还有肌肉、肌腱、韧带、软骨组织和皮肤等的伸展性和弹性。人体具备良好的柔韧性，身体可以比较灵活地做扭转、回旋、弯曲等动作。柔韧性差，易造成肌肉拉伤、关节扭伤等运动伤害。不明原因的腰背疼痛，常与身体某些肌群的伸展性差有关。持续 10 ～ 30 秒的缓慢静态伸展活动是提高柔韧性的较好方法之一。

（5）身体成分是指人体脂肪与肌肉、骨骼和其他机体成分的比例，一般用体脂百分数表示。

第二节　心肺耐力的锻炼方法

一、心肺耐力的定义

心肺耐力是健康体适能中最重要的成分之一，它反映了由心脏、肺、血管、血液等组成的呼吸系统与心血管系统向肌肉运送氧气和能量物质，维持机体从事运动的能力。拥有良好心肺耐力的人通常也具有较好的运动耐力和有氧运动能力。

二、心血管系统简介

心血管系统是指由心和血管（动脉、毛细血管和静脉）组成的一个完全封闭的血液循环管道。它以心脏为动力中心，通过血管将血液运抵全身各器官、组织。心血管系统负责把氧气和营养物质运输到组织，也把代谢废物（如二氧化碳等）排出体外。体育锻炼时，骨骼肌代谢增强，需氧量增大，人体通过自身调节，使心血管系统活动加强，以满足运动的需要。

（一）循环系统

循环系统使血液或淋巴流动，把摄取的营养和体内产生的激素等输送到全身各处，以及进行气体交换并将细胞代谢所产生的废物排出等构造组成的系统。它由两个分开的血泵构成：右心，泵血通过肺，称肺循环；左心，泵血通过身体各部分，并通过毛细血管与组织进行气体（氧气和二氧化碳）和物质交换，交换后动脉血变为静脉血，通过静脉回流至心脏。肺循环把静脉血泵至肺，在肺部静脉血结合氧气，排出二氧化碳，重新成为动脉血并流至左心。

心脏每分钟泵出的血量称心输出量，正常成年男子安静时的心输出量约为 5 升/分，剧烈运动时可达 20 升/分，而经过良好训练的马拉松运动员可达 35 ～ 40 升/分。心输出量受心率（心脏每分钟跳动的次数）和每搏输出量（心脏收缩一次的射血量）的影响。体育锻炼时，心输出量会因心率或每搏输出量的增加而增加。无论是男性还是女性，最大心输出量在 20 岁以后都开始下降，这主要是由最大心率的下降引起的。设一个人的最大心率为 y 次/分，这个人的年龄为 x 岁，则 $y=220-x$。

血液通过动脉时对血管壁造成的压力称为血压，血压通常用血压计在肱动脉处测量而得。心脏收缩时血压达最高值，称为收缩压；心脏舒张时血压达最低值，称为舒张压。高血压是指收缩压高于 140 毫米汞柱或舒张压高于 90 毫米汞柱。

（二）呼吸系统

呼吸系统的主要功能是进行气体交换。吸气时，空气进入肺，在肺泡处氧扩散至血液，而二氧化碳则由血液扩散至肺，并通过呼气排出体外。

人体运输和利用氧的最大能力称为最大摄氧量。最大摄氧量是反映心肺功能适应能力最有效的指标，在不同强度下运动时机体的耗氧量是不同的，在摄氧量未达到最大摄氧量之前，摄氧量与运动强度成线性关系，因此，常用最大摄氧量的百分比来表示运动强度的大小。

三、运动中各阶段心血管功能的变化

（一）准备阶段

在运动还没有正式开始的准备阶段，即已出现心率加快，心输出量增加，动脉血压升高等反应。这些反应与大脑皮质活动有关，属条件反射，其生理意义在于缩短运动时心血管系统功能活动进入工作状态所需的时间。

（二）开始阶段

运动一旦开始，心血管系统功能活动在几秒至十几秒时间内出现快速加强。在这之后的 3 ～ 5 分钟内，心血管系统的活动以缓慢速度逐渐加强，直至最高值。

（三）稳定阶段

在进行最大强度的有氧运动时，经过一段时间后，心血管系统功能活动可达到较高的稳定状态。这时肌肉的供氧和耗氧达到平衡。在进行最大无氧运动时，心血管系统功能活动可达最高水平且保持稳定，但机体内心血管系统的供氧量不能满足运动的需氧量。

（四）持续运动阶段

长时间持续运动使体温逐步升高，可引起血液在各器官内的重新分配，即皮肤血流量在心输出量中所占比重增加，以利于散热。随着运动时间的延长，心率进一步加快，每搏输出量逐渐减少，心输出量变化不大。动脉血压多因外周血管阻力的减小而出现下降。

四、提高心肺耐力的锻炼手段

（一）有氧运动形式的选择

有氧运动是指人体需氧量和摄氧量达到动态平衡的运动。做有氧运动时，体内较少产生乳酸堆积，心率和呼吸保持在较为稳定的状态，因而持续运动时间长、安全性高、脂肪消耗多，这有利于改善心血管系统的功能。常见的提高心肺耐力的锻炼方式包括慢跑、步行、爬山、跳绳、划船、骑自行车、游泳等。凡是有大肌群参与的慢节奏、较长时间的运动都是有效的有氧锻炼方式。户外运动和各种有音乐伴奏的有氧健身形式都属于有氧运动的范畴。

心肺耐力对体育锻炼的慢性适应

（二）有氧练习的方法

（1）综合练习：综合练习是由几种不同的锻炼内容所组成的，如第一天跑步，第二天游泳，第三天骑自行车。综合练习的一个优点就是减少长期进行同一种练习的枯燥感，并且可以防止身体局部过度疲劳。

（2）持续练习：持续练习是指长时间、长距离、慢节奏的中等强度（强度保持在约70%最大心率）的练习，是最受欢迎的心肺锻炼方法之一。一次锻炼时间可持续 40 ～ 60 分钟。

（3）间歇练习：间歇练习是指重复进行练习，且练习强度、持续时间、运动量和间歇时间较固定的锻炼方法。练习内容不同，练习持续的时间各不相同，一般为 1 ～ 5 分钟。每次练习后有一个休息期，休息期的时间与练习时间相等或稍长于练习时间。间歇练习与持续练习相比能使学生完成更大的运动量，且锻炼的方式可以有所变化。

（4）法特莱克（fartlek）练习："fartlek" 是瑞典语，意思是 "速度运动"，法特莱克练习是一种与间歇练习相似的长距离跑的锻炼方式，但练习时间与休息时间的比例不固定。法特莱克的锻炼地点比较随意，可以减少枯燥感。

（三）有氧练习的有效练习强度和频率

健身效果与有氧练习的频率、强度和每次练习的持续时间有关。因此，练习者在进行有氧练习时，要科学地控制练习强度和频率。

（1）选择主要以大肌肉群参与为主，而不是以小肌肉群参与为主的运动方式。

（2）每周练习 3 ～ 5 次，一次练习的运动持续时间为 30 ～ 60 分钟。

（3）运动强度控制在 "靶心率" 范围内。在这个心律范围的练习既安全，又有效。

运动强度是有氧锻炼的一个重要因素，因为它与能量来源、能量需求、氧消耗量、运动损伤等因素都相关。运动强度的大小常以心率、耗氧量及安静时能量或耗氧量的倍数来表示。由于年龄、体能和健康等状况存在个体差异，因此，每个人的有氧锻炼量各不相同。（表 5-2-1）

表 5-2-1　不同人群有氧锻炼适宜心率参考值

人群分类	最大心率	有氧锻炼心率
体能良好者	220- 年龄	（70% ～ 85%）× 最大心率
体能普通者	220- 年龄	（60% ～ 75%）× 最大心率
体能不佳者	220- 年龄	（50% ～ 70%）× 最大心率

第三节　肌肉和肌肉耐力的锻炼方法

一、肌肉适能的定义

肌肉适能是指机体依靠肌肉收缩克服或对抗阻力以维持身体姿势和运动的能力，通常表现在肌肉力量、肌肉耐力和肌肉功率等方面。肌肉力量与肌肉耐力是健康相关体适能的组成部分，而肌肉功率则与运动技能密切相关。

肌肉力量又称最大肌肉力量或者绝对肌肉力量，简称肌力，特指肌肉收缩产生最大收缩力的能力，通常以等长、等张或者等速运动条件下肌肉收缩克服或对抗阻力和做功功率的大小表示。肌肉耐力特指肌肉持续收缩对抗疲劳的能力，简称肌耐力，通常以静态运动负荷持续时间、动态等张收缩次数或者动态等速运动的功率等表示。肌肉功率又称快速力量，特指肌肉在短时间内快速发挥其收缩力量的能力，爆发力是肌肉功率的常见表现形式和评价指标。

影响肌肉适能的因素

二、肌力、肌耐力练习的基本原则

（一）渐增阻力原则

渐增阻力原则是超负荷原则在肌力、肌耐力练习中的应用。尽管超负荷原则与渐增阻力原则可以相互替换，但在力量练习中，常用渐增阻力原则。渐增阻力原则指肌力、肌耐力因超负荷训练而增加，但由于力量、耐力的增长，原来的超负荷则变成了非超负荷或低负荷，此时如果不增加负荷，则肌力、肌耐力就不能增长。因此，力量练习必须遵循渐增阻力原则。

（二）专门性原则

肌力、肌耐力的练习要充分考虑不同运动项目的专项力量、耐力的需要以及人体需求程度。不同的身体活动具有不同的效果，运动者期望获得什么样的运动效果，就应进行能产生这种效果的运动。例如，要增加上半身肌肉（肱三头肌、胸大肌、胸小肌）力量，可以采取仰卧推举的运动方式。高强度的重力训练可增强肌力和肌肉的体积，如果要获得最大的肌力就必须对抗最大的阻力；要提高肌耐力则要采取低阻力、多次数的运动方式。高阻力、重复次数少的负荷训练会明显增强肌肉力量；低阻力、重复次数多的负重训练则能明显提高肌耐力，而肌力和肌肉体积不会有多大改变。另外，提高肌肉力量的负重训练主要是动员无氧系统的功能；提高肌耐力的负重训练则主要是动员有氧系统的功能。得到锻炼的肌肉应该是在耐力和力量方面需要改善的肌肉。

（三）系统性原则

根据用进废退的原理，力量练习应系统地安排。研究表明，练习频率高、肌力增长很快的人，停止练习后肌力消退也快；练习频率较低、训练时间较长、肌力缓慢增长者，力量保持的时间则相对较长。许多研究结果显示，每周进行 3 ～ 4 次的力量练习，可使肌力明显增长。

三、增强肌力和肌耐力的措施与方法

负重抗阻练习是增强肌肉力量的基本手段，通过长期的渐增阻力力量练习就可以发展肌力。不论练习者的性别和年龄情况，只要每周进行适当的力量练习，都可以增加肌肉组织含量，提高肌力，促进健康。

根据肌肉收缩的类型，力量练习可分为等张练习、等长练习和等动练习。

（一）等张练习

肌肉以等张收缩的形式进行负重或不负重的动力性抗阻练习，称为等张练习或动力性练习，等张练习是最常用的力量练习法。等张练习能有效地发展动力性力量，改善神经肌肉的协调性，但不足之处是在整个动作过程中不能保证肌肉每一次收缩的负荷都相等，容易造成在某些关节运动角度上肌肉负荷不足。因此，只能按照力量最弱的关节运动角度来安排负荷，从而在整个练习中负荷往往偏小。

（二）等长练习

肌肉以等长收缩的形式使人体保持某一特定位置或对抗固定不动的阻力练习，称为等长练习或静力性练习，它能有效地发展静力最大力量和静力耐力。

等长力量练习与等张力量练习主要有两个方面的区别：一是等长练习的力量的发展是高度特异性的，如果采用等长练习来发展某一特定动作的力量，可在动作的所有范围内的某几点上进行不同的等长练习，而等张练习在整个动作的关节范围内使肌肉力量都能得到发展；二是大强度等长练习，由于血液循环条件不良和憋气等因素的影响，大脑血流量减少，这容易引起头晕眼花、隐性心脏病发作等不良反应。

（三）等动练习

等动练习是借助于专门的等动训练器，在动力状态下完成练习的方法。在整个练习中关节运动在各角度上均受到相同的较大负荷，从而使肌肉各角度在整个练习中均能产生较大的张力。

第四节　柔韧性的锻炼方法

一、柔韧性的定义

柔韧性是体适能的一个重要组成部分。它是指身体各关节的活动幅度，以及关节周围的韧带、肌腱、肌肉、皮肤和其他组织的弹性与伸展能力。柔韧性包括两方面的含义：一是关节活动幅度的大小；二是关节周围的韧带、肌腱和肌肉等软组织的伸展性。人体各关节活动幅度的大小，主要取决于关节本身的结构，关节的结构不同，柔韧性也有差别。其中，关节的骨结构是不能改变的，但关节周围的韧带、肌腱和肌肉等软组织的伸展性和弹性则可以通过合理的训练得以增强。

根据人体生理解剖结构，柔韧性包括四肢和躯干各关节的柔韧性。其主要关节有肩、肘、腕、膝、踝及脊柱等各关节。柔韧性的锻炼就是针对上述各关节灵活性的练习。柔韧性是特指一个特定关节的一系列可能活动的范围，而且可能只同一个关节（如膝关节）或一连串的关节（如脊柱关节）有关。一个人也许下肢关节的柔韧性很好，但其他关节的柔韧性却可能很差。

二、发展柔韧性的措施与方法

（一）发展柔韧性的方法

发展柔韧性的目的是提高关节周围的肌肉、肌腱、韧带等软组织的伸展性。伸展能力的提高主要是“力”的拉伸作用的结果。这种“力”表现在动作上可分为两种，即主动动作和被动动作，而主动柔韧性和被动柔韧性练习又都可以分为动力性练习和静力性练习。肌肉伸展的方法有三种：主动或被动的静态伸展法、主动或被动的弹性伸展法、本体感受神经肌肉伸展法。（表 5–4–1）

表 5–4–1　不同类型柔韧性练习的方法及特点

柔韧性练习类型	方法	特点
主动柔韧性的动力练习	肩绕环、扩胸、振臂、转腰、涮腰、踢腿等	在主动肌的力量和速度不断增长的条件下，不断发展对抗肌的柔韧性
主动柔韧性的静力练习	控腿、拱腰、造桥等	使主动肌保持在一个相对静止的收缩状态，通过有意识地逐步放松对抗肌，使之慢慢拉长
被动柔韧性的动力练习	压肩、压腿等	活动关节，协调主动肌和对抗肌的运动，发展肌肉力量、爆发力
被动柔韧性的静力练习	拉肩、吊肩、耗腿、搬腿、劈叉、压脚背等	在自身体重或外力作用下，肌肉被强制拉伸

1. 主动或被动的静态伸展法

主动或被动的静态伸展法是一种行之有效且比较流行的伸展肌肉的方法，它是缓慢地将肌肉、肌腱、韧带拉伸到有一定酸、胀、痛感觉的位置，并维持此姿势一定时间。关于在酸、胀、痛的感觉位置停留的最佳时间，目前的研究尚无定论，一般认为 10 ～ 30 秒较为理想，每块肌肉的伸展应连续重复 4 ～ 6 次为好。

这种肌肉伸展方法可以较好地控制拉伸时所使用的力量，比较安全，尤其适合于活动少或未经训练的人。它可减少和消除超过关节伸展能力的危险性，避免拉伤，而且由于拉伸缓慢而不会引起牵张反射。

2. 主动或被动的弹性伸展法

主动或被动的弹性伸展法是指有节奏地、速度较快地、幅度逐渐加大地多次重复一个动作的拉伸方法。主动的弹性伸展是靠自己的力量拉伸，并通过重复地收缩收缩肌来达到快速伸展拮抗肌的效果；被动的弹性伸展是通过同伴的帮助或借助负重等外力进行的拉伸。

利用主动动作或被动动作所产生的动量来伸展肌肉，所用的力量应与被拉伸关节的可伸展能力相适应。如果大于肌肉组织的可伸展能力，就会拉伤肌肉。运用该方法时，用力不宜过猛，幅度一定要由小到大。先做几次小幅度的预备拉伸，再逐渐加大幅度，从而避免拉伤。

3. 本体感受神经肌肉伸展法

本体感受神经肌肉伸展法（PNF法）原先被用于对各种神经肌肉瘫痪的治疗，直到近年来才被当作正常人改善肌肉柔韧性的伸展方法来使用。现在流行许多不同的本体感受神经肌肉伸展法，包括慢速伸展—保持—放松法、收缩—放松法和保持—放松法三种。这些方法都包含收缩肌和拮抗肌的支持收缩与放松（一个 10 秒推的过程紧接着一个 10 秒放松的过程）。

以伸展股后肌群为例，慢速伸展—保持—放松法有以下几个步骤：首先仰卧，膝关节伸直，踝关节成 90°，同伴帮助推一腿弯曲髋关节至有轻微酸痛感；此时开始收缩股后肌群以抵抗同伴的推力，持续 10 秒钟以后，放松股后肌群而收缩股四头肌（收缩肌）；同伴再加力帮助伸展股后肌群（拮抗肌），放松过程持续 10 秒，此时，从这个关节新的角度开始，再一次对抗同伴的推力，这样的过程至少重复 3 次。

收缩—放松法和保持—放松法是慢速伸展—保持—放松法的变形。在收缩—放松法中，股后肌群等张收缩，因此，腿在被推的过程中朝推力的反方向移动；而在保持—放松法中，股后肌群做等长收缩。在放松阶段中，这两种方法都包括股后肌群和股四头肌的放松，以及股后肌群被动地伸展。

以上三种伸展方法都可有效地改善身体柔韧性，但弹性伸展法容易引起肌肉酸痛，也存在着肌肉被拉伤的危险，因此很少被采用。然而，我们在实际的体育锻炼中都要做弹性伸展，并通过它来提高动作练习效果。静态伸展法是使用最为广泛的方法，因为这种方法简单、有效、安全，甚至不需要同伴的帮助，通过一段时间的锻炼可有效地提高关节柔韧性。PNF法在一次伸展过程中可以大大提高关节活动幅度，比静态伸展法的效果更加显著，且不易导致肌肉酸痛或损伤，因此，越来越多的人选择用此方法来改善肌肉、关节的柔韧性，但该方法的主要缺点是需要同伴的帮助，无法一个人进行。

（二）柔韧性练习的基本要求

1. 柔韧性的测量方法

在柔韧性练习之前，首先应对自己身体各关节的柔韧性有所了解。对柔韧性的了解可通过柔韧性测量和评价得知。常见的测量方法有坐位体前屈和立体体前屈等。

2. 柔韧性练习的强度

柔韧性练习应采用缓慢、放松、有节制和无疼痛的练习，并且只有通过一定的努力才能提高肌肉的伸展度。肌肉的伸展会产生酸胀的感觉，但不应过分地伸展以致引起不适。拉伸的强度随关节活动范围的增加而改变。随着柔韧性在锻炼过程中的提高，练习强度应逐渐加大，做到“酸加，痛减，麻停”。

3. 柔韧性练习的时间和次数

柔韧性练习的时间由练习所采用的伸展方式决定，主要包括重复的次数和伸展时停留的时间。每个姿势持续的时间是逐渐增加的，应从最初的 10 秒，经过一段时间的练习增加至 30 秒，重复次数在 3 次以上。如果是平时体育锻炼时的柔韧性练习，5 ～ 10 分钟就足够了；如果是专门为了提高柔韧性的练习或运动员训练，则必须有 15 ～ 30 分钟的时间。（表 5–4–2）

表 5–4–2　柔韧性练习的时间、次数安排实例

周次	阶段	肌肉伸展持续时间 / 秒	每种练习重复次数 / 秒	每周锻炼次数 / 秒
1	起始	15	1	1
2		20	2	2
3		25	3	3
4	逐步步	30	4	3
5		30	4	3 ～ 4
6		30	4	4 ～ 5
7 周以上	保持	30	4	4 ～ 5

柔韧性练习的注意事项

柔韧性练习应遵循的建议

第五节　改善身体成分的锻炼方法

一、运动改善身体成分的机理

运动改善身体成分的机理如下。

（1）运动可促进脂肪分解。运动时肌肉对血液中的游离脂肪酸和葡萄糖的摄取及利用增多，促使脂肪细胞释放大量的游离脂肪酸；另一方面，运动同时使得血糖大量消耗，使其不能合成脂肪。

（2）运动可降低血脂。经常性的有氧运动，可提高脂蛋白酶的活性，加速脂肪的分解供能，降低血脂成分，并在此过程中提升高密度脂蛋白的含量。

（3）运动有利于减肥。有关研究证实，运动并不能使进食和能量消耗成比例地增加，当运动使能量消耗大于不运动时的 10%～25%时，瘦人进食增加，而胖人进食却没有显著的增加。这说明中小强度的运动不会显著影响食欲以及热量的吸收。也就是说，参加中小强度的运动并不会增加食量，这对肥胖者能起到控制体重的作用。

（4）运动增加能量代谢率。有氧运动加上 15～30RM 质量的抗阻运动，既能消耗脂肪，又能增加肌肉组织。有关资料表明，机体每增加 0.5 千克肌肉组织，一昼夜可额外增加 125～170 焦的热量消耗。

二、运动节食减肥的原则

运动节食减肥的原则如下。

（1）对肥胖的预防重于治疗。经常检测自己的身体成分，改正不良的饮食习惯，不吃零食，每餐七分饱，尽量不在晚上 8 点以后进餐。因为一般进食后 3～5 小时后血液中的脂肪酸最高，而凌晨两点正是熟睡期，胰岛素易将其输送至脂肪细胞，合成脂肪。

（2）坚持运动、节食和行为习惯改变的计划。在节食的同时，参加有规律的体育运动，培养良好的行为习惯。

（3）有氧运动加力量练习效果最佳。爬楼梯、游泳等有氧运动配合一些力量练习，可以消耗脂肪，增加肌肉组织含量，还能提高代谢率，是控制体重的理想运动。

（4）持续的原则。减肥之初，体重减轻得很少甚至不会减轻，这很可能是由于脂肪减少而肌肉增加，属于正常状况。应按每天练习的数量、强度和持续时间继续坚持锻炼，并留意和记录自己体重、心率、血压、体脂百分比、血脂、胰岛素和尿酸等指标的变化。

三、改善身体成分的运动处方

（一）健康诊断

在实施减肥处方之前，应先请医生对自己的身体进行检查，对有无肝炎、心肌炎、心律失常、糖尿病、高血压等疾病或症状逐一进行排查。

（二）运动负荷试验

初步对身高、体重、体脂、体重指数、最大摄氧量、心脏功能、运动能力、靶心率等指标进行测试。

（三）处方目标

通过有氧运动和节食的方法，改善身体成分，减少因肥胖患代谢疾病的概率。

（四）处方内容

例如，选择走、跑、游泳、骑自行车等有氧运动和通过采用可逐渐增加质量的哑铃力量练习，每月减少 1 千克体重。通过营养处方控制每天摄入的热量。

（五）运动强度及节食耗热量

减肥宜采用中小强度的运动，可用测得的靶心率、每分钟跑的距离及 40%～50%最大摄氧量进行监测。每天少食用的食物的热量应在 1255～2090 焦，也可采用自觉运动强度感觉来衡量运动强度。

（六）持续时间

减肥运动的特点是低强度、长时间，持续时间为 30～90 分钟，开始阶段一天的运动量可分两次完成。

（七）运动频度

每周运动至少 3～5 次，每天运动效果更好。

（八）实施自己的节食计划

经常测试体重，每次测试后的体重比前一次轻才能说明能量代谢处于负平衡，可照计划继续进行。

（九）注意事项

（1）注意运动前、后做准备活动和整理活动。

（2）节食不是禁食，应在节食期间调整饮食结构，摄入必需的营养素。

（3）一次运动量不宜过大，一般不超过 90 分钟，热量消耗不超过 2090 焦，否则机体会产生更多的自由基，这会降低机体的抗氧化能力。

思考题

1. 简述体适能的定义与分类。
2. 简述在运动中各阶段心血管功能的变化。
3. 肌力、肌耐力练习的基本原则有哪些？
4. 简述发展柔韧性的方法及练习时的基本要求。
5. 如何制订改善身体成分的运动处方？

第六章

田 径

第一节 田径运动概述

田径运动包括田赛、径赛和全能比赛三大类。以高度和远度计算成绩的项目为田赛；以时间计算成绩的项目为径赛；以跑、跳、投掷等部分项目组成的项目为全能运动项目。

田径运动是一项古老的体育运动。公元前 776 年，第 1 届古代奥运会在古希腊奥林匹亚村举行，当时只有一个短跑项目。在此后每隔 4 年举办 1 届的古代奥运会上，田径运动由最初的短跑项目，逐渐扩展到长跑、跳远、标枪、铁饼、五项全能等运动项目。这是最早的有组织的田径运动。1896 年，在皮埃尔·德·顾拜旦的倡议下，以田径运动项目为主要比赛内容的第 1 届现代奥运会在雅典举行。第 1 届现代奥运会的田径比赛是现代田径运动开始的标志。1912 年，国际业余田径联合会成立，并做出设立田径竞赛世界纪录的决定。

中华人民共和国成立后，田径运动在我国得到迅速普及，田径竞技水平不断提高。1953 年起，我国几乎每年都举行规模较大的全国性的田径运动会。1956 年，郑凤荣以 1.77 米打破了当时女子跳高 1.76 米的世界纪录。1983 年，朱健华以 2.38 米打破了他自己保持的男子跳高 2.37 米的世界纪录。同年，徐永久以 45 分 13 秒 4 的成绩创女子竞走世界纪录，成为中国第一位在世界比赛中获得冠军的田径运动员。2004 年，刘翔夺得雅典奥运会 110 米栏冠军。2015 年，刘虹获得女子 20 公里竞走金牌，并打破世界纪录。同年，苏炳添先后在国际田联钻石联赛尤金站和 2015 年北京国际田联世界田径锦标赛男子 100 米中跑出 9 秒 99 的成绩，成为真正意义上第一位进入 9 秒关口的亚洲本土选手。在 2020 年东京奥运会上，苏炳添在男子 100 米半决赛中以 9 秒 83 的成绩打破了亚洲纪录，并成为首位闯入奥运会男子百米决赛的中国运动员。

第二节　走、跑

一、竞走

图 6-2-1

【动作方法】两肩与躯干配合两腿动作沿着身体纵轴稍有转动，以维持身体平衡和加强后蹬的效果。摆臂时，两臂屈肘约成 90°，两手半握拳在体侧轻松有力地前后摆动。前摆时，一般不超过身体中线，高度不超过下颌。后摆时，肘部稍向外偏，上臂约与肩平。（图 6-2-1）

【技术重难点】重点是髋部围绕垂直轴的转动和围绕前后轴的转动技术。难点是前腿着地到垂直部位的技术。

【练习方法】① 沿直线做普通大步走（脚跟先着地）。② 沿直线做直腿走（体会脚跟着地和后蹬动作）。③ 慢速和中速竞走（100 米、200 米、400 米），逐渐加大动作幅度和髋部转动，增大步幅（体会在身体垂直部位向前迈步）。④ 髋部扭转的专门练习：原地做髋部回环转动练习；交叉步走，使髋部前后转动；原地交换支撑腿（两脚平行站立，身体重心由一脚移到另一脚上）。⑤ 摆臂练习：原地摆臂练习；结合竞走做摆臂练习（要注意和腿部动作协调配合）。⑥ 改进和提高竞走技术练习：由普通大步走过渡到竞走；较小步长的慢、快步竞走；较大步长的中速竞走；变速竞走（100 米快走、100 米慢走交换进行）；快速竞走（200 米、400 米）要特别注意由直道转入弯道的技术。

二、跑

（一）短跑

短跑项目包括 100 米跑、200 米跑和 400 米跑。

1. 100 米跑

（1）起跑。

田径竞赛规则规定，短跑比赛运动员必须采用蹲踞式起跑，必须使用起跑器，要按发令员的口令完成起跑动作。起跑器的安装方式主要有普通式和拉长式两种，运动员应根据个人的身高、体型、身体素质和技术水平等情况来选择起跑器的安装方式。

普通式：前起跑器距起跑线一脚半长，后起跑器距前起跑器一脚半长。前、后起跑器的抵足板与地面夹角分别约为 45° 和 75° ，两个起跑器的左右间隔约为 15 厘米。

拉长式：前起跑器距起跑线两脚长，后起跑器距前起跑器一脚长。起跑器的抵足板与地面的夹角及两起跑器左右间隔与普通式基本相同。

起跑技术包括“各就位”“预备”和鸣枪三个阶段。

听到“各就位”口令后，运动员走到起跑器前，俯身，两手撑地，两脚依次蹬在前后起跑器的抵足板上，脚尖应触及地面，后腿膝关节跪地。接着两臂收回到起跑线后撑地，两臂伸直，两手间距离比肩稍宽，四指并拢与拇指成八字形，颈部自然放松，注意听“预备”口令。

听到“预备”口令后，运动员逐渐抬起臀部和后膝，臀部要稍高于肩部，身体重心适当向前上方移动，肩部稍超出起跑线，身体重心落在两臂和前腿上。两脚紧贴起跑器抵足板，集中注意力听枪声。

听到枪声后，两手迅速推离地面，两臂屈肘并积极有力地前后摆动，同时两腿快速用力蹬起跑器，后腿快速蹬离起跑器后迅速屈膝向前上方摆出，前腿快速有力地蹬伸。（图 6–2–2）

图 6–2–2

（2）起跑后的加速跑。

起跑后的加速跑是从蹬离起跑器到途中跑之间的一个跑段，一般为 30 米左右。运动员在此跑段的任务是尽快加速以达到自己的最高速度。

起跑后第一步约三脚半长，第二步约为四脚至四脚半长，之后逐渐增大，直至途中跑的步长。腿蹬离起跑器后，身体处于较大的前倾姿势，为了不使身体向前摔倒，要积极加快腿的蹬伸与臂的摆动，保持身体的平衡。

最初几步两脚着地点并非在一条直线上，随着速度的加快，两脚内侧着地点逐渐趋于一条直线上。

（3）途中跑。

在整个短跑中，途中跑是距离最长的跑段。运动员在此跑段的主要任务是继续发展和保持较长距离的最高速度，其动作特点是前脚掌落在身体重心投影点的稍前面，脚触地后膝关节微屈，足踵下沉，使身体重心很快地移过垂直阶段；接着后腿的髋关节、膝关节、踝关节依次迅速伸展，完成快速有力的后蹬。后蹬的角度约为 50° ，后蹬方向要正。随着腿的落地动作，摆动腿的大腿迅速前摆，小腿随惯性折叠。腿蹬地时，大腿积极向前上方摆动，并把同侧髋一起带出。落地前，大腿要迅速积极地下压，这时由于惯性，小腿自然前伸，接着前脚掌迅速和有弹性地向下、向后做扒地动作。

途中跑时，头要正对前方，两眼向前平视，上体保持正直或微向前倾。以肩关节为轴，两臂轻松而有力地向前摆动。前摆时，不超过身体中线和下颌，上臂与前臂之间所成的角度

约为 90°；后摆时，肘关节要稍微向外。摆臂动作应以自然协调为原则。（图 6-2-3）

图 6-2-3

（4）终点跑。

终点跑是全程跑的最后一段，要求运动员在离终点线 15 ～ 20 米处时，尽力加快两臂摆动速度和力量，保持上体的前倾角度，当离终点线一步距离时，上体急速前倾，两手后摆，用胸部或肩部冲向终点线，跑过终点后逐渐减速。

2. 200 米跑和 400 米跑

200 米跑和 400 米跑，有一半以上的距离是在弯道上进行的，弯道跑与直道跑的技术有区别。

（1）弯道起跑和起跑后的加速跑。

为了便于弯道起跑后能有一段直线距离进行加速跑，应将起跑器安装在弯道跑道的右侧，起跑器对着弯道的切线方向。弯道起跑（图 6-2-4）后，前几步应沿着内侧分道线的切线跑进。加速跑的距离适当缩短，上体抬起较早。在进入弯道时，应尽可能地沿着跑道内侧跑，身体及时向内侧倾斜。

图 6-2-4

（2）弯道跑技术。

运动员从直道进入弯道时，身体应有意识地向内倾斜，加大右侧腿和臂的摆动力量和幅度，身体应向圆心方向倾斜。后蹬时，右腿用前脚掌的内侧，左脚用前脚掌外侧蹬地。两腿摆动时，右腿膝关节稍向内摆动，左腿膝关节稍向外摆动。两臂摆动时，右臂前摆稍向左前方，后摆时，肘关节稍偏向右后方；左臂稍离躯干做前后摆动。弯道跑的两腿蹬地和摆动方向都应与身体向圆心方向倾斜趋于一致。从弯道跑进直道时，身体应在弯道最后几步，逐渐减小内倾程度，自然地跑几步，然后做一个进入直道的调整，按直道途中跑技术跑进。

（二）中长跑

中长跑项目包括 800 米跑、1500 米跑、5000 米跑和 10000 米跑等。

1. 起跑和起跑后的加速跑

中长跑采用站立式起跑，当运动员听到“各就位”的口令后，迅速走到起跑器后，通常将力量较大的脚放在起跑线后，前后脚距离约为一脚长，左右脚距约为半脚长，后脚前脚掌触地，眼看起跑线前 5 ～ 10 米处，两臂一前一后，身体保持稳定，集中注意听枪声。当听到枪声后，两腿迅速用力蹬地，两臂配合腿部动作快速有力地摆动，使身体迅速向前冲出，在短时间内获得较快的跑速，然后进入匀速有节奏的途中跑。

2. 途中跑

途中跑的距离最长，是中长跑的主要部分。中长跑的强度小于短跑，跑速相对较慢，动作速度和用力程度相对较小，除了战术需要改变跑的节奏外，一般多采用匀速跑，跑时要做到技术合理，速度均匀，节奏感强，全身动作协调有力。

3. 终点跑

终点跑是运动员在十分疲劳的情况下，竭尽全力进行最后一段距离冲刺的跑段。在运动员实力接近的条件下，它将决定比赛的胜负。

什么时候开始终点冲刺，这要根据比赛项目、训练的水平、战术的要求和临场的情况等因素决定。一般情况下，800 米可在最后 200 ～ 300 米开始加速，1500 米可在最后 300 ～ 400 米开始加速，5000 米及以上可以在最后 400 米或稍长的距离开始加速，长距离项目的加速距离可更长些。速度占优势的运动员通常采取紧跟战术，在进入最后直道时，才开始做最后的冲刺超越对手。

4. 中长跑的呼吸

中长跑时，应注意呼吸的节奏。呼吸应自然并有一定的深度，一般是跑两三步一呼气，跑两三步一吸气。随着跑速的提高，呼吸频率也相应加快。中长跑时，由于强度大、竞争激烈，为了提高呼吸效率可采用半张的口与鼻子同时呼吸，以最大限度地满足机体对氧气的需要。

中长跑时，运动员跑一段距离后会出现不同程度的胸部发闷、呼吸困难、动作无力的感觉，迫使跑速降低，这种生理现象叫“极点”。当“极点”现象出现时，应适当降低跑速，深呼吸，特别是加深呼气，同时要以顽强的意志坚持下去。但若身体有强烈不良反应，应退出跑道，缓慢减速，边走边深呼吸。若不良反应仍强烈，应尽快就医。

第三节　跳高、跳远

一、跳高

随着跳高技术的发展，运动员在正式比赛中比较普遍采用背越式跳高技术。背越式跳高技术由助跑、起跳、过杆和落地四个部分组成。（图 6–3–1）

图 6–3–1

（一）助跑

一般助跑分为前段直线跑和后段弧线跑。助跑开始采用直线助跑，用前脚掌着地，富有弹性地跑；提高身体重心，步幅均匀，不断加速；进入弧线跑时，前脚掌沿弧线落地，外侧摆动腿有弹性地蹬地，上体逐渐向弧线内侧倾斜。助跑的节奏要快，特别是助跑最后两步髋部前送幅度要大，迈步时，上体保持较垂直的姿势，摆动腿积极、充分后蹬，起跳腿快速前伸，髋部自然前送。助跑时，两臂应积极有力地前后摆动，弧线跑时，外侧手臂摆动幅度应大于内侧手臂的摆动幅度。

（二）起跳

起跳腿以大腿带动小腿积极下压着地，起跳脚脚跟外侧先着地，接着通过脚的外侧滚动至全脚掌，脚尖朝向弧线的切线方向。随着身体由内倾转为垂直，运动员迅速地完成缓冲和蹬伸动作，顺势向上跳起。

摆动腿蹬离地面之后，以髋部发力加速向前摆大腿，同时屈膝折叠，当摆动腿摆过起跳腿前方后应向里转，而小腿和脚要稍外展。摆动腿沿着助跑弧线的延伸方向加速上摆，直至减速制动。两臂的摆动要与摆动腿的摆动协调配合。

（三）过杆

当起跳腿蹬离地面结束起跳之后，身体应保持伸展的姿势向上腾起，同时在摆动腿和同侧臂的带动下，围绕身体纵轴旋转，使身体转向背对横杆。当头和肩越过横杆之后，及时地仰头、倒肩和展体，并利用身体重心向上的速度，收腿挺髋，形成身体的背弓姿势。这时两腿屈膝稍后收，两臂置于体侧。当身体重心移过横杆时，则应做相反的补偿，即含胸收腹，控制上体继续下旋，同时以髋部发力，带动大腿和小腿加速向后上方甩腿，使整个身体脱离横杆。

（四）落地

保持着屈髋伸膝的姿势下落，最后以上背部或背先落于海绵垫上。落在海绵垫后要做好缓冲控制，防止受伤。

二、跳远

跳远技术由助跑、起跳、腾空和落地四个部分组成。

（一）助跑

助跑是为了获得理想的水平速度，并为准确踏板和快速有力地起跳做好准备。助跑距离与运动员的年龄、运动水平和发挥速度的能力有关，助跑的距离一般为 28 ～ 50 米。男子助跑为 16 ～ 24 步，女子为 14 ～ 18 步。助跑过程注意身体重心和节奏的把握，最后一步达到助跑最高速度。

（二）起跳

在助跑的倒数第二步，当摆动腿着地时，膝关节迅速前移，上体正直，起跳腿自然积极地前摆。在起跳腿的大腿前摆时，抬腿要比短跑时低些，并积极主动下压，用全脚掌踏上起跳板，然后屈膝缓冲，身体重心稍降低。当身体重心移至起跳腿支点的垂直部位时，起跳腿迅速用力地蹬伸，使髋、膝、踝三个关节迅速伸直，上体挺起，摆动腿的大腿积极向前上方摆至水平位置，小腿自然下垂，完成起跳动作。

起跳腿蹬伸充分同侧臂屈肘向前上方摆起，异侧臂屈肘向侧摆起，当两臂肘关节摆至略低于肩或与肩同高时突停，使身体借助于摆臂的惯性提肩、拔腰、挺胸、顶头，帮助身体重心提起，增大起跳效果。

（三）腾空

起跳腾空后的空中动作主要有挺身式、蹲踞式和走步式，以下介绍挺身式。（图 6–3–2）

起跳腾空后，摆动腿的大腿积极下放，小腿随之向下、向后摆动，留在体后的起跳腿与摆动腿靠拢。当达到腾空最高点时，身体充分伸展，形成挺胸展髋姿势。两臂上举或后摆，然后收腹团身，落地瞬间两腿前伸成落地动作。

图 6–3–2

（四）落地

落地前，上体不要过分前倾，大腿要尽量上举靠近胸部。将要落地时，小腿积极前伸，两脚接触沙面后，迅速屈膝缓冲，两臂积极向前挥摆，臀部前移，上体前倾，使身体重心迅速移过支撑面。为了避免落地时身体后坐，可采用以下两种落地姿势：① 前倒姿势，即当脚跟着地后，前脚掌下压，两腿屈膝前跪，身体移过支撑点后继续向前移动，并向前倒下；② 侧倒姿势，即当脚跟着地后，一腿紧张支撑，另一腿放松，身体向放松腿的前侧方倒下。

第四节　投铅球

投铅球，又称推铅球，是一种依靠力量与技巧的体育运动。本节主要介绍背向滑步推铅球技术。背向滑步推铅球技术由握球和持球、预备姿势、滑步、最后用力和维持身体平衡五个部分组成。

一、握球和持球

握球的方法（以右手为例）五指稍微分开，将球放在食指、中指、无名指指根处，拇指和小指扶在球的两侧，手腕背屈（图 6-4-1）。握好球后，将球放在锁骨窝处，贴于颈部，右臂屈肘向外，掌心向内。（图 6-4-2）

图 6-4-1

图 6-4-2

二、预备姿势

持球后，站在投掷圈的后部，背对投掷方向，右脚在前，贴近投掷圈，身体重心落在右脚掌上，左脚在后，以脚尖自然点地。身体从正直姿势开始向前屈体，待身体与地面平行时，屈膝下蹲，形成团身动作。

三、滑步

预备姿势完成后，臀部带动身体重心略向投掷方向移动，使其移离身体的支撑点（右脚），以便于滑步并避免身体重心起伏过大。左腿以大腿带动小腿迅速向抵趾板方向摆出并外旋，右腿积极蹬伸，及时拉收并内旋，两腿摆蹬协调配合，推动身体向投掷方向快速移动。

四、最后用力

最后用力是推铅球技术的重要环节。滑步结束后，左脚脚掌内侧着地支撑，右腿弯曲，支撑体重。左脚脚尖与右脚脚跟在一条直线上，肩轴与髋轴成扭紧状态。右腿积极蹬转，推动右髋向投掷方向转动，左臂由胸前向投掷方向牵引摆动，身体重心逐渐移至左腿，左膝被动微屈。左臂由上向身体左侧靠压制动，右臂向投掷方向转动，用力推球。铅球快离手时，手腕手指向外拨球。

五、维持身体平衡

铅球离手后，两腿交换，降低身体重心，维持身体平衡。

第五节　田径竞赛规则

一、径赛主要规则

（一）起跑

（1）400 米及 400 米以下的各个径赛项目，起跑时应使用“各就位”和“预备”口令。

（2）400 米以上的各个径赛项目（除了 4×200 米、异程接力和 4×400 米），起跑时应使用“各就位”口令。

所有比赛通常应以发令员发令枪朝天鸣放的信号为起跑信号。

（二）起跑犯规

（1）当使用国际田联认证的起跑信息系统时，发令员和（或）指定的召回员应头戴耳机，以便清楚地听见监测系统发出的犯规提示声音信号（也就是，当反应时小于 0.100 秒）。发令枪响后，当发令员和（或）指定的召回员听到声音信号，应召回本次参赛运动员，并且发令员应立即检查起跑信息系统上的反应时和其他相关信息，以便确认哪位运动员对本次召回负责。

（2）运动员在做好最后起跑姿势之后，只能在接收到发令枪发出的信号之后开始起跑。如果发令员判定运动员在发令枪发出信号之前起跑，应判为起跑犯规。

（3）除全能项目之外，任何对起跑犯规负责的运动员将被发令员取消该项目的比赛资格。

（4）出现起跑犯规的情况后，助理发令员应当：① 除全能比赛，应取消对起跑犯规负有责任的一名或多名运动员的比赛资格，并在该运动员面前出示红黑牌（用对角线分为两半）；② 在全能比赛中，对第一次起跑犯规负有责任的一名或多名运动员给予警告，并在该运动员面前出示黄黑牌（用对角线分为两半），同时，由一名或多名助理发令员向所有该项比赛的其他运动员出示黄黑牌，以示警告，并告知他们如果任何运动员再次起跑犯规将被取消比赛资格；③ 如果再次发生起跑犯规，对起跑犯规负有责任的一名或多名运动员将被取消比赛资格，并在该运动员前举起红黑牌，分别在各自分道的道次墩上做出相应的标记。

（5）发令员或任何一位召回员认为本次起跑不公允，将鸣枪召回运动员。

关于起跑不公允的规则不仅仅限于抢跑，这些规则还应用在其他情况下。例如，起跑器打滑以及一名或多名运动员在起跑过程中受到外来物体干扰等。

（三）跨栏跑

运动员应跨越每个栏架，否则将被取消比赛资格。此外，出现下列情况，运动员也将被取消比赛资格：① 在过栏瞬间，其脚或腿在栏架两侧以外（任意一边），低于栏顶的水平面；② 裁判长认为运动员有意撞倒任一栏架。

（四）障碍赛跑

运动员必须越过或涉过水面，并且跨越每一个栏架，否则将被取消比赛资格。

此外，出现下列情况也将被取消比赛资格：①踏上水池两边的任意一边；②在过栏瞬间，其脚或腿在栏架侧面以外（任意一边），低于栏顶水平面。

（五）接力跑

（1）当接力的全程或第一棒为分道跑时，运动员可在自己分道内用胶布做一个标志，其最大尺寸为 0.05 米 ×0.40 米，颜色应明显区别于跑道上其他永久性标志。不得使用其他标记。裁判员可以指导相关运动员执行规则或移除不符合规则的标记。如果他们不执行，裁判员将移除这些标记。

（2）接力棒必须在接力区内交接。接力棒的交接从接力棒初次触及接棒运动员开始，到完全由接棒运动员手持才算完成。仅以接力棒的位置决定是否在接力区内完成接力。在接力区外交接棒将被取消比赛资格。在决定接力棒的位置时，要考虑接力棒的整体位置。检查裁判员必须确保他们能够观察到接棒运动员在接力棒进入接力区前接触到接力棒，特别是在 4×400 米或其他长距离项目上。接棒运动员在接力棒进入接力区之前接触到接力棒，该运动员所在接力队将被判取消比赛资格。他们还必须确保，在接力棒离开接力区前，接力棒只在接棒运动员手中。

（3）在比赛过程中，任何运动员手持或捡拾其他接力队的接力棒时，该接力队将被取消资格。其他接力队不应受罚，除非从中获得利益。

（4）接力队的每位成员只能参加接力赛的其中一棒。参加接力比赛任何赛次的 4 名运动员，可以是报名参加其他项目比赛的任何运动员。然而，一旦开始比赛，每队只允许有两名替补队员参加比赛。如果违反此规定，将取消该队比赛资格。

（六）竞走

竞走是运动员用双脚与地面保持接触，连续向前迈进的过程，没有（人眼）可见的腾空。前腿从脚触地瞬间至垂直部位必须伸直（即膝关节不得弯曲）。

二、田赛主要规则

（一）跳高

运动员必须用单脚起跳。出现下列情况之一者，应判为试跳失败。① 试跳后，由于运动员的试跳动作，致使横杆未能留在横杆托上。② 在越过横杆之前，运动员身体的任何部位触及横杆后沿（靠近助跑道）垂面以前的（在两个立柱之间或之外的）地面或落地区。如果运动员在试跳中一只脚触及落地区，而裁判员认为他并未从中获得利益，则不应因此原因判该次试跳失败。③ 运动员助跑后未起跳，触及横杆或两立柱垂面以前的地面或落地区。

（二）跳远

（1）如出现下列情况，应判为试跳失败：① 在起跳过程中，无论是助跑后未起跳还是做了试跳动作，运动员身体任何部位触及起跳线以前的地面（包括橡皮泥显示板的任何部分）；② 从起跳板两端之外起跳，无论是否超过起跳线的延长线；③ 在助跑或试跳中采用任何空翻姿势；④ 起跳后，在第一次触及落地区之前，运动员触及了助跑道、助跑道以外地面或落地区以外地面；⑤ 在落地过程中（包括任何的失去平衡）触及落地区边沿或落地区以外地面，而落地区外的触地点较落地区内的最近触地点更靠近起跳线。⑥ 除跳远（2）中描述的情况外，以其他方式离开落地区。

（2）当运动员离开落地区时，其脚在落地区边线或边线外地面的第一触地点，应比在沙坑内的最近落地点离起跳线的距离更远（该最近触地点可能是因为失去平衡而留下的完全在落地区内的痕迹，或运动员向回走时留下的距起跳线比落地点更近的痕迹）。该第一触地过程被认为开始离开落地区。

（三）三级跳远

三级跳远的三跳顺序是一次单足跳、一次跨步跳和一次跳跃。单足跳时应用起跳腿落地，跨步跳时用另一条腿（摆动腿）落地，然后完成跳跃动作。运动员在跳跃中摆动腿触地不应视为试跳失败。

应该注意的是，如果运动员有下列情形(仅有之一)，不应判罚失败：① 触及起跳线和落地区之间的白色标志线或线以外的地面；② 如果运动员自身并没有犯规情形，在跨步跳阶段触及落地区。例如裁判员错误地指示了起跳板，此种情况下，相关裁判长通常应给予运动员一次补跳的机会。当然，如果跳跃后的着地在落地区之外的应该判罚失败。

（四）推铅球

铅球只能用单手从肩部将铅球推出。当运动员在投掷圈内开始试掷时，铅球要抵住或靠近颈部或者下颌。在推球过程中持球手不得降到此部位以下。不得将铅球置于肩轴线后方。（注：不允许使用侧手翻式投掷技术。）

（五）掷标枪

（1）投掷标枪时应用单手握在把手处，从肩部或投掷臂上臂的上方掷出，不得抛甩。不得采用非传统姿势进行投掷。只有标枪的金属枪头先于标枪的其他部位触地，试掷方为有效。运动员试掷时，在标枪出手以前的任何时间，身体不得完全转向背对投掷弧。

（2）如果标枪在试掷时或在空中飞行时折断，只要该次试掷符合规则要求，不应判为试掷失败。如果运动员因此失去平衡而违反本规则的任何规定，也不应判作一次试掷失败。以上两种情况应允许运动员重新进行一次试掷。

思考题

1. 短跑、中长跑包括哪些项目？
2. 背越式跳高技术由哪几部分组成？
3. 怎样练习背向滑步推铅球？
4. 跨栏跑中出现哪些情况将被取消比赛资格？

第七章

篮　球

第一节　篮球运动概述

篮球运动是由美国马萨诸塞州斯普林菲尔德市的体育教师詹姆斯·奈史密斯于1891年发明的。篮球运动以新颖的比赛方式和对抗性吸引了大量的体育爱好者，使其从学校走向社会，传向世界各地。篮球于1892年传入加拿大和墨西哥，1893年传入法国，1895年传入中国和英国，1901年传入日本和波斯（现在的伊朗），1905年传入俄国，1907年传入意大利，1911年传入秘鲁，逐渐在全世界传播开来。

1892年，奈史密斯制定了第一部共有13条内容的篮球竞赛规则；1915年，美国制定了全国统一的篮球竞赛规则，并翻译成多种文字，向全世界发行。1932年，当年成立的国际篮联以美国大学使用的篮球规则为基础，制定了第一份世界统一的篮球竞赛规则。此后，篮球竞赛制度和竞赛规则继续得到充实、完善和发展，为推动篮球运动的全面发展发挥了积极作用。

1932年6月18日，国际业余篮球联合会（简称“国际篮联”）在瑞士日内瓦成立。1936年第11届奥运会上，男子篮球被列为正式比赛项目。1950年和1953年分别举行了第1届世界男篮和女篮锦标赛。1976年第21届奥运会又增加了女子篮球比赛。

随着篮球运动的蓬勃发展，特别是1992年国际奥委会允许职业篮球运动员参加奥运会和世界篮球锦标赛以及洲际篮球比赛后，篮球运动迎来新的发展时代。具备出色的身体条件和技战术水平的优秀运动员大量涌现，身体对抗加剧，技术全面且特长突出的优秀队员在队内发挥着举足轻重的作用。进攻技战术趋于简练、实用和多变，并向立体型方向发展，高空争夺日趋激烈，防守理念正由“以球为主”向“防人为主”转化，防守更具攻击性、凶悍性和协同性。由于比赛更快速、对抗更激烈，进一步提升了篮球比赛的观赏性，进一步推动了篮球运动在世界范围内的发展、普及和提高，并形成一种全球性的社会文化，使篮球成为广大民众强身健体、娱乐身心的工具和方式。

现代篮球运动于1895年传入我国天津市，并逐步在我国传播开来。1910年举办的第1届全运会上，男子篮球被列为表演项目。1914年第2届全运会上，男子篮球被列为正式比赛项目。1924 年第 3 届全运会上，女子篮球被列为正式比赛项目。中华人民共和国成立后，特别是 20 世纪 80 年代中期至今，篮球运动在我国得到全面发展，并呈现出欣欣向荣、蓬勃发展的景象，形成了具有自身特色的技术特点和战术风格。中国男子篮球队在 2004 年第 28 届奥运会和 2008 年第 29 届奥运会上获得第八名；中国女子篮球队在 1992 年第 25 届奥运会上获得亚军，在 2008 年第 29 届奥运会上获得第四名，在 2020 年东京奥运会上获得第五名。2021 年 7 月 28 日，在东京奥运会女子三人篮球比赛中，中国队击败法国队，历史性夺得铜牌。

篮球系统技术由各种移动、跳跃、投掷等动作组成，因此，经常参加篮球运动能使人体运动系统得到协调发展，促进力量、耐力、灵敏性等素质的全面发展，使人的反应灵敏、动作迅速有力，而且对增强心血管系统、消化系统和呼吸系统的功能，促进身体的新陈代谢能力起积极作用。此外，篮球运动具有较强的竞技性和集体性，有助于培养练习者爱国主义精神和集体主义精神。

第二节　篮球基本技术

一、持球

两手手指自然分开，拇指相对成“八”字形，用指根以上部位握住球的两侧后下方，手心空出，两臂弯曲，肘关节下垂，持球于胸前。（图 7–2–1）

图 7–2–1

二、运球

（一）高运球

以下均以右手持球为例。两腿微屈，上体稍前倾，目光平视，以肘关节为轴，前臂自然伸屈，手腕、手指柔和而有力地按拍球的后侧上方。球的落点控制在运球手臂同侧脚的外侧前方，球的反弹高度在胸腹之间。（图 7–2–2）

高运球

图 7–2–2

（二）低运球

低运球

抬头、目视前方，两膝深屈，降低身体重心，上体前倾，用上体、腿和另一手臂保护球。同时，用手短促地按拍球，使球从地面向上反弹的高度在膝关节以下。（图 7–2–3）

图 7–2–3

（三）胯下运球

胯下运球

以右手运球为例。右手按拍球的右侧上方，将球送至胯下，使球从两腿之间穿过，右脚向左前方跨出，换左手运球继续前进。（图 7–2–4）

图 7–2–4

（四）背后运球

背后运球

以左手运球为例。右脚在前，左手将球拉至身后，迅速按拍球的左侧后方，同时右脚前跨，使球从身后拍至右脚的侧前方，左脚迅速向右前方跨步，上体右转、向右侧肩，换右手快速运球前进。（图 7–2–5）

图 7–2–5

（五）后转身运球

后转身运球

以左手运球为例。跨出右脚，右肩对着防守人。以右脚为中枢脚，左手按住球的右侧前方，左脚蹬地做后转身动作，将球吸拉至身体的侧后方，然后换右手向前推进。吸拉的幅度要大，上体不要上下起伏，吸拉球的动作与后转身的动作应协调一致。

三、滑步

（一）侧滑步

侧滑步

滑步前，两脚左右开立，两膝弯曲，上体稍前倾，手臂向两侧张开。向左滑步时，右脚前脚掌内侧蹬地，左脚向左跨出一步，落地的同时右脚迅速随同滑行，然后依次重复上述动作，眼要注视对手。向右滑步时，动作相反。（图 7–2–6）

图 7–2–6

（二）前滑步

由前后站立姿势开始，向前滑步时，后脚前脚掌内侧蹬地，前脚向前跨步，着地后，后脚紧随着向前滑动，保持前后开立姿势，注意屈膝降低身体重心。后滑步与前滑步脚步动作相同，方向相反。（图 7–2–7）

图 7–2–7

四、双手接球

接球时，两眼注视来球，两臂伸出迎球，手指自然分开，两拇指成“八”字形。手指触球后，两臂后引，缓冲来球力量，两手持球于胸腹之间，同时保持身体平衡。（图 7–2–8）

五、双手胸前传球

双手胸前传球

持球后，两肘于体侧自然弯曲，将球置于胸腹之间，身体成基本站立姿势，传球时后脚蹬地，身体重心前移，手臂伸向传球方向，拇指用力下压，手腕前屈，食指和中指用力将球传出。（图 7–2–9）

双手胸前传球常用于快速传球推进、阵地进攻时外线队员转移球以及不同距离的传球。

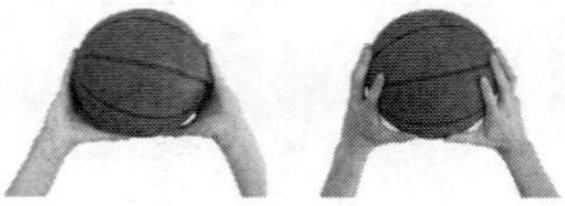

图 7-2-8

图 7-2-9

六、投篮

（一）行进间单手低手投篮

行进间单手低手投篮

以右手投篮为例，接球和运球上篮时，在右脚跨出一步的同时，两手持球，左脚紧接着跨出一步，用力蹬地起跳，腾空时间要短。当身体接近最高点时，右手手指向前，掌心向上，托球的下部向上伸展。当接近篮筐时，食指、中指、无名指以柔和的力量向上拨球，将球从指端投出。（图 7-2-10）

在快攻、突破中已经超越对手时，多用低手上篮。它具有伸展距离长、出手点离篮筐近的特点。

图 7-2-10

（二）原地单手肩上投篮

原地单手肩上投篮

以右手投篮为例，右手五指自然分开，向后屈腕、屈肘，持球于右肩上，左手扶球，右脚在前，左脚在后，身体重心放在两脚之间，上体稍前倾，两腿微屈。投篮时，两脚用力蹬地，腰腹伸展，从下向上发力，同时提肘且手臂向前上方充分伸展，最后通过食指、中指指端将球投出。球出手后，手腕前屈，手指向下。（图 7-2-11）

原地单手肩上投篮适用于中、远距离投篮。其特点是出手点高，变化多，较为灵活。

图 7-2-11

篮球基本技术
练习方法

第三节 篮球基本战术

一、进攻战术

（一）传切配合

传切配合是进攻队员之间利用传球和切入技术组成的简单配合。配合要点是切入队员要善于掌握时机，持球队员要及时准确地将球传出。

【示例】④ 传球给 ⑤ 后，立即摆脱对手的防守，向篮下切入，接 ⑤ 的回传球投篮。（图 7-3-1）

（二）掩护配合

掩护配合是进攻队员有目的地去选择最适当的位置，运用合理的技术动作，用身体挡住同伴防守者的移动路线，使同伴借以摆脱防守的一种配合。（图 7-3-2、图 7-3-3）

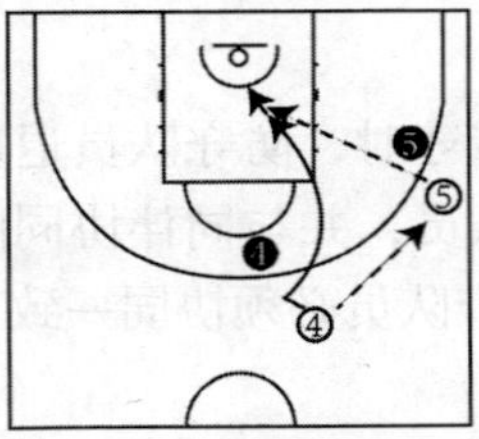

图 7-3-1

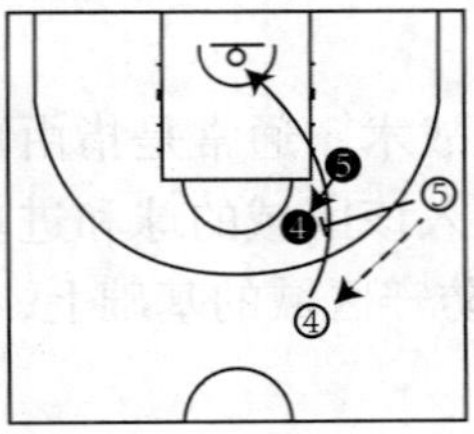

图 7-3-2

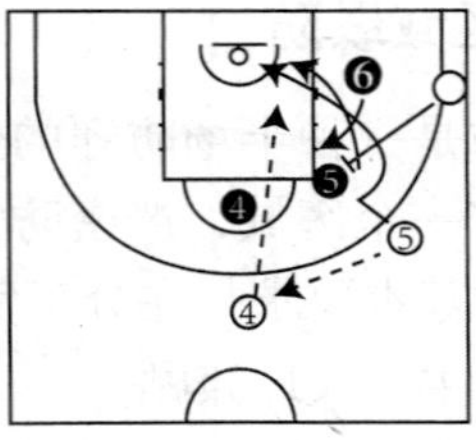

图 7-3-3

（三）突分配合

突分配合是持球队员运用突破打乱防守部署或吸引防守，并及时将球传给同伴，使同伴获得进攻机会的配合方法。

【示例】⑤ 从防守者的左侧突破，并吸引上来❼和❺“关门”防守。此时 ⑦ 及时跑到有利的进攻位置上去接 ⑤ 传来的球投篮或做其他进攻配合。（图 7-3-4）

（四）策应配合

策应配合是进攻队员背对或侧对篮筐接球后，与同伴相互配合而形成的里应外合的进攻方法。

【示例】⑤ 将球传给 ④ 后，向底线做切入的假动作，突然摆脱❺跑到罚球线后接 ④ 的回传球做策应。④ 传球后摆脱❹ 跑到 ⑤ 面前接⑤ 的传球跳投或上篮。（图 7–3–5）

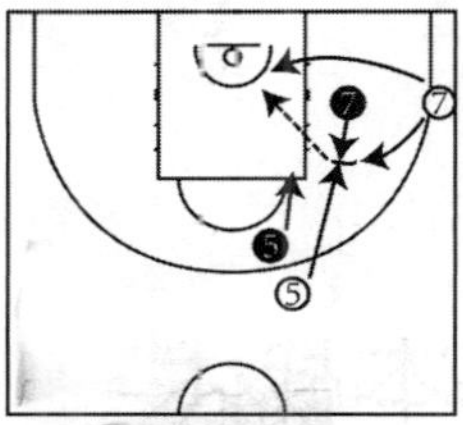

图 7–3–4

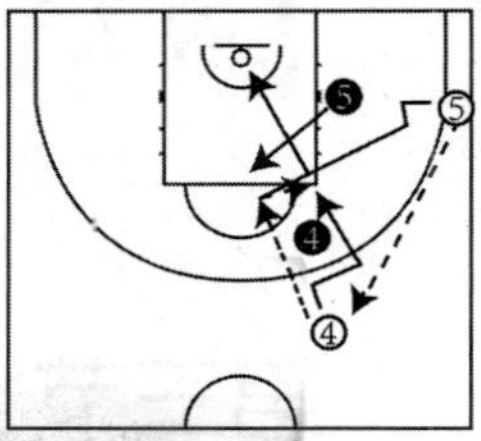

图 7–3–5

二、防守战术

（一）半场人盯人防守

半场人盯人防守通常是由攻转守时，全队有组织地退回后半场，每个防守队员盯住一个进攻队员，同时协助同伴完成集体防守任务的全队防守战术。它的特点是防守任务明确，能有效地控制对方进攻重点，但它容易被进攻队在局部击破。防守的基本要求是根据对手、球和篮筐来选位。以盯人为主，近球紧，远球松，积极移动，抢占有利位置，破坏对方的进攻配合，加强防守的集体性。

防持球队员时，要逼近对手，积极干扰对手的投篮、传球和运球，不让对手持球任意行动。防无球队员时，应切断对手的接球路线并防止对手空切篮下，及时调整位置，人球兼顾，注意协防。

（二）区域联防

区域联防是一种半场防守的全队战术，通常是指由攻转守时，防守队员退回半场，每人分工负责防守一个区域，严密防守进入该区域的球和进攻队员，并与同伴协同防守的集体防守战术。它的基本要求是在分工负责防守区域的基础上，5 个队员必须协同一致，积极随球移动，以防球为主，人球兼顾。

防持球队员时，要按人盯人防守的要求进行。防无球队员时，离球近的防守队员要抢占有利的防守位置，减少对手在有威胁的区域内接球的机会，同时还要协助同伴进行“关门”“补防”等防守配合。离球远的防守队员要防其“背插”“溜底线”。

“2–1–2”联防是区域联防的基本形式。5 个队员的位置分布均匀，移动距离短，便于相互协作。“2–1–2”联防适用于防守外围运球突破和夹击中锋，也便于控制后场篮板球发动快攻（图 7–3–6）。防守的薄弱环节是各个防区的衔接处，即图 7–3–7 中的阴影部分。

图 7–3–6

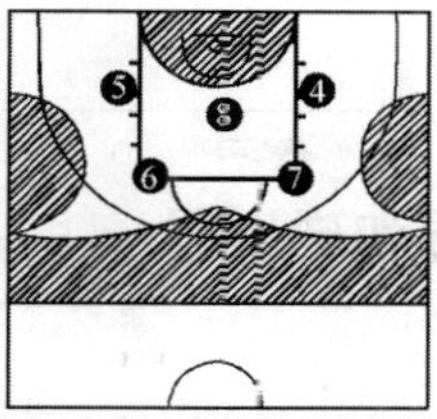

图 7–3–7

第四节　篮球竞赛规则

一、比赛场地

比赛场地应是一块平坦、无障碍物的硬质地面。其尺寸是长 28 米、宽 15 米，从界线的内沿丈量。

二、比赛时间、比分相等和决胜期

（1）比赛应由 4 节组成，每节 10 分钟。

（2）在预定的比赛开始时间之前，应有 20 分钟的比赛休息期间。

（3）在第 1 节和第 2 节（上半时）之间，第 3 节和第 4 节（下半时）之间，以及每一决胜期之前，应有 2 分钟的比赛休息期间。

（4）两个半时之间的比赛休息期间应是 15 分钟。

（5）一次比赛休息期间开始于：①预定的比赛开始时间之前 20 分钟；②结束一节或决胜期的比赛计时钟信号响时。

（6）一次比赛休息期间结束于：①第 1 节开始，在跳球抛球中，当球离开主裁判员的手时；②所有其他节和决胜期的开始，当掷球入界队员可处理球时。

（7）如果在第 4 节比赛结束时比分相等，比赛有必要再继续若干个 5 分钟的决胜期来打破平局。

对于主客场总得分制的系列比赛，如果在第 2 场比赛的第 4 节比赛结束时，两队两场比赛得分的总和相等，比赛有必要再继续若干个 5 分钟的决胜期来打破平局。

（8）如果一起犯规发生在比赛休息期间，在下一节或决胜期比赛开始之前应执行最后的罚球。

三、违例

（一）队员出界和球出界

1. 定义

（1）当队员身体的任何部分接触界线上方、界线上或界线外的除队员以外的地面或任何物体时，即是队员出界。

（2）当球触及了：① 在界外的队员或任何其他人员时；② 界线上方、界线上或界线外的地面或任何物体时；③ 篮板支撑架、篮板背面或比赛场地上方的任何物体时，是球出界。

2. 规定

（1）在球出界，以及球触及了除队员以外的其他物体而出界之前，最后触及球或被球触及的队员是使球出界的队员。

（2）如果球出界是由于触及了界线上或界线外的队员或被他所触及，是该队员使球出界。

（3）在争球期间，如果队员移动到界外或他的后场，一次跳球情况发生。

（二）运球

1. 定义

（1）运球是指一名队员控制一个活球的一系列动作：在地面上掷、拍、滚、运或弹在地面上。

（2）当在场上已获得控制活球的队员将球在地面上掷、拍、滚、运或弹在地面上，并在球触及另一队员之前再次触及球，为运球开始。当队员双手同时触及球或允许球在一手或双手中停留时运球结束。

在运球的时候球可被掷向空中，只要掷球的队员用手再次触及球之前球触及地面或另一队员。

当球不与队员的手接触时，队员可行进的步数不受限制。

（3）队员意外地失掉并随后在场上恢复控制活球，被认为是漏接球。

（4）下列情况不是运球：连续的投篮；一次运球的开始或结束时漏接球；从其他队员的附近用拍击球来试图获得控制球；拍击另一队员控制的球；拦截传球并获得控制球；只要不发生带球走违例，将球在两手之间抛接并在球触及地面前，允许球在一手或者两手中停留；将球掷向篮板并再次获得控制球。

2. 规定

队员第一次运球结束后不得再次运球，除非在两次运球之间由于下述原因他已在场上失去了控制活球：① 投篮；② 球被对方队员触及；③ 传球或漏接，然后球触及了另一队员或被另一队员触及。

（三）3 秒钟

（1）某队在前场控制活球并且比赛计时钟正在运行时，该队的队员不得在对方队的限制区内停留超过持续的 3 秒。

（2）队员在下列情况中应被默许：他试图离开限制区；他在限制区内，当他或他的同队队员正在做投篮动作并且球正离开或恰已离开投篮队员的手时；他在限制区内已接近 3 秒时运球投篮。

（3）为证实队员自身位于限制区外，他必须将双脚置于限制区外的地面上。

四、犯规

（一）侵人犯规

1. 定义

侵人犯规是无论在活球或死球的情况下，攻守双方队员发生的非法身体接触的犯规。

队员不应通过伸展手、臂、肘、肩、髋、腿、膝、脚或将身体弯曲成“不正常的姿势”（超出他的圆柱体）去拉、阻挡、推、撞、绊对方队员，或阻止对方队员行进；也不得放纵任何粗野或猛烈的动作去这样做。

2. 罚则

应登记犯规队员一次侵人犯规。

（1）如果对没有做投篮动作的队员发生犯规：由非犯规的队在最靠近违犯的地点掷球入界重新开始比赛。如果犯规的队处于全队犯规处罚状态，则应判给未做投篮动作的队员 2 次罚球，代替掷球入界。

（2）如果对正在做投篮动作的队员发生犯规，应按下列所述判给投篮队员若干罚球：如果出手投篮成功，应计得分并追加一次罚球；如果从 2 分投篮区域的出手投篮不成功，2 次罚球。

（二）技术犯规

1. 定义

技术犯规是没有身体接触的犯规，行为种类包括但不限于；

（1）无视裁判员的警告。

（2）与裁判员、技术代表、记录台人员、对方队或允许坐在球队席的人员讨论和/或交流中没有礼貌。

（3）使用很可能冒犯或煽动观众的粗话或手势。

（4）戏弄或嘲讽对方队员。

（5）在对方队员眼睛附近挥手或手保持不动妨碍其视觉。

（6）过分挥肘。

（7）在球穿过球篮之后故意地触及球，阻碍迅速地掷球入界或罚球以延误比赛。

（8）伪造被犯规。

（9）悬吊在篮圈上，致使队员的重量由篮圈支撑，除非扣篮后，队员瞬间抓住篮圈，或者根据裁判员的判断，他正试图防止自己受伤或另一名队员受伤。

（10）在最后一次的罚球中防守队员干涉得分，应判给进攻队得 1 分，随后执行登记在该防守队员名下的技术犯规罚则。

2. 罚则

如果判罚队员技术犯规，应作为队员的犯规登记在该队员名下，并计入全队犯规中。判罚球队席人员，应登记在主教练名下，并不计入全队犯规次数中。

应判给对方队员1次罚球。

（三）违反体育运动精神的犯规

1. 定义

违反体育运动精神的犯规是一起队员身体接触的犯规，并且根据裁判员判定，包含：① 与对方发生身体接触并且不在本规则的精神和意图的范畴内努力比赛；② 在尽力抢球或在与对方队员尽力争抢中，造成与对方队员过分的严重身体接触；③ 一起攻防转换中，防守队员为了中断进攻队的进攻，与进攻队员造成不必要的身体接触。该原则在进攻队员开始他的投篮动作之前均适用；④ 一起对方队员从正朝着对方球篮行进的队员身后或侧面与其造成的非法接触，并且在该行进队员、球和对方球篮之间没有其他队员，该原则在进攻队员开始他的投篮动作之前均适用；⑤ 在第4节和每一决胜期比赛计时钟显示2：00分钟或更少，当掷球入界的球在界外并且仍在裁判员手中，或掷球入界队员可处理时，防守队员在比赛场内对进攻队员造成身体接触。

2. 罚则

（1）应给犯规队员登记一次违反体育运动精神的犯规。

（2）应判给被犯规的队员执行罚球，以及随后：在该队前场的掷球入界线处掷球入界；在中圈跳球开始第1节。

应按下述原则判给若干罚球：如果对没有做投篮动作的队员发生犯规，2次罚球；如果对正在做投篮动作的队员发生犯规，如果中篮应计得分并追加一次罚球；如果对正在做投篮动作的队员发生犯规，并且球未中篮，2次或3次罚球。

（3）当登记了一名队员2次违反体育运动精神的犯规或2次技术犯规，或一次技术犯规和一次违反体育运动精神的犯规时，应该取消他本场剩余比赛的资格。

思考题

1. 如何运用篮球基本技术提高实战水平？

2. 通过哪些基本战术可以和队友在比赛中更好地配合？

3. 篮球比赛中应该遵守哪些规则？

4. 过分挥肘属于什么类型的犯规？

第八章

足　球

第一节　足球运动概述

古代足球运动起源于中国，源远流长。2004 年 7 月，在第 3 届国际足球博览会上，时任国际足联主席布拉特正式宣布“足球起源于中国”。随后亚洲足球联合会、中国足球协会也正式宣布古代足球起源于中国春秋时期齐国都城临淄（今山东淄博），距今已有 2300 多年的历史。

16 世纪之后，足球运动在欧洲的一些国家盛行起来。1857 年，世界上第一个足球俱乐部在英国谢菲尔德成立了。1863 年 10 月 26 日，世界上第一个足球协会——英格兰足球总会成立。协会诞生的这一天也被公认为现代足球运动的诞生日。1904 年 5 月 21 日，法国、比利时、西班牙、荷兰、丹麦、瑞典、瑞士 7 个国家足球协会的代表在巴黎召开会议，成立了国际性足球组织——国际足球联合会（FIFA）。足球运动深受世界各国人民的喜爱，有“世界第一运动”之称。

中国足球协会于 1955 年 1 月 3 日成立，1994 年开始进行以俱乐部为依托的全国甲级A组、B组职业联赛，2004 年联赛更名为中国足球超级联赛。2004 年，中国男足获得亚洲杯亚军。女足于 1986 年首次参加亚洲杯就获得冠军，自此开创女足亚洲杯七连冠。中国女足迄今为止共晋级世界杯决赛圈 8 次，参加女足世界杯 7 次 1996 年，在美国亚特兰大奥运会上获得亚军。2022 年，中国女足在 2022 女足亚洲杯决赛中 3–2 击败韩国队，时隔 16 年再夺女足亚洲杯冠军。

第二节　足球基本技术

足球技术是指运动员在足球比赛中所采用的合理行动和动作方法。足球基本技术主要包括踢球、运球、停球、头顶球、抢截球和掷界外球等。

一、踢球

踢球技术一般由助跑、支撑脚站位、踢球腿的摆动、踢球脚的触球部位和踢球后的随摆等要素组成。

（一）脚内侧踢球

脚内侧踢球

脚内侧踢球常用于踢定位球，直接踢来自各方向的地滚球和空中球，也可用脚内侧蹭球。

踢定位球时，直线助跑，支撑脚落在球的侧后方 15 厘米左右处，膝微屈，踢球腿以髋关节为轴，膝外转约 90° ，脚尖翘起与地面平行，同时踢球脚不得高于球，由后向前摆动，用脚内侧（三角面）触球的后中部（图 8-2-1）。踢空中来球时，大腿抬起，小腿拖后，脚内侧对准出球方向，利用小腿的向前摆动平敲击球的后中部。

（二）脚背正面踢球

脚背正面踢球

踢反弹球动作要领

踢侧身空中球动作要领

脚背正面踢球常用于踢定位球、空中球、反弹球及倒钩踢球。

踢定位球时，直线助跑，最后一步稍大并积极踏地，支撑脚在球的侧后方 10 ～ 15 厘米处，脚尖正对出球方向，膝关节微屈；同时踢球腿向后摆起，膝微屈，在支撑脚着地的同时，以髋关节为轴，大腿带动小腿由后向前摆，在膝关节摆至球正上方的一刹那，小腿加速前摆，脚背绷直，脚趾扣紧，以脚背正面击球的后中部。踢球后腿继续前摆。（图 8-2-2）

图 8-2-1

图 8-2-2

（三）脚背内侧踢球

脚背内侧踢球

脚背内侧踢球用于踢定位球、踢过顶球、远距离传射和转身踢球。

踢定位球时，助跑与出球方向成 90° 。支撑脚的脚掌外沿积极踏在球的侧后方 25 ～ 30 厘米处，膝弯曲，支撑脚的脚尖指向出球方向，并踏在球的横轴（与出球方向成垂直的轴）的延长线上，身体向支撑脚一侧稍倾斜。在支撑脚着地的同时，踢球腿以髋关节为轴，以大腿带动小腿由后向前挥摆。当身体转向出球方向、膝关节大约摆至球的正上方时，小腿加速前摆，脚尖稍外转并下压，以脚背内侧踢球的后中部。踢球后，摆动腿继续向出球方向摆动。（图 8-2-3）

转身踢球时，在助跑最后一步蹬离地面时，身体转向出球方向。支撑脚以脚掌外沿着地，脚尖指向出球方向，上体侧前倾，膝弯曲，之后的动作与脚背内侧踢球相同。

图 8–2–3

（四）脚背外侧踢球

脚背外侧踢球用于踢定位球、弧线球、弹拨球等。

踢定位球时，助跑、支撑脚的位置和踢球脚的摆动，基本上与脚背正面踢球相同，只是用脚背外侧接触球。在踢球腿膝关节大约摆至球的正上方时，小腿加速前摆的一刹那，膝盖与脚尖内转，脚背绷直，脚趾扣紧，以脚背外侧踢球的后中部。踢球后腿继续前摆。（图 8–2–4）

脚背外侧踢球

此外，还有脚尖、脚跟踢球等，这些踢球方法常用于短传与射门。

二、运球

（一）脚背正面运球

脚背正面运球

脚背正面运球常用于快速前进。

跑动时，身体自然放松，上体稍前倾，两臂自然摆动，步幅不宜过大。运球脚脚跟提起，趾尖下压，用脚背正面推拨球前进。（图 8–2–5）

图 8–2–4

图 8–2–5

（二）脚背外侧运球

脚背外侧运球

脚背外侧运球用于快速奔跑和向外改变方向。

动作要领与脚背正面运球相似，不同的是运球脚的脚尖稍内转，用脚背外侧触球。

（三）脚背内侧运球

脚背内侧运球

脚背内侧运球用于变向和用身体掩护球。

跑动时，身体自然放松，步幅不宜过大，上体稍前倾并向运球方向转动。运球脚提起时，膝微屈，脚跟提起，脚尖稍外转。在迈步前伸着地前，用脚背内侧推拨球。

（四）脚内侧运球

脚内侧运球

脚内侧运球是运球技术中最慢的一种运球方法，常结合身体掩护球使用。

运球时，支撑脚向前跨出一步，踏在球的前侧方，膝微屈，上体稍前倾并向里转。随着身体向前移动，运球脚提起，用脚内侧推球的后中部。

三、停球

（一）脚内侧停球

脚内侧停地滚球

脚内侧停球易掌握，触球的面积大，易停稳，便于变向和结合下一个动作，多用于停地滚球、反弹球和空中球。

（1）停地滚球：支撑脚对正来球，膝微屈，停球脚膝外转并前迎，在球与脚接触前的一刹那开始后撤，在后撤过程中用脚内侧接触球，把球停在需要的位置上。（图 8–2–6）

脚内侧停反弹球

（2）停反弹球：支撑脚踏在球的落点的侧前方，膝微屈，上体稍前倾并向停球脚方向微转，同时停球脚提起并放松，用脚内侧对准球的反弹路线。当球落地反弹刚离地时，用脚内侧触球的中上部。（图 8–2–7）

脚内侧停空中球

图 8–2–6

图 8–2–7

（3）停空中球：一种方法是根据来球的高度，将停球脚举起，脚内侧对准来球路线，脚在与球接触前的一刹那开始后撤，在后撤过程中用脚内侧接触球，把球控制在下个动作需要的地方（图 8–2–8）；另一种方法是将脚提起，稍高于选择的停球点，在脚与球接触前的一刹那用脚内侧切球的侧上部，把球停在地面。用这种方法停球往往不稳，需要及时调整。

图 8-2-8

（二）脚底停球

脚底停球用于停地滚球和反弹球。

（1）停地滚球：支撑脚站在球的侧后方，膝微屈，脚尖对正来球，同时将停球脚提起，膝关节自然弯曲，脚尖翘起，脚跟不得高于球，踝关节放松，用前脚掌触球中上部。（图 8-2-9）

图 8-2-9

（2）停反弹球：支撑脚踏在球落点的侧后方。在球着地的一刹那，用前脚掌对准球的反弹路线，触球的中上部。

脚底停地滚球　　脚底停反弹球

（三）脚背外侧停球

脚背外侧停球常与假动作结合起来做，具有较大的隐蔽性，但身体重心移动较大，不易掌握。常用脚背外侧停地滚球和反弹球。

（1）停地滚球：停球脚稍提起，膝和脚内转，以脚外侧对准来球，在支撑脚前侧接触球的侧后方（偏支撑脚一侧）。接球时，要向停球脚一侧轻拨，把球停在侧方或侧后方。（图 8-2-10）

图 8-2-10

脚背外侧停地滚球

（2）停反弹球：身体侧对来球，支撑腿的膝关节微屈。停球脚在支撑脚前方稍提起，脚内翻，使停球脚的小腿与地面成一定角度，并放松。当球刚反弹离地时，用脚背外侧触球的侧上部，将球停在体侧。

脚背外侧停反弹球

（四）脚背正面停球

脚背正面停球易掌握，常用于停空中下落球。

停球脚提起迎球，以脚背正面对准下落的球，脚背在与球接触前的一刹那开始下撤，下撤的过程中用脚背正面接触球的底部，同时小腿和踝关节放松，使球停在体前；另一种方法的动作较小，仅将脚伸出迎球，在脚背与球接触的一刹

脚背正面停球

那，停球脚与踝关节放松撤引，以缓冲来球力量。

（五）胸部停球

胸部面积较大，有弹性，位置高，能停高球和空中平直球。胸部停球有收胸式和挺胸式两种。

收胸式停球

（1）收胸式停球：一般用来停胸部高度的平直球。停球时，面对来球，两脚开立，两臂自然张开，挺胸迎球。在球运行到与胸部接触的一刹那，迅速收胸、耸肩、收腹，缓冲来球力量，将球停在身前。如果要把球停向左（右）侧，则在接触球的同时向左（右）侧转体，并用同侧胸肌触球。（图 8–2–11）

（2）挺胸式停球：一般用于停高于胸部的下落球。停球时，面对来球，两脚开立，两膝微屈，正对来球，在球与胸部接触前的刹那间，收下颌，挺胸，上体后仰成反弓形，以缓冲来球力量，使球弹起再落于身前。（图 8–2–12）

挺胸式停球

图 8–2–11

图 8–2–12

四、头顶球

头顶球是争取时间和取得空中优势的主要技术，在攻防中都起着重要作用。头顶球可分为前额正面顶球和前额侧面（额侧）顶球两种。这两种部位都可以原地、跳起和鱼跃顶球。

（1）原地前额正面顶球：身体正对来球，两侧开立，膝关节微屈，上体后仰，两臂自然分开，两眼注视来球。在球运行到身体垂直部位前的一刹那，脚用力蹬地，收腹，身体迅速前摆。当球运行到身体垂直部位时，颈紧张，收颌甩头，用前额正面顶球的后中部，然后上体随球继续前摆。（图 8–2–13）

（2）跳起前额正面顶球：原地起跳时，两膝先弯曲，身体重心下降，然后两脚用力蹬地跳起，同时两臂屈肘上摆，在起跳上升过程中，上体后仰成弓形，两臂自然分开，两眼注视来球。在跳到最高点准备顶球时，身体成反弓形。在球运行到身体垂直部位前的一刹那，收腹，上体迅速前屈，甩头，用前额正面将球顶出。顶球后，两腿自然屈膝，缓冲落地。（图 8–2–14）

原地头顶球

单脚起跳时，起跳前可做三五步助跑，最后一步要稍大些并用力蹬地，同时另一条腿屈膝上摆，两臂自然上提，向上跳起。身体在空中要成弓形，其他动作与原地跳起顶球相同。

前额侧面顶球

图 8-2-13

图 8-2-14

五、抢截球

抢截球包括抢球和截球。抢球是把对方控制的或将要控制的球夺过来或破坏掉。截球是将对方队员传出的球堵截住或破坏掉。

（一）正面抢截球

正面抢截球包括正面跨步抢截球和正面铲球。

正面跨步抢截球

（1）正面跨步抢截球：两脚前后开立，两膝微屈，身体重心下降，落在两脚之间，面向对手。对手运球前进，当脚触球即将着地或刚着地时，一脚用力蹬地，抢球脚以脚内侧对正球并向球跨出一步，膝关节弯曲，上体前倾，身体重心移至抢球脚上，另一只脚立即前跨成支撑脚。如双方的脚同时触球，则要顺势向上提拉，使球从对方的脚背滚过。身体要迅速跟上，把球控制住。（图 8–2–15）

（2）正面铲球：两脚前后开立，两膝微屈，身体重心下降，落在两脚之间，面向对手。对手运球前进，在脚触球的一刹那，一脚用力后蹬，另一脚前伸，然后将球踢出。

（3）合理冲撞：当与对手并肩跑动时，身体重心稍下降，同时与对方接触一侧的臂要紧贴身体。当对方靠近自己一侧的脚离地时，用肘关节以上部位冲撞对方相应部位，使对方失去平衡而离开球，乘机将球控制过来。（图 8–2–16）

图 8–2–15

图 8–2–16

（二）侧后铲球

铲球是抢截球技术中难度较大的技术动作。其中侧后铲球有同侧脚铲球和异侧脚铲球。

（1）同侧脚铲球：在控球者拨出球的一刹那，抢球者的后脚（异侧脚）用力后蹬成跨步，前脚（同侧脚）以脚外侧沿地面向前外侧滑出，用脚背或脚尖将球踢或捅出。然后小腿外侧、大腿外侧和臀部依次着地。

（2）异侧脚铲球：在控制球者拨出球的一刹那，抢球者后脚（同侧脚）用力后蹬成跨步，前脚（异侧脚）以脚外侧沿地面向前内侧滑出，用脚底将球蹬出去。然后小腿外侧、大腿外侧和臀部依次着地。

六、掷界外球

掷界外球不受越位置位限制，是组织进攻的机会，如果掷球既远又准就能加快进攻速度。

（一）原地掷界外球

面对出球方向，两脚前后（左右）开立，膝弯曲，上体后仰成背弓形，身体重心移到后脚上（左右开立时，身体重心在两脚间），两手自然张开，拇指相对成八字形，持球侧后部，屈肘将球置于头后。掷球时，后脚用力蹬地，两腿迅速伸直，身体重心由后脚移到前脚，收腹屈体，同时两臂急速前摆，当摆到头上时用力甩腕将球掷入场内。掷球时，后脚可沿地面滑动向前，两脚均不可离地或踏入场内或踩线。（图 8-2-17）

原地掷界外球

图 8-2-17

（二）助跑掷界外球

两手持球于胸前，在助跑迈出最后一步时，上体后仰成背弓形，同时将球举至头后，掷球时的动作与原地掷球相同。

助跑掷界外球　守门员技术　直腿式接球　单腿跪撑式接球　接平空球　接高空球

第三节　足球基本战术

一、比赛阵形

比赛阵形是指比赛场上队员的基本位置排列，是本队攻守力量分配和分工的形式。选择阵形要以本队队员的特长、体能与技术水平为依据。

根据队员的职责和排列的层次可将队员分为后卫、前卫和前锋。阵形的人数排列原则是从后卫数向前锋，守门员不计算在内。

目前，世界上普遍采用的阵形有“4-3-3”（图 8-3-1）、“4-4-2”（图 8-3-2）、“3-5-2”（图 8-3-3）等。在以上阵形中，除“4-4-2”阵形以防守为主、反击为辅外，另两种阵形均以进攻为主，尤以“3-5-2”阵形更为突出。

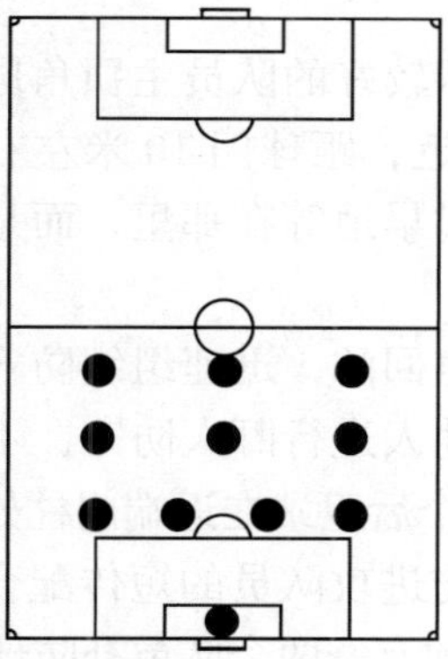
图 8-3-1

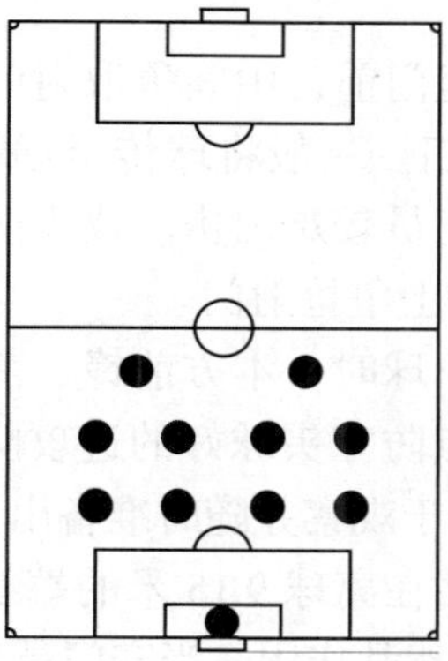
图 8-3-2

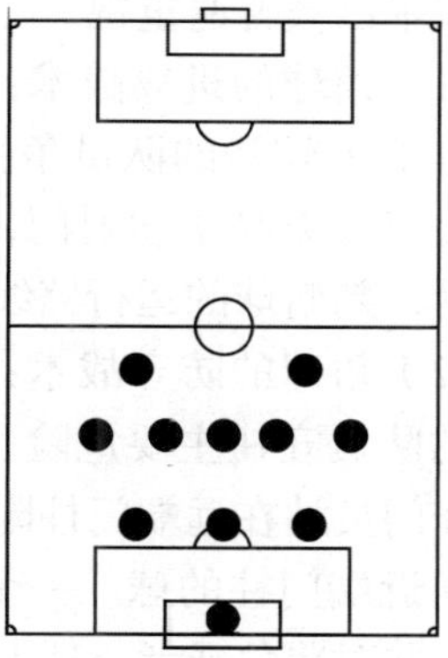
图 8-3-3

二、攻守战术

（一）进攻战术

（1）边路进攻：在对方半场两侧地区发展的进攻称为边路进攻。如图 8-3-4 所示，守门员①接球后立即传给右后卫②，②传给向后跑动接应的⑦，⑦得球后传给前锋⑧后迅速插上，接⑧斜传球，⑦得球下底传中。

（2）中路进攻：在对方半场中间地带发展的进攻称为中路进攻。如图 8-3-5 所示，守门员①发动进攻传球给⑥，⑥传球给⑨，⑨又传球给⑧，⑧与⑨做“二过二”配合切入射门。

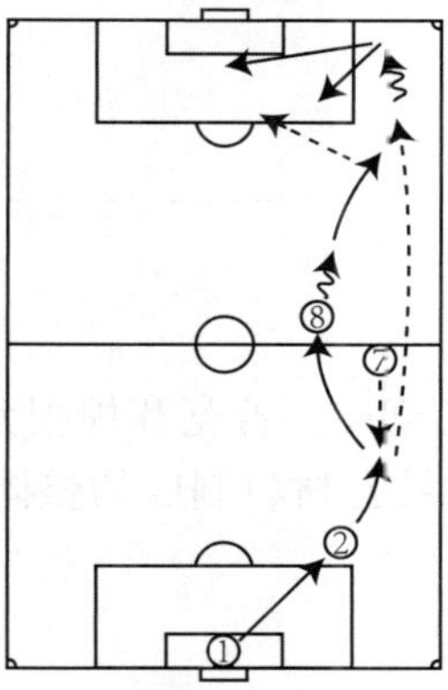

图 8-3-4

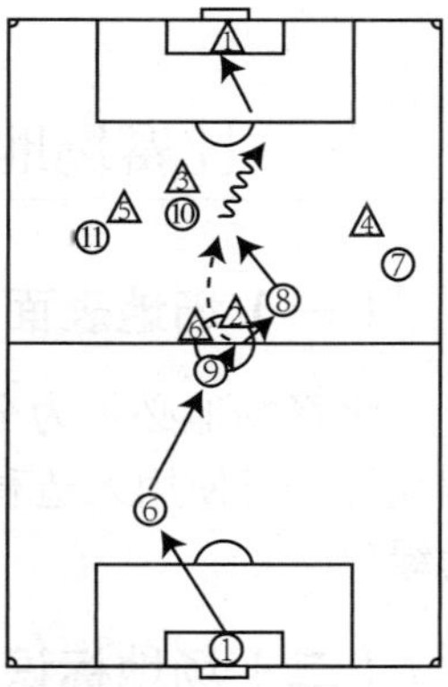

图 8-3-5

（二）防守战术

（1）混合防守：人盯人防守与区域防守相结合的防守方法。人盯人防守的优点是对进攻队员紧逼，使其传球、停球、射门等活动受到限制。由于进攻队员有意识地交叉换位和策动等，会造成防守上的空隙，人盯人防守的这一缺陷刚好由区域防守来弥补。

（2）队员间的互相补位：补位是防守队员互相协助，也就是斜线防守和三角防守相结合的一种防守方法。

（三）定位球战术

定位球战术包括中圈开球、掷界外球、踢球门球、踢点球、踢角球、踢任意球等的攻守配合。踢角球和在对方罚球区附近罚任意球时，如组织得好，得分的可能性就大。目前，定位球战术已被普遍重视。

（1）角球的进攻战术：直接传至门前，中间争取射门。由踢球较好的队员主罚角球，并由头球能力较强的队员争抢头球射门。一般将球传至远端门柱附近，距球门 10 米左右的地点。此点攻方易争顶射门，同时守门员较难出击。攻方队员不要过早地等在那里，而是在球发出后，判断球的运行路线后及时冲上争抢射门。

（2）角球的防守战术：对方踢角球时，本方前锋、前卫要快速回防，迅速组织防守。头球好的队员守住主要危险区，要重点防守头球好的进攻队员，其他人进行盯人防守，不得漏人。守门员站在远端门柱附近，以利于观察并随时准备出击。有一个后卫站在近端门柱处，以防发向近端门柱的球。一个边锋可站在离球 9.15 米的端线处，以防进攻队员的短传配合和低传中，并对踢角球者心理上起一定的扰乱作用。当守门员出击时，须有一两个队员补防球门。

第四节　足球竞赛规则

一、比赛场地

（一）场地表面

比赛场地必须为全天然草皮。若竞赛规程允许，可使用全人造草皮。此外，如果竞赛规程允许，可使用人造和天然结合材料制成的整体草皮（混合系统）。人造草皮场地的表面必须为绿色。

（二）场地标识

比赛场地形状必须为长方形，且由不具危险性的连续标线标示。不具危险性的人造草皮材料可作为天然草皮场地的标记使用。这些标线作为边界线是其所标示区域的一部分。

二、队员

（一）场上队员人数

一场比赛由两队参加，每队最多可有 11 名上场队员，其中 1 名必须为守门员。如果任何一队场上队员人数少于 7 人，则比赛不得开始或继续。

（二）替换人数

国际足联、各洲际联合会或各国足球协会可决定在其正式赛事中可使用的替补队员人数，但最多不能超过 5 人次替换，涉及顶级联赛球队一队及国家队 A 队的男子、女子赛事最多可进行 3 人次替换。

三、比赛时间

（一）比赛阶段

一场比赛分为两个 45 分钟相同时长的半场。依照竞赛规程，在比赛开始前经裁判员和双方球队同意后，方可缩短各半场比赛时长。

（二）中场休息

队员享有中场休息的权利，休息时间不得超过 15 分钟。加时赛中场阶段可短暂补水（时长不超过一分钟）。竞赛规程必须明确中场休息的时长，在经裁判员许可的情况下方可调整中场休息时长。

（三）对损耗时间的补足

裁判员对每半场所有因如下情况而损耗的比赛时间予以补足：队员替换；对受伤队员的伤情评估和/或将其移出比赛场地；浪费的时间；纪律处罚；竞赛规程允许的医疗暂停，例如“补水”暂停（不超过 1 分钟）和“降温”暂停（90 秒至 3 分钟）；与视频助理裁判员“查看”及“回看分析”有关的延误；任何其他原因，包括任何明显延误比赛恢复的情况（如庆祝进球）。第四官员在每半场最后一分钟结束时展示裁判员决定的最短补时时间。裁判员可增加补时时间，但不得减少。

裁判员不得因上半场计时失误而改变下半场的比赛时长。

（四）罚球点球

如需执行罚球点球或重踢罚球点球，应延长该半场时长直至罚球点球程序完成。

四、比赛进行与停止

（一）比赛停止

当出现如下情况时，比赛即为停止：球的整体从地面或空中越过球门线或边线；裁判员停止了比赛；球接触了比赛官员后仍在比赛场地内，并且，任一队开始了一次有希望的进攻，或直接进入了球门，或控球球队发生了转换。上述情况下，比赛以坠球恢复。

（二）比赛进行

所有其他时间，如果球接触了比赛官员，或从球门柱、横梁、角旗杆弹回并且仍在比赛场地内，均为比赛进行中。

五、确定比赛结果

（一）进球得分

（1）当球的整体从球门柱之间及横梁下方越过球门线，且进球队未犯规或违规时，即为进球得分。

（2）如果守门员手抛球直接进入对方球门，则由对方踢球门球。

（3）如果裁判员在球的整体还未越过球门线时示意进球，则以坠球恢复比赛。

（二）获胜队

（1）进球数较多的队伍为获胜队。如果双方球队没有进球或进球数相等，则该场比赛为平局。

（2）当竞赛规程规定一场比赛出现平局，或主客场进球数相同时必须有一方取胜，仅允许采取如下方式决定获胜队：① 客场进球规则；② 加时赛，加时赛上下半场时长相等且均不超过 15 分钟；③ 罚球点球决胜。可将上述各方式组合使用。

（三）罚球点球决胜

在比赛结束后执行罚球点球决胜程序，除非有其他规定，否则按竞赛规则相关内容执行。在比赛中已被罚令出场的队员不得参与罚球点球决胜；在比赛中已执行的劝诫与警告，不带入罚球点球决胜阶段。

六、越位

（一）越位位置

（1）处于越位位置并不意味着构成越位犯规。

（2）队员处于越位位置，如果其：头、躯干或脚的任何部分处在对方半场（不包含中线），且头、躯干或脚的任何部分较球和对方倒数第二名队员更接近于对方球门线。

（3）队员不处于越位位置，如果其：与对方倒数第二名队员齐平或与对方最后两名队员齐平。

（二）越位犯规

一名队员在同队队员传球或触球的一瞬间处于越位位置，该队员随后以如下方式参与了实际比赛，才被判罚越位犯规。

（1）在同队队员传球或触球后得球或触及球，从而干扰了比赛。

（2）干扰对方队员，包括：通过明显阻碍对方队员视线，以妨碍对方队员处理球，或影响其处理球的能力，或与对方队员争抢球，或有明显的试图触及近处的来球的举动，且该举动影响了对方球员；做出影响对方队员处理球的能力的明显举动。

（3）在如下情况发生后触球或干扰对方队员，从而获得利益：球从球门柱、横梁、比赛官员或对方队员处反弹或折射过来；球从任一对方队员有意救球后而来。

（三）违规与处罚

如果出现越位犯规，裁判员在越位犯规发生的地点判罚间接任意球，这包括发生在越位队员的本方半场。就越位而言，未经裁判员许可离开比赛场地的防守队员，应视为处于球门线或边线上，直到比赛停止，或防守方已将球向中线方向处理且球已在防守方罚球区外。如果一名队员故意离开比赛场地，在比赛停止时，裁判员必须警告该名队员。

七、犯规与不正当行为

只有在比赛进行中犯规或违规，才可判罚直接或间接任意球，以及罚球点球。

（一）直接任意球

（1）如果裁判员认为，一名场上队员草率地、鲁莽地或使用过分力量对对方队员实施如下犯规，则判罚直接任意球：冲撞；跳向；踢或企图踢；推搡；打或企图打（包括用头顶撞）；用脚或其他部位抢截；绊或企图绊。

（2）如果是有身体接触的犯规，则判罚直接任意球。

（3）如果场上队员实施如下犯规时，判罚直接任意球：手球犯规（守门员在本方罚球区内除外）；拉扯对方队员；在身体接触的情况下阻碍对方队员移动；对在比赛名单上的人员或比赛官员实施咬人或吐口水；向球、对方队员或比赛官员扔掷物品，或用手中的物品触及球。

（二）间接任意球

如果一名场上队员犯有如下行为时，则判罚间接任意球：以危险方式进行比赛；在没有身体接触的情况下阻碍对方行进；以语言表示不满，使用攻击性、侮辱性或辱骂性的语言和/或行为，或其他口头的违规行为；在守门员发球过程中，阻止守门员从手中发球、踢或准备踢球；故意发起施诡计用头、胸、膝等部位将球传递给守门员以逃避规则相关条款处罚的行为（包括在踢任意球或球门球时），无论守门员是否用手触球；如果该行为由守门员发起，则处罚守门员；犯有规则中没有提及的，又需裁判员停止比赛予以警告或罚令出场的任何其他犯规。

如果守门员在本方罚球区内犯有如下行为时，则判罚间接任意球。

（1）在发出球前，用手/臂部控制球超过6秒。

（2）在发出球后、其他场上队员触球前，用手/臂部触球；

（3）在下列情况之后用手/臂部触球，除非守门员已经清晰地将球踢出或试图踢出：①同队队员故意将球踢给守门员；②接同队队员直接掷来的界外球。

（三）纪律措施

裁判员从进入比赛场地进行赛前检查开始，至比赛结束（包括罚球点球决胜）离开比赛场地，均有权执行纪律措施。如果上场队员或球队官员在开赛进入比赛场地前，犯有可被罚令出场的违规行为，裁判员有权阻止该队员或球队官员参加比赛，裁判员将就任何其他不正当行为提交报告。一名队员或球队官员，无论是在场内还是场外，犯有可被警告或罚令出场的违规行为，均将受到相应的处罚。

黄牌代表警告，红牌代表罚令出场。只可对场上队员、替补队员、已替换下场的队员或球队官员出示红黄牌。

1. 可警告的犯规行为

场上队员犯有如下行为时，应被警告：延误比赛恢复；以语言或行动表示不满；未经裁判员许可进入、重新进入或故意离开比赛场地；当比赛以坠球、角球、任意球或掷界外球恢复时，未退出规定距离；持续违反规则（对“持续”的定义并没有明确的次数和犯规类型）；非体育行为；进入裁判员回看分析区域；过分地做出要求回看分析（比划电视屏幕）的信号。

2. 罚令出场的犯规

场上队员、替补队员或已替换下场的队员犯有如下行为时，应被罚令出场：通过手球犯规破坏对方球队进球或明显的进球得分机会（守门员在本方罚球区内除外）；通过可判罚任意球的犯规，破坏对方的进球或总体上朝犯规方球门方向移动的明显的进球得分机会；严重犯规；咬人或向任何人吐口水；暴力行为；使用攻击性、侮辱性或辱骂性的语言和/或行为；在同一场比赛中得到第二次警告；进入视频操作室。

思考题

1. 如何练习足球基本技术？
2. 足球有哪些常见的比赛阵形和攻守战术？
3. 请简述越位犯规的判罚条件。

第九章

排　球

第一节　排球运动概述

排球比赛是两队以中间球网为界，用手通过发球、垫球、传球、扣球、拦网等动作来组织进攻和防守的球类活动。排球运动诞生于美国。1895 年，美国马萨诸塞州的威廉·G. 摩根发明了排球运动的雏形。为了迎合人们对运动量大小的不同需求，威廉·G.摩根结合当时盛行的网球和篮球运动，将网球的网挂在篮球场中间，采用篮球的内胆，让双方将篮球的内胆像网球那样打来打去。后来比赛规则逐渐被完善，现代排球运动逐渐形成。排球运动是人们比较熟悉和喜欢的运动项目之一。它对场地设施的要求不高；参加者不受年龄、性别的限制，可以根据自己的体力来调整运动量。经常参加排球运动，能促进身体的全面发展，增进内脏器官的功能，提高人的耐力、速度、力量、灵敏性等身体素质。

排球运动于 1905 年传入我国，经过不断演变，最后采用六人制排球。我国于 1959 年开始推广排球运动。在排球技战术发展过程中，我国创造了“平拉开”“盖帽”“空间差”等一系列排球技术。中国女排于 1981 年首次夺得第 3 届女排世界杯冠军，之后相继在世界女子排球锦标赛、奥运会女子排球比赛、世界杯女子排球赛上获得冠军。近几年来，中国女排分别获得 2015 年女排世界杯冠军、2016 年里约奥运会冠军和 2019 年女排世界杯冠军。“女排精神”既振奋了民族精神，又为世界排球运动的发展做出了巨大贡献。

第二节　排球基本技术

一、准备姿势与移动

（一）准备姿势

两脚左右开立，比肩稍宽（或一脚稍前），两脚尖适当内扣，脚跟稍抬起，膝关节弯曲，上体自然前倾，身体重心稍靠前，两臂放松弯曲置于腹前，眼看球，两脚始终保持微动。准备姿势主要用于一般的垫球、接发球等，当接扣球和接拦回球时膝关节弯曲的程度要更大。按照身体重心的高低，准备姿势可分为稍蹲、半蹲和低蹲。（图 9–2–1）

准备姿势

图 9–2–1

（二）移动

移动是为了迅速接近球，保持好人与球的位置关系，以保证击球动作的合理性，便于击球。迅速的移动可占据有利的位置，争取时间和空间的优势。比赛中常用的移动步法有并步、滑步、交叉步、跨步、跑步和后退步等。

移动步法

1. 并步与滑步

当身体距离来球一步左右的距离时采用并步，并步主要用于传球、垫球和拦网等技术。如向左移动，首先右脚蹬地，左脚先向左侧跨出，右脚迅速并上成击球前的准备姿势。当来球距离身体较远时，可做连续快速并步接近来球，连续快速并步被为滑步。

2. 交叉步

当身体距离来球 2 ～ 3 米的距离时采用交叉步。如向左移动，身体稍向左侧转动，左脚先向右脚前方交叉跨出一步，然后右脚向右跨出，同时身体转向来球方向，保持击球前的姿势。（图 9–2–2）

3. 跨步

当来球较低且距离身体 1 米左右时采用跨步。跨步可单独使用，也可与滑步、交叉步和跑步的最后一步结合使用。采用跨步移动时，一脚用力蹬地，另一脚向来球方向跨出一大步，同时膝部弯曲，上体前倾，身体重心下降并移至跨出腿上。（图 9–2–3）

图 9-2-2

图 9-2-3

4. 跑步

当身体距离来球较远时采用跑步。首先判断好来球的方向，两臂用力迅速摆动，逐步加大步幅，加快步频。在接近来球时，降低身体重心并减速制动，做好击球准备。

5. 后退步

当来球在身后、来不及迅速转身时采用后退步。移动时，身体重心适当降低，两脚迅速交替向后退步，上体不要后仰。

二、垫球

垫球技术是接发球、接扣球以及后排防守的主要技术动作，是组织反攻战术的基础，有正面双手垫球、体侧双手垫球、背向双手垫球、单手垫球、跨步垫球、让垫球、挡球，其他部位垫球等。

（一）正面双手垫球

正面双手垫球是最基本、最常用的垫球技术。垫球时，两手臂对准垫球方向伸直插向球下，两手交叉重叠合掌互握，两拇指平行向前，两手根部靠紧，两臂夹紧，手腕下压，两前臂外旋，使前臂腕关节以上 10 厘米处形成垫击球的平面。击球时，借助蹬地、提腰、提肩、抬臂、压腕的协调力将球击出。（图 9-2-4）

（二）体侧双手垫球

当来球在体侧时，可采用体侧双手垫球技术。左侧垫球时，先以右脚前脚掌内侧蹬地，左脚向左跨出一步，身体重心移至左脚，并保持两膝弯曲。与此同时，两臂伸直向左侧伸出，使左臂高于右臂，右臂微向下，击球时用向右转体和收腹的动作，配合提肩、抬臂，在身体左侧稍前的位置截住球，两臂垫击球的后下部。来球在身体右侧时，以相反方向的动作击球。（图 9-2-5）

垫球

图 9-2-4

图 9-2-5

（三）背向双手垫球

常在接应同伴来球或第三次处理过网球时采用背向双手垫球。背垫时要判断好球的飞行方向，迅速移动到球的落点处，背对出球方向，两臂夹紧伸直，插在球下。击球时，蹬腿，抬头，挺胸，展腹后仰，直臂向后上方摆动抬起送球。

（四）单手垫球

当来球快速飞向体侧较远距离而来不及用双手垫球时可采用单手垫球。单手垫球动作快，手臂伸得远，击球范围大。触球面积小，控制球的能力比双手垫球差，因此能用双手垫球时，尽量不用单手垫球。运用前臂内侧、掌根下部进行单手垫球。如来球低，也可用手插入球下做铲球动作将球垫起。

（五）跨步垫球

队员向前或向侧跨出一步的垫球方法称为跨步垫球。此垫球法适合在来球距身体 1 米左右、弧度较低或速度较快，来不及正对来球时使用。

判断来球的落点，及时向前或向侧跨出一大步，屈膝制动，身体重心落在跨出腿上，上体前倾，臀部下降，两臂插入球下击球的后下部。

（六）让垫球

当来球弧度平、速度快、前冲而追胸时，将身体向侧移动，避开来球的飞行路线，让球飞向体侧，用体侧垫球的方法将球垫起叫作让垫球。让垫球技术主要运用在接弧度较高的冲飘球时。

（七）挡球

当来球高、速度快、力量大，不便于垫球和传球时，可用双手或单手挡击来球。双手挡球的手型有抱拳式和并掌式两种。

抱拳式是两肘弯曲，一手半握拳，另一手外抱，两手掌外侧所形成的平面朝前；并掌式是两肘弯曲，两手虎口交叉，两手掌外侧合并成勺形的击球面朝前。挡球时，手臂屈肘上举，肘部朝前，手腕后屈，以手掌外侧和根部所组成的平面挡击球的后下部。手腕要紧张，用适度的力量将球向前上方挡起，击球点一般在脸部或两肩的前上方。

单手挡球时，手臂屈肘上举，肘部向前，手腕后仰，用掌根或拳心平面击球的后下部，击球瞬间手腕要紧张。如球体位置较高，还可以跳起挡球。

（八）其他部位垫球

当来球速度快且突然，来不及移步、降低身体重心、伸臂击球和侧身让球时，可用身体其他部位来垫球，如体侧屈肘垫球（主要利用上臂外侧部位）、胸部垫球、头顶球等击球技术。因规则的变化，身体各部位触及球体的技术逐步发展，这丰富了垫球技术的多样性。

脚垫球主要是当来球远而低、变化突然、时间短促，无法用其他垫球技术来击球时采用，属应急性技术动作。脚垫球主要有脚背垫球和脚内侧垫球两种。

（1）脚背垫球：动作方法是以一脚为支撑，另一脚迅速向来球方向伸去，利用伸大腿、摆小腿的动作，使脚背插入球下。击球时，利用小腿继续上摆、踝关节上挑的动作，以脚背上部触球的下部（或侧下部）将球垫起。脚背垫球后，若身体失去平衡，可采用侧倒地或后倒坐地等动作进行自我保护。

（2）脚内侧垫球：动作方法与脚背垫球相似，但在击球时后脚脚尖要上翘，踝关节紧张，以脚内侧部位垫球的后下部。

三、传球

传球是排球比赛中的一项重要技术，也是排球比赛中防守和反攻的衔接技术，它的好坏直接影响战术配合质量的高低，关系到扣球效果，包括正面传球、背向传球、侧向传球和跳起传球四种。下面主要介绍前两种。

（一）正面传球

1. 准备姿势

正对来球，两脚开立，两膝稍弯曲，上体挺起，仰头看球，两手自然抬起，屈肘，两手成传球手型。

传球

2. 手型

两手自然张开微屈成半球形，手腕后仰，拇指相对成近似“一”字形置于额前，以拇指内侧、食指全部、中指的第二、第三指节触球的后下部，无名指和小指辅助控制球的方向。（图 9–2–6）

3. 传球

传球时，主要以蹬地、伸膝、伸臂的协调动作及手指、手腕的弹力将球传出，击球点在额前上方一球距离处。（图 9–2–7）

图 9–2–6

图 9–2–7

（二）背向传球

背对传球目标的传球称为背向传球，简称背传，主要用于组织进攻。传球前，背对传球目标，上体保持正直或稍后仰，击球点比正面传球要高。迎球时，微仰头挺胸，在下肢蹬地的同时，上体向后上方伸展，击球时手腕适当后仰，掌心向上，拇指击球的下部，利用抬臂、送肘的动作及手指、手腕的弹力将球向后上方传出。

四、发球

发球是比赛的开始，也是进攻的开始，还是主要得分手段。发球技术包括正面下手发球、正面上手发球、正面上手发飘球、侧面下手发球、勾手发飘球、勾手大力发球、跳发球等。下面主要介绍前三种。

（一）正面下手发球

正面下手发球动作较简单，容易掌握，准确性高，但球速较慢，力量小，攻击性较差，一般适用于初学者。发球时，面对球网，两脚前后开立，左脚在前，两膝弯曲，上体前倾，左手持球于腹前右下方，然后将球平稳地抛起在体前右侧，使球离手一球左右高度，同时右臂伸直，以肩为轴向身体后方摆动，右脚蹬地，身体重心随右臂由后向前摆动而前移，在腹前用全掌或掌根击球的后下方。（图 9–2–8）

正面下手发球

图 9–2–8

（二）正面上手发球

正面上手发球便于观察对方，发球的准确性大，易控制落点。发球时，能利用身体动作，加大发球的力量和速度，具有一定的攻击性。面对球网站立，左脚在前，左手托球于体前，将球平稳地抛向右肩前上方，高度适中，同时，右臂抬起屈肘后引，肘与肩平，上体稍右转，抬头，挺胸，展腹，手掌自然张开。利用蹬地、转体、收腹带动手臂向前上方快速挥动，在右肩前上方伸直手臂的最高点处，用全掌击球的中下部。击球时，手指和手掌要张开与球吻合，手腕要迅速做推压动作，使球上旋飞行。击球后，随着身体重心前移，迅速入场。（图 9–2–9）

正面上手发球

图 9–2–9

（三）正面上手发飘球

正面上手发飘球的击球力量通过球体的重心，使发出的球不旋转而不规则地飘晃飞行，接球者难以判断其飞行路线和落点，因此攻击性较高，且因发球者自身熟悉落点规律而准确性较高，在各类比赛中被广泛采用。正面上手发飘球的准备姿势近似上手发球，但左手持球的位置较高，约在胸前，然后将球平稳地抛至右肩前上方，高度应稍低于正面上手发球，并稍靠前些；同时右臂屈肘抬起并后引，肘高于肩，当球上升至最高点时，收小腹带动手臂快速挥动，以掌根击球的后中下部，使作用力通过球体重心。击球时，五指并拢，掌心向前，手腕紧绷并稍后仰，用力快速、突然、短促，击球后要有突停动作。

五、扣球

扣球是进攻中最积极、最有效的得分手段，也是衡量一个球队进攻能力和比赛能否取胜的重要因素之一。扣球的威力体现在速度、力量、高度、变化和技巧等方面。扣球由准备姿势、助跑、起跳、空中击球和落地动作衔接而成，主要技术包括正面扣球、单脚起跳扣球、扣快球、调整扣球和自我掩护扣球等。下面主要介绍前两种。

扣球

（一）正面扣球

正面扣球是扣球技术中最基本的一种。初学者必须掌握好正面扣球后，再学习其他扣球技术。（图 9-2-10）

1. 准备姿势

助跑前采用稍蹲姿势，两臂自然下垂，在离网 3 米左右处，观察判断，做好向各个方向助跑起跳的准备。

2. 助跑

助跑的步数要视球的远近和个人习惯采用一步、两步、三步等不同的步法。扣球助跑可采用并步起跳、跨跳起跳。一般采用两步助跑。助跑时，左脚先向前迈出第一步，紧接着右脚跨出一大步，左脚及时并上，踏在右脚前，两脚尖稍内扣，准备起跳。

3. 起跳

在助跑跨出最后一步，后脚并上踏地制动的同时，两臂自后积极向前摆动，随着两腿蹬地向上起跳，两臂配合起跳有力地向上摆动。

4. 空中击球

起跳后，挺胸展腹，上体稍向右转，右臂屈肘上举后引，置于头的右侧后方，身体成反弓形。挥臂时，以迅速转体、收腹动作发力，依次带动肩、肘、腕向前上方成鞭甩动作挥动。击球时，五指微张，以全掌包满球，在手臂伸直后的最高点前上方击球的后中部，同时主动用力屈腕、屈指向前推压，使球上旋飞行。

5. 落地

击球后，顺势收臂以免触网。落地时，两脚前脚掌先着地，然后过渡到全脚掌着地。着地的同时，顺势屈膝、收腹，缓冲下落力量。

图 9-2-10

（二）单脚起跳扣球

单脚起跳扣球比双脚起跳扣球动作要快 0.2 秒左右，还能充分利用助跑速度，比双脚起跳扣球冲得更远、跳得更高，兼有打位置差和时间差的特点，对突破和避开拦网有较大作用。单脚起跳扣球可采用一步、两步或多步助跑，助跑的路线与球网的夹角宜小，以免造成前冲力过大而碰网或过中线犯规。助跑的最后一步以左脚向扣球点位置跨出一大步，身体稍后仰，在右脚向上摆动时，左脚用力蹬地起跳，两臂积极配合上摆，起跳后的扣球动作与正面扣球基本相似。

六、拦网

拦网是防守的第一道防线，也是反攻的重要环节。成功的拦网可以直接拦死或拦回对方的扣球，直接得分或使本方由被动变为主动，削弱对方的进攻力量，减轻本方防守的压力。目前，随着扣球技术朝着力量、高度、速度等方面发展，拦网的重要性更加突出了。

拦网包括单人拦网和集体拦网。拦网由准备姿势、移动、起跳、空中击球和落地动作衔接而成。

（一）单人拦网

单人拦网如图 9-2-11 所示。

拦网

1. 准备姿势

面对球网，两脚左右开立，约与肩同宽，距网 30 ～ 40 厘米，两膝微屈，两臂屈肘置于胸前。

2. 移动

通常采用沿中线平行并步或交叉步移动，在距球较远时可采用跑步法移动。

3. 起跳

起跳时，身体重心降低，两膝弯曲，用力蹬地，使身体垂直跳起，两臂以肩发力贴近身体向上摆动，帮助身体跳起。两手从额前沿球网向上方伸出，两臂平行伸直，肩上提。

4. 空中击球

拦网时，两臂应伸过网去接近球。两手自然张开，屈指、屈腕成勺形。当手触球时，两手要突然张开，手腕下压盖在球的前上方。拦网后要做含胸动作，以保持身体平衡。

5. 落地

手臂要先后摆或上提，从网上收回至本方上空，再屈肘向下收臂，以免触网。同时屈膝缓冲，两脚落地。随即转身面向后，为下一个动作做准备。

图 9–2–11

（二）集体拦网

集体拦网有双人拦网和三人拦网两种。集体拦网技术动作除要求个人具备拦网技术外，还应着重注意互相配合。以双人拦网为例，双人拦网是集体拦网的主要形式，常由 2 号位、3 号位或 3 号位、4 号位队员组成双人拦网，针对中路进攻，则可能组成 3 号位、2 号位与 4 号位队员的三人拦网。

第三节 排球基本战术

一、阵容配备

排球阵容配合是排球战术运用的基础，阵容配备应最大限度地符合本方队员的特点，使队员配合协调，同时还要考虑对手的情况。

排球基本战术

排球战术练习方法

（一）“四二”配备

“四二”配备是 2 名二传手和 4 名进攻队员的阵容。4 名进攻队员分为 2 名主攻和 2 名副攻。“四二”配备在中等水平球队中采用较多，2 名二传手前后排始终保持有 1 名队员，便于接应传球。

（二）“五一”配备

“五一”配备是 1 名二传手，5 名进攻队员的阵容。5 名进攻队员分为 2 名主攻、2 名副攻和在二传对角的接应二传的队员。由于目前比赛中引入了自由人，“五一”配备更加灵活。这种战术配备对二传手要求较高，一般在中高水平的球队中运用较多。

（三）“三三”配备

“三三”配备是由 3 名传球队员和 3 名进攻队员间隔站立，使每一轮都有传有扣的阵容。这种配备常被初学者采用。

二、排球进攻战术

（一）“中一二”进攻战术

前排3个人中1人在3号位做二传，将球传给2号位、4号位进攻。二传在2号位、4号位时，球发出后可以置换到3号位，这种情况称为“边一二”换“中一二”或“反边一二”换“中一二”。这种进攻简单，便于组织。

（二）“边一二”进攻战术

前排3个人中2号位做二传，将球传给3号位、4号位进攻，二传在3号位或4号位时，在发球后换到2号位。这种方式使用右手扣球比较顺手，而左手扣球比较别扭。一传如果传偏到4号位，则很难接应。

三、排球防守战术

（一）接发球的站位阵形

接发球的阵形，既要利于接球，也要利于本方使用进攻战术，同时要注意根据对方发球的特点来布阵。

1. 5人接发球

除1名二传手在网前站立或后排插上外，其余5名队员均担负起一传的任务，通常为“二三”或“三二”站位。这种方式便于队员分布，但缺点是二传插上距离较远或者进攻变化较少。

2. 4人接发球

二传和上快球队员站在网前不接发球，后场4人成一字或弧线站立。这种方式便于二传手传球和进攻跑动，但容易造成空当，对接发球队员判断能力和移动要求高，一般用来针对发球较差的对手采用。

（二）防守阵形

1. 不拦网的防守阵形

在没有拦网必要时，二传手在网前，既可接网前球，又可以组织进攻。前排队员后撤，准备防守和进攻。

2. 单人拦网防守阵形

单人拦网防守阵形用于对方进攻力量较弱、扣球以中线为主和吊球较多的情况。单人拦网应以中线为主，阻止球吊入中场，前排不拦网队员后撤防前区。

3. 接拦回球的保护阵形

拦回球的保护，一般应集中在后排准备接反弹较远的球的队员身上，其他队员尽量多参加前排保护。在只有一点进攻时，应采用4人保护。在有战术变化时，进攻队员跑动或跳起后，如未扣球应争取保护，但二传手和后排队员应尽量组成 2 ～ 3 人的保护阵形。

第四节 排球竞赛规则

一、器材与设备

（一）比赛场地

比赛场地为对称的长方形，包括比赛场区和无障碍区。比赛场区为 18 米 × 9 米的长方形。其四周至少有 3 米宽的无障碍区。比赛场区上空的无障碍空间从地面量起至少高 7 米，其间不得有任何障碍物。国际排联、世界和正式比赛，比赛场区边线外的无障碍区宽应 5 米，端线外的无障碍区宽应 6.5 米。比赛场地上空的无障碍空间至少高 12.5 米。

（二）球网与网柱

1. 球网高度

球网架设在中线上空，高度为男子 2.43 米，女子 2.24 米。球网的高度应从场地中间丈量，球网两端（边线上空）的高度必须相等，并不得超过规定网高 2 厘米。

2. 构造

球网为黑色，宽 1 米，长 9.50~10 米（每边标志带外 25~50 厘米），网眼直径 10 厘米。球网上沿的全长缝有 7 厘米宽的双层白帆布带。帆布带的两端留有孔，用绳索系在网柱上使网上沿拉紧。用一根柔韧的绳索穿过帆布带，拉紧球网上沿固定在网柱上。球网下沿的全长缝有另外一条构造与球网上沿相同的 5 厘米宽帆布带，用绳索系在网柱上使网下沿拉紧。

3. 标志带

两条宽 5 厘米、长 1 米的白色带子为标志带，分别系在球网的两端，垂直于边线。标志带被认为是球网的一部分。

4. 标志杆

标志杆是有韧性的两根杆子，长 1.8 米，直径 10 毫米，由玻璃纤维或类似的材料制成。两根标志杆分别设置在标志带外沿球网的不同侧面。标志杆高出球网 80 厘米。高出部分每 10 厘米应涂有明显对比的颜色，最好为红白相间。标志杆被认为是球网的一部分，并视为过网区的边界。

5. 网柱

两根网柱分别架设在两条边线外 0.5~1 米处，高 2.55 米，最好可以调节高度。国际排联、世界和正式比赛，网柱应架设在边线外 1 米处，其外部必须进行柔软包裹。网柱应为光滑的圆形，并无拉链。一切危险设施和障碍物都必须清除。

二、队的组成

（1）一个队最多有 12 名队员，另加：1 名教练员，最多两名助理教练员；1 名理疗师和 1 名医生。只有登记在记录表上的运动队成员才可以进入比赛控制区，参加赛前的正式准备活动和比赛。

（2）除自由防守队员外的 1 名队员担任队长，队长在记录表上被注明。

（3）只有登记在记录表上的队员才可以进入场地和参加比赛。教练员和队长在记录表上签字以后，已登记在记录表（和电子记录表）上的队员名单不得更改。

三、得 1 分、胜 1 局与胜 1 场

（一）得 1 分

1. 得分

某队得一分：球成功落地在对方场区；对方犯规；对方受到判罚。

2. 犯规

当队员的比赛行为违背规则（或其他方式的犯规）时，裁判员按以下规则做出判定：如果两个或更多的犯规先后发生，只判罚第 1 个犯规；如果双方队员同时犯规，判为“双方犯规”，该球重新比赛。

3. 比赛过程和完整比赛过程

比赛过程是指从发球击球起至该球成死球止的比赛行为。完整比赛过程是造成了得分结果的比赛行为。包括：判罚得分；发球超时犯规失掉发球权。如果发球队获胜，得 1 分并继续发球；如果接发球队获胜，得 1 分并获得发球权。

（二）胜 1 局

每局（决胜的第 5 局除外）先得 25 分同时超过对方至少 2 分的队胜 1 局。当比分 24 ∶ 24 时，比赛继续进行至某队领先 2 分（26 ∶ 24、27 ∶ 25……）为止。

（三）胜 1 场

（1）胜 3 局的队胜 1 场。

（2）如果 2 ∶ 2 平局时，决胜的第 5 局打至 15 分并领先对方 2 分的队获胜。

四、球队的击球

比赛中，队员与球的任何触及都视为击球。每队最多击球 3 次（拦网除外）将球击回对区，如果超过则判为“4 次击球”。

（1）连续击球。一名队员不得连续击球两次（另有规定除外）。

（2）同时击球。两名或 3 名队员可以同时触球。同队的两名（或 3 名）队员同时触到球时，被记为两次（或 3 次）击球（拦网除外）。如果只有其中 1 名队员触球，则只记 1 次。队

员之间的碰撞不算犯规。两名不同队的队员在网上同时触球，比赛继续进行，获球一方可再击 3 次。如果该球落在某方场区之外，判对方击球出界。如果两名不同队的队员在网上同时触球并造成短暂停留，则比赛继续进行。

（3）借助击球。队员不得在比赛场地之内借助同伴或任何物体支持进行击球。但是队员可以挡住或拉住另一名即将犯规（如触网、过中线等）的同队队员。

五、球网附近的队员

（一）越过球网

（1）拦网时允许拦网队员越过球网触球，但不得在对方进攻性击球前或击球时干扰对方。

（2）进攻性击球后允许手过网，但击球时必须在本场区空间。

（二）网下穿越

（1）在不干扰对方比赛的情况下，允许队员在网下穿越进入对方空间。

（2）穿越中线进入对方场区：队员的 1 只（两只）脚越过中线触及对方场区的同时，其余部分接触中线或置于中线上空是允许的；队员脚以上的身体任何其他部位，触及对方场区是允许的，但不得干扰对方比赛。

（3）比赛成死球后，队员可以进入对方场区。

（4）在不干扰对方比赛的情况下，队员可以穿越进入对方的无障碍区。

（三）触网

（1）击球行为触及标志杆以内球网部分为犯规。击球行为包括（但不限于）：起跳、击球（或试图击球）、落地至准备下一个动作。

（2）队员可以触及网柱、网绳或标志杆以外的其他任何物体，包括球网本身，但不得干扰比赛。

（3）由于球被击入球网而造成的球网触及队员，不为犯规。

六、犯规

（一）队员在球网附近的犯规

（1）对方进攻性击球前或击球时，在对方空间触及球或对方队员。

（2）从网下穿越进入对方空间并干扰对方比赛。

（3）队员的双脚（单脚）全部越过中线进入对方场区。

（4）队员干扰比赛有下列情况（但不限于）：击球行为触及标志杆及标志杆以内球网任何部分；利用球网进行支撑或稳定身体；造成了对本方有利；妨碍了对方合法的击球试图；拉网/抓网。

任何运动员靠近球击球或准备击球，不管是他/她能否击到球都是击球行为。但是，队员身体触及标志杆以外的球网，不算犯规（另有规则除外）。

（二）发球时的犯规

1. 发球犯规

下列犯规应判为发球犯规，即使对方位置错误。发球队：发球次序错误；没有遵守“发球的执行”的规定。

2. 发球击球后的犯规

球被发出后出现以下情况仍为发球犯规（除非位置错误）：球触及发球队队员或球的整体没有从过网区通过球网垂直平面；界外球；球越过发球掩护。

（三）击球时的犯规

（1）4 次击球：一个队连续击球 4 次。

（2）借助击球：队员在比赛场地内借助于同伴或任何物体的支持进行击球。

（3）持球：球被接住和/或抛出，而不是被弹击出。

（4）连击：一名队员连续击球两次，或球连续触及身体不同部位。

（四）进攻性击球的犯规

（1）在对方空间击球。

（2）击球出界。

（3）后排队员在前场区完成进攻性击球，并且击球时球的整体高于球网上沿。

（4）在前场区内对高于球网上沿的对方发球完成进攻性击球。

（5）自由防守队员对高于球网上沿的球完成进攻性击球。

（6）队员在高于球网处，对同队自由防守队员在前场区用上手传出的球完成进攻性击球。

（五）拦网犯规

（1）在对方进攻性击球前或击球的同时，在对方空间完成拦网。

（2）后排队员或自由防守队员完成拦网或参加了完成拦网的集体。

（3）拦对方的发球。

（4）拦网出界。

（5）从标志杆以外伸入对方空间拦网。

（6）自由防守队员试图进行个人或参加集体拦网。

七、位置和轮转

（一）位置

发球队员击球时，双方队员（发球队员除外）必须在本场区内按轮转次序站位。

（1）队员场上位置为：靠近球网的 3 名队员为前排队员，其位置为 4 号位（左）、3 号位（中）和 2 号位（右）；另外 3 名队员为后排队员，其位置为 5 号位（左）、6 号位（中）和 1

员或接发球方没有企图击球；由于发生了运动员无法控制的干扰，而使运动员未能成功发球、还击或遵守规则；裁判员或副裁判员暂停比赛。

（2）可以在下列情况下暂停比赛：由于要纠正发球、接发球次序或方位错误；由于要实行轮换发球法；由于警告、处罚运动员或指导者；由于比赛环境受到干扰，以致该回合结果有可能受到影响。

五、得1分

除被判重发球的回合，下列情况该运动员得一分：

（1）对方运动员未能正确发球。

（2）对方运动员未能正确还击。

（3）运动员在发球或还击后，对方运动员在击球前，球触及了除球网装置以外的任何东西。

（4）对方击球后，球没有触及本方台区而越过本方台区或端线。

（5）对方击球后，球穿过球网，或从球网和网柱之间、球网和比赛台面之间通过。

（6）对方阻挡。

（7）对方故意连续两次击球。

（8）对方用不符合规则的拍面击球。

（9）对方运动员或其穿或戴（带）的任何东西使比赛台面移动。

（10）对方运动员或其穿或戴（带）的任何东西触及球网装置。

（11）对方运动员不执拍手触及比赛台面。

（12）双打时，对方运动员击球次序错误。

六、一局比赛、一场比赛

（一）一局比赛

在一局比赛中，先得 11 分的一方为胜方。10 平后，先多得 2 分的一方为胜方。

（二）一场比赛

一场比赛由奇数局组成。

七、发球、接发球和方位的次序

（1）选择发球、接发球和方位的权力应由抽签来决定。中签者可以选择先发球或先接发球，或选择先在某一方位。

（2）当一方运动员选择了先发球或先接发球，或选择了先在某一方位后，另一方运动员必须有另一个选择。

（3）在获得每 2 分之后，接发球方即成为发球方，依此类推，直至该局比赛结束，或者直至双方比分都达到 10 分或实行轮换发球法，这时，发球和接发球次序仍然不变，但每人只轮发 1 分球。

（4）双打的第一局比赛，先由有发球权的一方确定第一发球员，再由接发球方确定第一接发球员；以后的每局比赛，由先发球的一方确定第一发球员，第一接发球员则是前一局发球给他（她）的运动员。

（5）在双打中，每次换发球时，前面的接发球员应成为发球员，前面的发球员的同伴应成为接发球员。

（6）一局中首先发球的一方，在该场下一局应首先接发球。在双打决胜局中，当一方先得 5 分时，接发球方应交换接发球次序。

（7）一局中，在某一方位比赛的一方，在该场下一局应换到另一方位。在决胜局中，一方先得 5 分时，双方应交换方位。

八、轮换发球法

（1）除规则规定的情况之外，一局比赛进行到 10 分钟或在任何时间应双方运动员或配对的要求，应实行轮换发球法。

（2）如果一局比赛比分已达到至少 18 分，将不实行轮换发球法。

（3）当时限到且须实行轮换发球法时，球处于比赛状态，裁判员应立即暂停比赛，由被暂停回合的发球员发球，继续比赛；如果实行轮换发球法时，球未处于比赛状态，应由前一回合的接发球员发球，继续比赛。

（4）此后，每位运动员应轮发 1 分球，直到该局结束。如果接发球方进行了 13 次合法还击，则判接发球方得 1 分。

（5）实行轮换发球法不能更改该场比赛中按规则规定所确定的发球与接发球次序。

（6）轮换发球法一经实行，将一直执行到该场比赛结束。

思考题

1. 乒乓球运动包括哪些基本姿势和步法？
2. 在运用乒乓球基本战术时应注意哪些问题？
3. 乒乓球比赛包括哪些基本规则？
4. 乒乓球双打时，当对方运动员击球次序错误时，裁判应怎样判罚？

第十一章

羽毛球

第一节　羽毛球运动概述

19 世纪，英国人从印度将这种类似毽子的游戏带入英国。这种游戏经过不断的演变，形成了羽毛球运动。1873 年，英国公爵鲍弗特在格拉斯哥郡的伯明顿庄园里组织了一次羽毛球比赛，这是世界上第一次羽毛球比赛。其举办地伯明顿的英文名称——Badminton，也因此成为羽毛球的称谓。1893 年，英国的 14 个羽毛球俱乐部成立了世界上第一个羽毛球协会，进一步修订了规则并规定了统一的场地标准，确定了羽毛球的形状和质量。现代羽毛球运动由此拉开帷幕。1899 年，第 1 届全英羽毛球锦标赛在英国伦敦举行。

1934 年，加拿大、丹麦、法国、爱尔兰、荷兰等国家和地区发起成立了国际羽毛球联合会（简称“国际羽联”），并将总部设在伦敦。国际羽联在 1948—1949 年举办了第 1 届名为汤姆斯杯的世界男子羽毛球团体锦标赛，于 1956 年举办了第 1 届世界女子羽毛球团体锦标赛。1978 年，由亚非国家组成的世界羽毛球联合会（简称“世界羽联”）在中国香港成立。同年 11 月，该组织举办了第 1 届世界羽毛球锦标赛。国际羽联和世界羽联于 1981 年 5 月 26 日合并，统称为国际羽联。2006 年，国际羽联将名称更改为羽毛球世界联合会。其组织管理的比赛有汤姆斯杯羽毛球赛（世界男子羽毛球团体锦标赛）、尤伯杯羽毛球赛（世界女子羽毛球团体锦标赛）、世界羽毛球锦标赛、世界杯羽毛球赛、全英羽毛球公开赛等。羽毛球从 1992 年巴塞罗那奥运会开始成为奥运会正式比赛项目，包括男、女单打，男、女双打，混合双打项目。

20 世纪初，羽毛球运动传入我国。中华人民共和国成立后，羽毛球项目很快成为我国体育运动的重点项目之一。在我国羽毛球运动的发展进程中，葛菲、顾俊、李玲蔚、夏煊泽、谌龙、张宁、王琳、鲍春来、李雪芮等一批世界羽坛顶尖高手纷纷涌现，从而奠定了我国羽毛球技术水平在世界羽坛的领先地位。在一系列世界羽毛球大赛中，这些优秀的运动员为我国夺得了众多的金牌，创造了中国羽毛球运动历史上的辉煌。

第二节　羽毛球基本技术

一、握拍法

（一）正手握拍法

正手握拍法

先用左手拿住球拍杆，使拍面与地面垂直，然后张开右手，使手掌下部（小鱼际）靠在球拍柄底托，虎口对着球拍柄较窄的一面，小指、无名指、中指自然并拢，食指与中指稍稍分开，自然地弯曲并贴在球拍柄上。（图 11-2-1）

（二）反手握拍法

反手握拍法

在正手握拍法的基础上，拇指和食指将拍柄稍向外转，拇指顶点在拍柄内侧的宽面上或内侧棱上，中指、无名指和小指并拢握住拍柄，柄端靠近小指根部，使掌心留有空隙。球拍斜侧向身体左侧，拍面稍后仰（图 11-2-2）。一般来说，击身体左侧的来球，大都先转体，然后用反手握拍法击球。

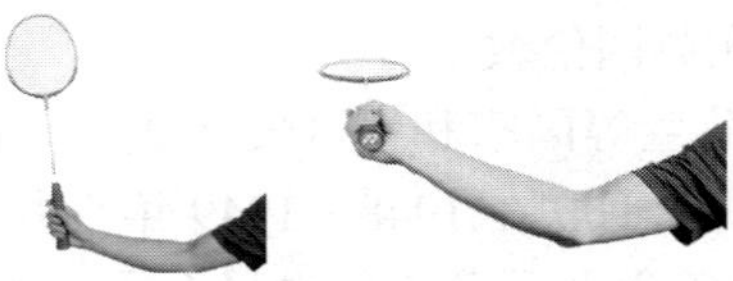

图 11-2-1

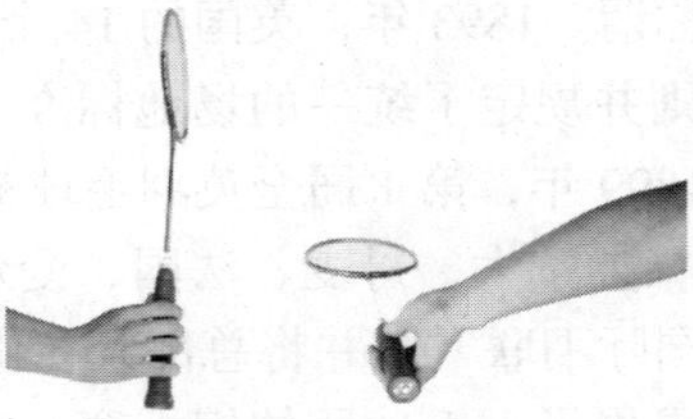

图 11-2-2

二、发球技术

（一）正手发球

【发球站位】单打的发球站位在中线附近，站在离前发球线 1 米左右的地方，双打发球站位可靠近前发球线。

【准备姿势】发球前，身体左肩侧对球网，左脚在前，右脚在后，将身体重心放在右脚上，右手持拍向右后侧举起，肘部放松微屈，左手拇指、食指和中指夹住球，举在胸腹间。发球时，身体重心由右脚移至左脚。

1. 高远球

正手发后场高远球

发球前做准备姿势。发球时，左手把球举在身体的右前方并自然放下，使球下落，右手同时持拍由上臂带动前臂，从右后方沿着身体向前并向左上方挥动。当球落到右手臂向前下方伸直能触到球的一刹那，握紧球拍，并利用手腕的力量

向前上方发力击球。击球之后，球拍顺势向左上方挥动缓冲。（图 11–2–3）

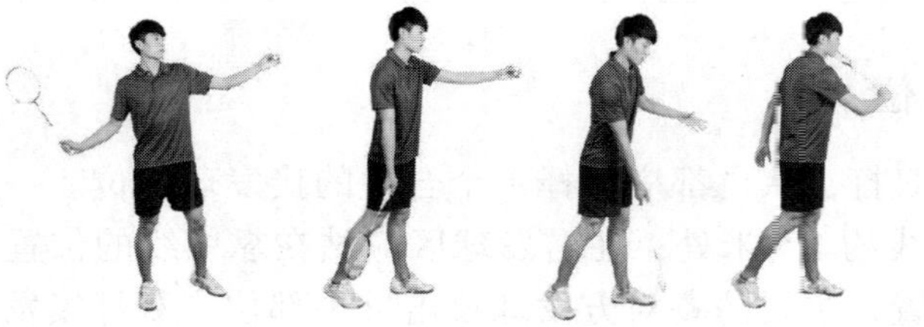

图 11–2–3

2. 平高球

准备姿势同发高远球。发球的动作过程大致同发高远球，只是在击球的一刹那，前臂加速带动手腕向前上方挥动，拍面要向前上方倾斜，以向前用力为主。发平高球时要注意发出球的弧线以对方接球时伸拍打不到球的高度为宜，并应发到对方场区底线附近。（图 11–2–4）

正手发后场平高球

图 11–2–4

3. 平快球

准备姿势同发高远球。站位比发平高球稍后些（防对方时很快回到本方后场），充分利用前臂带动手腕的爆发力向前方用力，球直接从对方的肩稍上高度越过，直攻对方后场。发平快球的关键是出手的动作要小而快，但前期动作应和发高远球一致。发平快球时还应注意不要过手、过腰犯规。

4. 网前球

准备姿势同发高远球。击球时，握拍要放松，上臂动作要小，主要靠前臂带动手腕向前切送，用力要轻。发网前球时应注意手腕不能有上挑动作；另外，落点要在前发球线附近，发出的球要贴网而过，这可免遭对方扑杀。

反手发网前小球

（二）反手发球

发球时，站在前发球线后 10 ～ 50 厘米及发球区中线的附近，也可以站在前发球线及场地边线附近的地方。面向球网，两脚前后站立（左脚或右脚在前均可），上体稍前倾，将身体重心放在前脚上。右手反手握拍，左手拇指、食指和中指捏住球的两三根羽毛，球托明显朝下（避免犯规），球体与拍面平行或球托对准拍面放在拍面前方。击球时，前臂带动手腕朝前横切推送；发网前球时，用力要轻，主要靠“切”送；发平快球时，发力要突然，击球时拍面要有“反压”动作。（图 11–2–5）

图 11–2–5

三、接发球技术

（一）接发球站位

不论是单打还是双打，队员都应选择一个合理的接发球站位。一般情况下，单打的接发球站位在离前发球线约 1.5 米处；在右发球区应站在靠中线的位置，在左发球区则应站在中间稍偏边线的位置，主要防备对方发球攻击反手部位。双打接发球时站位可靠近前发球线，因双打的后发球线距前发球线比单打短 0.76 米，发高远球易被扣杀，所以双打接发球主要精力应放在发网前球上。

（二）接发球的准备姿势

单打接发球应左脚在前，右脚在后，侧身对网，将身体重心放在前脚上，后脚脚跟稍提起，收腹含胸，持拍于右身前，两眼注视对方。

双打接发球准备姿势基本同单打，但身体重心可随意放在任何一只脚上，将球拍高举在肩上，注意力要高度集中。

四、后场高空击球技术

后场高空击球也称后场上手击球，即在尽可能高的击球点上，还击对方向底线附近击来的高球。它具有主动性强、击球力量大等特点。

（一）高远球

以较高的弧线将来球击到对方场区底线附近叫击高远球。击高远球是一切上手击球动作的基础。

高远球的特点是球的弧线高、滞空时间长，它的作用是逼迫对方远离中心位置退到底线去接球，这一方面可减弱对方进攻的威力，为我方进攻寻找机会；另一方面使己方在被动情况下，有较多的时间来调整站位，摆脱被动局面。上手击高远球分为正手击高远球和反手击高远球等。

1. 正手击高远球

先判断来球的方向和落点，侧身后退使球在自己右肩稍前上方的位置，左肩对网，左脚在前，右脚在后，将身体重心放在右脚上。左臂屈肘，左手自然高举，右手持拍，上臂和前臂自然弯曲，将球拍举在右肩上方，两眼注视来球。击球时，由准备动作开始，上臂后引，随之关节上提明显高于肩部，将球拍后引至头后，自然伸腕（拳心朝上），然后在后脚蹬地、转体和腰腹的协调用力下，以肩为轴，上臂带动前臂快速向前上方甩动手腕，在手臂伸直的最高点击球。击球后，持拍手臂顺惯性往前下方挥动并收拍至体前。与此同时，左脚后撤，右脚向前迈出，身体重心由后脚移到前脚。（图 11-2-6）

正手击高远球

图 11-2-6

2. 反手击高远球

先判断准对方来球的方向和落点，迅速将身体转向左后方，步法到位后，右脚前交叉跨到左侧底线，背对网，将身体重心放在右脚上，使球在身体的右肩上方。击球前，由正手握拍迅速换为反手握拍，并持拍于胸前，拍面朝上。击球时，以上臂带动前臂，通过闪动手腕和自上而下地甩臂将球击出。在最后用力时，要注意拇指的侧压力与甩腕的配合，还要利用两腿的蹬地、转体等协调全身用力。（图 11-2-7）

反手击高远球

头顶击高远球动作要领

图 11-2-7

头顶击高远球

（二）平高球

同击高远球一样，只是在击球的一刹那，主要向前方用力，使球击出的弧线较低。同击高远球一样，平高球也可以用正手、反手或头顶击球技术来完成。其动作要领与正手、反手或头顶击高远球一样，不同之处是最后主要向前方用力，而不是向前上方。由于平高球弧线不高，如果使用不当，易被对方拦截，因此，在实战中应注意：若打直线平高球，则弧线可低些；若打斜线，则要高些。当对方在网前被动挑高球后，由于回场步法调整一般较慢，可用较低弧线的平高球去袭击其后场，这往往可以获得很好的效果。

击平高球

（三）吊球

把对方击来的后场高球还击到对方的网前区的击球法叫作吊球。它的作用是通过调动对方站位，以利步法组织进攻。下面分别介绍正手吊球、反手吊球的技术动作。

1. 正手吊球

（1）劈吊（快吊）：准备姿势同正手击高远球。击球时，拍面正面向内倾斜，手腕做快速切削下压的动作。若劈吊斜线球，则球拍切削球托的右侧，并向左下方发力；若劈吊直线球，则拍面正对前方，向前下方切削。

（2）轻吊（拦截吊）：准备姿势同正手击高远球。击球时，一种方法是轻吊时的拍面变化同劈吊基本一致，但用力要更轻些；另一种方法是击球时，拍面正击球托或借助于来球的反弹力用球拍轻挡，使球过网后贴网而下。后者多用于拦截对方击来的平高球和半场高球。（图 11-2-8）

正手吊球

图 11-2-8

2. 反手吊球

反手吊球准备姿势同反手击高远球，不同处也在于触球时拍面的掌握和力量的运用。吊直线球时，用球拍反面切削球托的后中部，向对方右网前发力；吊斜线球时，用球拍反面切削球托的左侧，朝对方左网前发力。（图 11-2-9）

反手吊球

图 11-2-9

头顶吊球动作要领

（四）杀球

把对方击来的高球全力向下扣压叫作杀球。杀球的特点是力量大、速度快。它是主动进攻的重要技术。杀球分正手杀球和反手杀球等。

头顶吊球

1. 正手杀球

其准备姿势和击球动作与正手击高远球基本一样，不同的是最后用力的方向朝下，而且要充分利用蹬地、转体、收腹以及手臂和手腕的爆发力全力将球向下击出，击球的一刹那要紧握球拍。（图 11-2-10）

正手杀球

图 11-2-10

2. 反手杀球

其准备姿势和击球动作与反手击高球一样，但不同的是最后用力的方向朝下，而且要加快手臂和手腕朝下的“闪动”。击球点应尽可能向前些、高些，这样便于力量的发挥。

头顶杀球动作要领

头顶杀球

五、前场网上击球技术

网上击球是调动对方、寻找战机的重要手段，并可直接得分。网上击球有搓球、放网前球、勾对角球、推球和扑球等。

（一）搓球

击球时，拍面稍前倾，利用手腕和手指的力量向前“切削”球托底部或向后“提拉”，使球击出后旋转或滚动过网。搓球一般在对方来球较靠近网上时运用。正反手搓球除握拍不同外，其他要领相同。

正手搓球

（二）放网前球

击球时，拍面稍朝前下方倾斜，前臂带动手腕和手指前送球托底部。正反手搓球除握拍不同外，其他要领相同。

正手放网前球

（三）勾对角球

在网前把来球回击到对角线网前叫作勾对角球。击球时，拍面斜向对方右（左）网前。正手勾对角线时击球托的右侧，手腕和手指带动球拍向左内勾动；反手勾对角线时，击球托的左侧，同时向右内勾动。

正手勾球

（四）推球

在网上将来球用较平的弧线快速推到对方场区底线叫推球。击球时拍面前倾至几乎与网平行。利用前臂带动手腕和手指的快速闪动将球击出。正手推球多用食指的力量，反手推球多用拇指的力量。

正手推球

（五）扑球

在网上把高于网的来球迅速扑压下去叫扑球。击球时，拍面前倾，前臂带动

正手扑球

手腕和手指的快速“闪动”发力；击球后立即收拍，以免触网犯规。扑球时要求判断准、上步快、抢点高、动作小。正反手均可。

第三节 羽毛球基本战术

一、单打战术

（一）控制后场，高球压底线

从发球开始就运用打高远球或进攻性的平高球压对方后场底线，迫使对方后退。当对方回球质量不高时，以杀球制胜；当对方疏于前场防守时，就可以以轻吊、搓球等技术在网前吊球轻取。轻吊必须在多次高远球大力压住后场、对方又不能及时回到前场的基础上进行。此打法主要为力量型运动员所运用，是后场的高、吊、杀技术的较量。对于初学者而言，这是一种必须首先学习的基础打法，但该打法对身体素质要求较高。

（二）打四方球，前后左右相结合

在后场，以高远球、平高球和吊球为主，在前场则以用放网前球、推球和挑球准确地攻击对方场区前后左右四个角落为主。调动对方前后左右奔跑，顾此失彼，待对方来不及回中心位置或回球质量差时，向其薄弱部位发动进攻制胜。这种打法要求进攻队员具有较强的控制球的落点的能力和灵活快速的步法，有速度、有耐心才能成功。

（三）下压为主，控制网前

下压为主，控制网前是指主要通过后场的高远球、扣杀、劈杀、吊球等技术，先发制人，然后快速上网以搓、推、扑、挑、勾等技术，高点控制网前，导致对方直接失误，或失去身体重心被动击球过网，被进攻队员一举击败的一种打法，通常也称“杀上网”的打法。这种打法是进攻型的打法，能够快速上网，高点控制网前，对速度耐力要求较高。这种打法体力消耗较大，如果遇上防守技术好的对手，体力的好坏就直接关系到成败。

（四）快拉快吊，前后结合

快拉快吊，前后结合以平高球快速压对方后场两底角，配合快吊网前两角（或运用劈杀）引对方上网，当对方被动回击网前球时，即迅速上网控制网前，以网前搓、勾球结合推后场底线两角，迫使对方疲于应付，为前场扑杀和中后场大力扣杀创造机会，这也是一种积极主动、快速进攻的打法。此打法要求运动员反应迅速、判断准确，特别是速度耐力要好，技术全面熟练，应具备突击进攻的能力。

（五）守中反攻，攻守兼备

以平高球和快吊球击向对方前后左右四个角落，以调动对方。让对方先进攻，针对进攻方打过来的各种球，以快速灵活的步法、多变的球路和刁钻准确的落点，诱使对方在进攻中匆忙移动，勉强扣杀，造成击球失误，或当对方回球质量较差时，抓住有利战机，突击进攻。这种打法要求队员具有攻中有守、守中有攻的控球和反控球能力，不仅要具备优良的速度耐力、灵活的步法、准确快速的反应和判断应变能力，更要具有顽强的拼搏精神和极高的心理素质，这样才能在比赛中取得胜利。这种打法主要针对对方体能差或有伤病的情况。

二、双打战术

（一）前后站位打法

前后站位打法基本上是本方处于发球时采用。发球员站位较前，发球员发球后立即举拍封堵前场区，另一名球员则负责中场或后场的各种来球。前后站位法可充分运用快攻压网前搓、吊、推、扑技术，寻找空隙，一举打乱对方站位，或进行后攻前扑、后场连续大力扣杀、前场积极封堵。当回球在网附近时，用凶狠扑杀给以打方致命打击。

（二）左右站位打法

左右站位打法基本上为本方处于接发球状态和受到下压进攻时所采用。对方发球或打来的平高球处于后场，接球方可从原来的前后站位立刻转换为左右站位，两人各负责左右半场区的防守，以平抽、平打压住对方后场底线两角，在对方扣杀球时也能以平抽反击或挑高远球至两底角，造成对方回球无力，一举扣杀或吊球成功。

（三）轮转站位打法

在比赛中，攻守双方总是根据比赛的情况而不断地在前后站位和左右站位间相互变换。① 发球或接发球时前后站位：当对方回击高球至后场偏一侧进攻时，位于前面的队员要直线后退，后方的队员看情况向侧移动，改换成左右站位。② 发球或接发球时处于左右平行站位：在发球后或在对攻过程中，一旦有机会进行下压进攻，一名球员便快速上网封堵，另一名队员则快速移动到后场进行大力扣、吊、杀球，导致对方处于被动地位。

第四节 羽毛球竞赛规则

一、羽毛球场地

场地应是一个长方形，用宽 40 毫米的线画出，从场地地面起，场地中心点处网高 1.524 米，双打边线中心点处网高 1.55 米。

二、挑边

比赛开始前应挑边，赢方应在①或②选项中做出选择：①先发球或先接发球；②在一个场区或另一个场区开始比赛。输方在余下的一项中选择。

三、计分方法

（1）除非另有规定，一场比赛应以三局两胜定胜负。

（2）除（4）和（5）的情况外，先得 21 分的一方胜一局。

（3）一方“违例”或球触及该方场区内的地面成“死球”，则另一方胜这一回合并得一分。

（4）20 平后，领先 2 分的一方胜该局。

（5）29 平后，先得 30 分的一方胜该局。

（6）一局的胜方在下一局首先发球。

四、交换场区

以下情况，运动员应交换场区：第一局结束；第二局结束（如果有第三局）；在第三局比赛中，一方先得 11 分时。

五、发球

（1）一旦发球员和接发球员做好准备，任何一方不得延误开始发球。

（2）发球员球拍头的向后摆动一旦停止，任何对发球开始的迟延都是延误。

（3）发球员和接发球员，应站在斜对角的发球区界线以内，脚不得触及发球区和接发球区的界线。

（4）从发球开始，至发球结束，发球员和接发球员的两脚都必须有一部分与场地的地面接触，不得移动。

（5）发球员的球拍，应首先击中球托。

（6）发球员的球拍击中球的瞬间，整个球应低于距场地地面高度 1.15 米。

（7）自发球开始，发球员挥拍必须连贯向前，直至将球发出。

（8）发出的球应向上飞行过网，如果未被拦截，球应落在规定的接发球区内（即落在界线上或界线内）。

（9）发球员发球时，应击中球。

一旦运动员站好位置准备发球，发球员的球拍头开始向前挥动，即为发球开始。一旦发球开始，发球员的球拍击中或未能击中球，均为发球结束。发球员应在接发球员准备好后才能发球，如果接发球员已试图接发球，即视为已做好准备。双打比赛发球时，发球员和接发球员的同伴应在各自的场区内。其站位不限，但不得阻挡对方发球员或接发球员的视线。

六、单打

（1）发球区和接发球区。一局中，发球员的分数为 0 或双数时，双方运动员均应在各自的右发球区发球或接发球；一局中，发球员的分数为单数时，双方运动员均应在各自的左发球区发球或接发球。

（2）击球顺序和位置。一回合中，球应由发球员和接发球员交替从各自场区的任何位置击出，直至成“死球”为止。

（3）得分和发球。发球员胜一回合则得一分，随后发球员再从另一发球区发球；接发球员胜一回合则得一分，随后接发球员成为新发球员。

七、双打

（一）发球区和接发球区

（1）一局中，发球方的分数为 0 或双数时，发球方均应从右发球区发球。

（2）一局中，发球方的分数为单数时，发球方均应从左发球区发球。

（3）接发球方按其上次发球时的位置站位。

（4）接发球员应是站在发球员斜对角发球区的运动员。

（5）发球方每得一分，原发球员则变换发球区再发球。

（6）除发球区错误的情况外，球都应从与发球方得分相对应的发球区发出。

（二）击球顺序和位置

每一回合发球被回击后，由发球方的任何一人和接球方的任何一人，交替在各自场区的任何位置击球，如此往返直至“死球”。

（三）得分和发球

（1）发球方胜一回合则得一分，随后发球员继续发球。

（2）接发球方胜一回合则得一分，随后接发球方成为新发球方。

（四）发球顺序

每局比赛的发球权必须如下传递：先由首先发球员从右发球区发球；其次由首先接发球员的同伴从左发球区发球；然后是首先发球员的同伴；接着是首先接发球员；再接着是首先发球员，依此传递。

运动员在比赛中不应有发球、接发球顺序错误或在一局比赛中连续两次接发球（发球区错误的情况除外）。

（五）发球区错误

以下情况为发球区错误：发球或接发球顺序错误；在错误的发球区发球或接发球。如果发现发球区错误，应在“死球”后予以纠正，已得比分有效。

八、违例

以下情况均属“违例”。

（1）不合法发球。

（2）球发出后：停在网顶；过网后挂在网上；被接发球员的同伴击中。

（3）比赛进行中，球：落在场地界线外（即未落在界线上或界线内）；未从网上越过；触及天花板或四周墙壁；触及运动员的身体或衣服；触及场地外其他物体或人；被击时停滞在球拍上，紧接着被拖带抛出；被同一运动员两次挥拍连续两次击中，但一次击球动作中球被拍框和拍弦面击中不属“违例”；被同方两名运动员连续击中；触及运动员球拍，而未飞向对方场区。

（4）比赛进行中，运动员：球拍、身体或衣服，触及球网或球网的支撑物；球拍或身体从网上侵入对方场区（击球时，球拍与球的接触点在击球者网这一方，而后球拍随球过网的情况除外）；球拍或身体，从网下侵入对方场区，导致妨碍对方或分散对方的注意力；妨碍对方，即阻挡对方随球过网的合法击球；故意分散对方注意力的任何举动，如喊叫、做手势等。

九、间歇

（1）每局比赛，当一方先得 11 分时，允许有不超过 60 秒的间歇。

（2）所有比赛中，局与局之间允许有不超过 120 秒的间歇。

思考题

1. 羽毛球的基本技术有哪些？
2. 羽毛球的单打战术和双打战术有哪些？
3. 在进行羽毛球运动时，需要遵守哪些规则？
4. 在羽毛球比赛中，双方打到 29 平后，任何一方获胜的条件是什么？

第十二章

武 术

第一节 武术基本功

一、武术概述

武术起源于中国，是五千年中华文明的结晶。自古以来，传统的武术产生于民间的健身和自卫。从春秋战国到民国时期，民间武术健身的结社组织层出不穷，武术的拳种纷呈，流派林立，兵器多样，世代流传。武术成为民间社交、帮派活动、健身活动的主要形式，流行于全国。中华人民共和国成立以来，武术主要用于科学健身活动，以增强人民体质、提高民族素质为主要目标。近年来，武术走向了世界，吸引了不少外国习武爱好者，国际武术比赛也经常举行。

武术以技击为主要内容，以套路和格斗为运动形式，注重内外兼修，具有古老的历史传统和文化内涵，具有竞技搏击、强身健体、道德素养培养与观赏的价值。

二、手型

武术基本手型如图 12-2-1 所示。

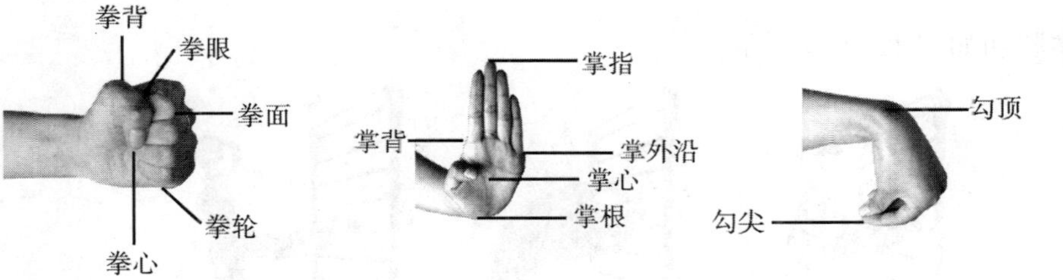

拳　　掌　　勾

图 12-1-1

手型

三、手法

武术基本手法如图 12-1-2 所示。

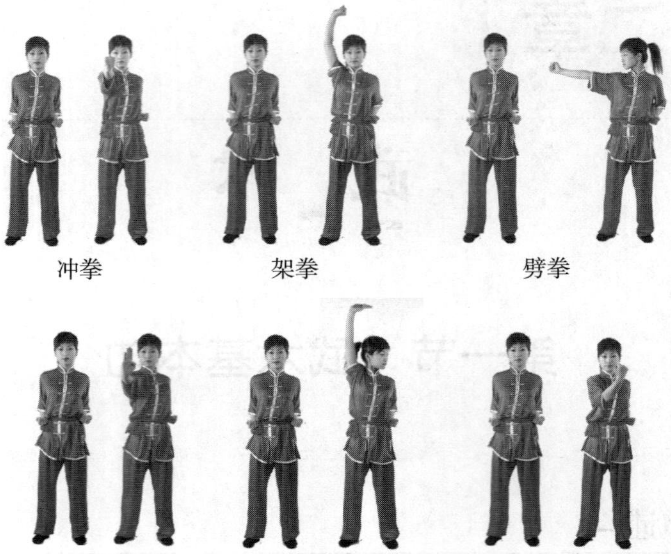

冲拳　架拳　劈拳

推掌　亮掌　格肘

图 12-1-2

手法

步型

正压腿

侧压腿

后压腿

四、步型

武术基本步型如图 12-1-3 所示。

弓步　马步　仆步　歇步　虚步

图 12-1-3

五、腿功

武术基本腿功如图 12-1-4 所示。

正压腿　侧压腿　后压腿

图 12-1-4

弹踢腿　　正踢腿　　侧踢腿　　外摆腿

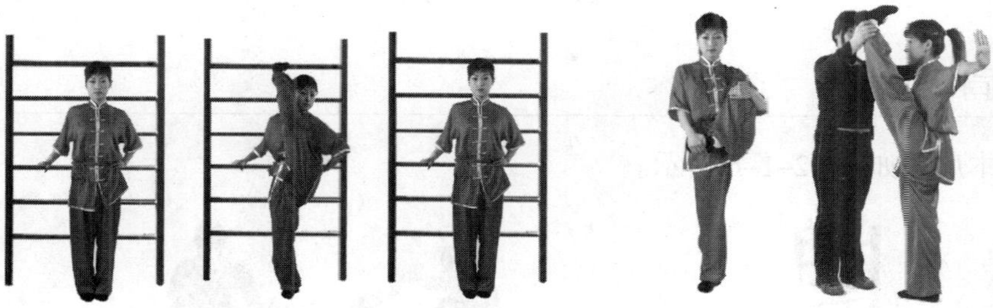

里合腿　　正搬腿

仆步压腿　　竖劈叉　　横劈叉

图 12-1-4（续）

六、腰功

武术基本腰功如 12-1-5 所示。

俯腰　　甩腰

图 12-1-5

弹踢腿

正踢腿

侧踢腿

外摆腿

里合腿

正搬腿

仆步压腿

竖叉

前俯腰

涮腰

图 12-1-5（续）

涮腰

七、肩功

武术基本肩功如图 12-1-6 所示。

压肩

肩功

握棍转肩

单臂绕环

图 12-1-6

第二节　24 式简化太极拳

一、24 式简化太极拳概述

24 式简化太极拳分解动作

24 式简化太极拳于 1956 年由国家体育运动委员会（现国家体育总局）组织太极拳专家整编而成。它以杨式太极拳为基础，保留了传统太极拳的主要技术内容及基本规律要领，去掉了繁难和重复的动作，按照由简到繁、由易到难的原则，首先安排直进动作，其次安排后退和侧行动作，重点动作安排左右式对称练习，便于练习者收到全面锻炼的效果。其套路充分体现了太极拳动作柔和、缓慢、圆活、连贯的特点。整套动作分为8组，包括“起势”和“收势”等24个动作，练习时间约5分钟。动作简练，易学易练，是普通高等学校体育教材的常选内容之一。

二、24式简化太极拳动作要领

第一组

1. 起势

头颈正直，下颌微收，身体放松，收腹敛臀，气沉丹田，两臂自然垂于体侧。两臂上抬时配合吸气。两肩下沉，两肘松垂，手指自然微屈。屈膝、松腰、敛臀，身体重心落于两脚中间。两臂下落和身体下蹲的动作要协调一致。（图12–2–1）

图12–2–1

2. 左右野马分鬃

两臂分开时要保持弧形，弓步动作与分手的速度要均匀一致；身体转动时要以腰为轴带动上肢做动作；移动身体重心时上体要保持平稳，不可前俯后仰；胸部宽松舒展。（图12–2–2）

图12–2–2

3. 白鹤亮翅

两手抱球与右脚跟进半步要协调一致，身体重心后移和右手上提、左手下按要协调一致；转动动作要以腰带臂，虚步动作要收腹敛臀，臀部与脚跟在一个垂直面上。（图12–2–3）

图 12-2-3

第二组

4. 左右搂膝拗步

腿成弓步的同时，手掌向前推出；身体不可前俯后仰，要松腰松胯；推掌时要沉肩垂肘、坐腕舒掌，同时须与松腰、弓腿上下协调一致；弓步时，两脚脚跟的横向距离保持在 30 厘米左右。（图 12-2-4）

图 12-2-4

5. 手挥琵琶

身体重心转变带动上肢动作，上下协调一致；左手上起时要由左向上、向前，微带弧形；身体姿势要平稳自然，沉肩垂肘，胸部放松。（图 12-2-5）

图 12-2-5

6. 左右倒卷肱

前推的手臂微屈，后撤的手随转体走弧线；前推时要转腰松胯，两手的速度要一致；转体时前脚以脚掌为轴扭正；退左脚略向左后斜，退右脚略向右后斜，避免使两脚落在一条直线上。（图 12-2-6）

图 12-2-6

第三组

7. 左揽雀尾

掤出时，两臂肘部微屈保持弧形；分手、松腰、弓腿三个动作必须协调一致；揽雀尾弓步时，两脚脚跟横向距离不超过 10 厘米。向前挤时，上体要正直；挤的动作要与转腰、弓腿相一致。身体重心右移时，要松腰、坐胯，两手臂收至腹前；向前按时，两手须走曲线，按掌与弓腿协调一致，腕部高与肩平，两肘微屈。（图 12-2-7）

图 12-2-7

8. 右揽雀尾

动作方法与“左揽雀尾”相同，只是方向相反。（图 12-2-8）

图 12–2–8

第四组

9. 单鞭

完成定式时，右肘稍下垂，左肘与左膝上下相对，两肩下沉；左手向外翻掌前推时，要随转体边翻边推出，翻掌不要太快或最后突然翻掌；全部过渡动作，要上下协调一致。如面向南起势，单鞭的方向（左脚尖）应向东偏北（大约为 15°）。（图 12–2–9）

图 12–2–9

10. 云手

身体转动要以腰脊为轴，松腰松胯，不可忽高忽低；两臂随腰转动而运转，动作自然圆活，速度缓慢均匀；下肢移动时，身体重心要稳，两脚脚掌先着地再踏实，脚尖向前；视线随左右手而移动；第 3 个“云手”的右脚最后跟步时，脚尖微内扣，以便于接“单鞭”动作。（图 12–2–10）

11. 单鞭

与前“单鞭”相同。（图 12–2–10）

图 12-2-10

第五组

12. 高探马

上体左转与推右掌、收左掌协调一致；跟步转换身体重心时，上体保持自然正直，不要有起伏。（图 12-2-11）

13. 右蹬脚

两手分开时，腕部与肩平齐；蹬脚时，左腿微屈，右脚尖回勾，力达脚跟；分手和蹬脚要协调一致，右臂与右腿上下相对。如面向南起势，蹬脚方向应为正东偏南（约 30°）。（图 12-2-12）

图 12-2-11

图 12-2-12

14. 双峰贯耳

完成本式时，头颈正直，松腰松胯，两拳松握，沉肩垂肘，两臂均保持弧形。双峰贯耳式的弓步和身体方向与右蹬脚方向相同，弓步时两脚脚跟横向距离同“揽雀尾”式。（图 12-2-13）

15. 转身左蹬脚

与“右蹬脚”相同，只是左右方向相反。左蹬脚方向与右蹬脚成 180°，即正西偏北约 30°。（图 12-2-14）

图 12-2-13

图 12-2-14

第六组

16. 左下势独立

左手、左小腿回收协调一致；成仆步时，左脚脚尖与右脚脚跟踏在中轴线上。上体要正直，独立的腿微屈，右腿提起时左手上挑。（图 12-2-15）

图 12-2-15

17. 右下势独立

右脚脚尖触地后再提起向下仆腿。其他均与“左下势独立”相同，只是左右相反。（图 12-2-16）

图 12-2-16

第七组

18. 左右穿梭

左右穿梭方向分别为左斜前方、右斜前方约 30° 方向；架推掌与前弓腿上下要协调一致；上体保持正直。（图 12-2-17）

图 12-2-17

19. 海底针

身体要先向右转再向左转，完成姿势后向西，上体微前倾。（图 12-2-18）

20. 闪通臂

推掌、架掌与弓腿动作要协调一致；弓步时两脚横向距离同“揽雀尾”势，不超过 10 厘米。（图 12–2–19）

图 12–2–18

图 12–2–19

第八组

21. 转身搬拦捶

向前冲拳时，右肩随拳略向前引伸，沉肩垂肘，右臂要微屈。（图 12–2–20）

22. 如封似闭

身体后坐时，应避免后仰，臀部不可凸出；两臂随身体回收时，肩、肘部略向外松开，不要直臂抽回；两手推出时，间距不超过肩宽。（图 12–2–21）

图 12–2–20

图 12–2–21

23. 十字手

两手分开与合抱时，上体不要前俯；站起后，身体自然正直，头要微向上顶，下颌稍向后收；两臂环抱时要圆满舒适，沉肩垂肘。（图 12–2–22）

24. 收势

两手左右分开下落时，要全身放松，同时气徐徐下沉（呼气略加长）。呼吸平稳后，左脚收到右脚旁结束整套动作。（图 12–2–23）

图 12–2–22

图 12–2–23

第三节　初级剑术

一、剑术概述

剑术，古称剑道或剑法，现已演化成为全民健身的体育活动和用于观赏的表演形式。由于剑术动作具有优美潇洒、蓄发相间、气势流畅、虚实分明、刚柔相济、动静相兼、灵活多变等特点，因而长期练剑，既能有效地增强体质，又能充实人们的精神文化生活，陶冶人们的情操，使人们能够经常保持乐观的情绪、进取的精神和蓬勃向上的朝气。

初级剑术

二、初级剑术动作要点

（一）预备式

上身微挺胸，收腹，两膝挺直，持剑时前臂与剑身要紧贴并垂直于地面。（图 12–3–1）

1. 压把穿指

动作连贯、协调，眼随手动。两臂抡动画弧成立圆。（图 12–3–2 至图 12–3–4）

2. 转身平指

身体重心前移时，右脚并步要轻灵。右手剑指向前指出时，肘要伸直，剑指尖稍高过肩。（图 12–3–5、图 12–3–6）

图 12–3–1

图 12–3–2

图 12–3–3

图 12–3–4

图 12–3–5

图 12–3–6

3. 弓步分指

成右弓步时，左腿要挺直，两脚的全脚掌着地。上身略向前倾，挺胸、塌腰。左手持剑伸平，左肩放松，两臂朝反方向伸展。（图 12–3–7、图 12–3–8）

图 12–3–7

图 12–3–8

图 12–3–9

4. **虚步接剑**

要虚实分明，右脚脚跟不能掀起。两肘要平，剑尖朝前，剑身贴紧左前臂。（图 12–3–9）

（二）第一段

1. **弓步直刺**

弓步时，右脚脚跟不离开地面。腰要向左拧转、下塌，臀部不凸起。两肩松沉，右肩前顺，左肩后引。剑尖稍高于肩。（图 12–3–10）

2. **回身后劈**

上步、转身、平劈和剑指向上侧举，必须协调一致。转身后，腰向右拧转，左脚不移动。剑身和持剑臂必须成直线。（图 12–3–11）

图 12–3–10

图 12–3–11

3. **弓步平抹**

抹剑时，右手心向上，剑与臂成一条直线，用力柔和。左肩向后带。（图 12–3–12）

4. **弓步左撩**

整个动作，连贯协调一致，直背、收臀，剑尖稍低于剑指。（图 12–3–13、图 12–3–14）

5. **提膝平斩**

剑从左向后平绕时，要仰头，使剑从脸部上方平绕而过。提膝时，左腿伸直，上身稍向前倾。（图 12–3–15）

6. **回身下刺**

向前落步，身体尽量向右后拧转，剑与右臂成一条直线。（图 12–3–16）

图 12–3–12

图 12–3–13

图 12–3–14

图 12–3–15

图 12–3–16

7. **挂剑直刺**

挂剑、下插、直刺动作必须连贯，并与下肢动作协调一致，转身要快，刺剑力达剑尖。（图 12–3–17 至图 12–3–19）

8. **虚步架剑**

虚步必须虚实分明，剑身成立剑。（图 12–3–20、图 12–3–21）

图 12–3–17

图 12–3–18

图 12–3–19

图 12–3–20

图 12–3–21

（三）第二段

1. 虚步平劈

身体重心移动时，左脚脚尖迅速内扣，左右虚实变化要分明。劈剑成一直线，力达剑刃。（图 12–3–22）

2. 弓步下劈

右手绕转幅度不要过大，劈剑时，右肩前顺，左肩后引。（图 12–3–23）

3. 带剑前点

带剑时，右手腕上挑，上体略后倾。点剑时力达剑尖，手腕略高于肩。（图 12–3–24、图 12–3–25）

4. 提膝下截

剑从右向左画弧下截要连贯，右腿独立要稳，右臂与剑成一直线，剑身斜平。（图 12–3–26、图 12–3–27）

图 12–3–22

图 12–3–23

图 12–3–24

图 12–3–25

图 12–3–26

图 12–3–27

5. 提膝直刺

抱剑与落步、直刺与提膝动作必须协调一致。直刺时右肩前顺，力达剑尖。（图 12–3–28、图 12–3–29）

6. 回身平崩

身体向右拧转要快速有力。收剑、崩剑要连贯，崩剑时，力达剑尖。（图 12–3–30、图 12–3–31）

7. 歇步下劈

成歇步时，右脚脚跟离地，臀部坐在右小腿上。劈剑时，剑身与地面平行。劈剑与跃步成歇步动作须同时完成。（图 12–3–32）

8. 提膝下点

右腿独立时，膝部要挺直，左膝尽量上提。点剑时，右手腕要下屈，力达剑尖。整个动作要连贯。（图 12–3–33、图 12–3–34）

图 12–3–28

图 12–3–29

图 12–3–30

图 12–3–31

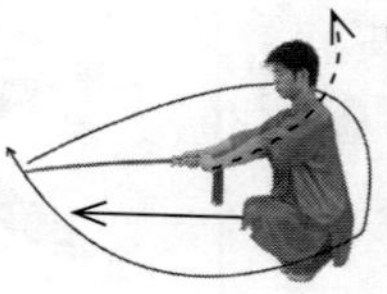
图 12–3–32

图 12–3–33

图 12–3–34

（四）第三段

1. 并步直刺

身体左后转要快。并步下蹲时，大腿要平。前刺时，剑与臂成一条直线，力达剑尖。（图 12–3–35、图 12–3–36）

2. 弓步上挑

两臂均应伸直，上举剑刃向前、向后。（图 12–3–37）

3. 歇步下劈

歇步时，两大腿交叉叠紧，歇步与劈剑同时完成。（图 12–3–38）

4. 右截腕

剑刃向右上方翻转，力达剑尖。画弧避免过大，剑尖稍高于剑柄。（图 12–3–39）

图 12–3–35

图 12–3–36

图 12–3–37

图 12–3–38

图 12–3–39

5. 左截腕

同右截腕，方向相反。（图 12–3–40）

6. 跃步上挑

跃步要腾空，落地要稳健。跃步与上挑剑协调一致，挑剑时腕部猛力上屈，剑身斜举于右侧上方。（图 12–3–41、图 12–3–42）

7. 仆步下压

仆步和压剑同时完成。上身微前探时要挺胸，两肘略屈，环抱剑于身前。（图 12–3–43、图 12–3–44）

8. 提膝直刺

左脚蹬地要有力，右腿独立须挺膝站稳，左膝尽量上提，脚背绷直，脚尖下垂。刺剑要有力，剑与臂成一条直线，力达剑尖。（图 12–3–45）

图 12–3–40

图 12–3–41

图 12–3–42

图 12–3–43

图 12–3–44

图 12–3–45

（五）第四段

1. 弓步平劈

转身时右脚碾转要有力，上体主动带动全身。左脚落地方向偏向左前方。向前劈剑和剑指绕环，必须同时协调完成。（图 12–3–46）

2. 回身后撩

站立要稳。后撩剑时，力达下剑刃。（图 12–3–47）

3. 歇步上崩

跃步、歇步、崩剑三个动作要连贯、协调。跃步要远，落地要轻；崩剑时，手腕快速上屈，力达剑身前半段，剑尖高于肩平。（图 12–3–48、图 12–3–49）

4. 弓步斜削

削剑时，力达上剑刃，右手稍低于肩，剑尖略高于头，剑指略高于肩。（图 12–3–50、图 12–3–51）

5. 进步左撩

剑的绕环要圆活、连贯，上下协调配合，剑刃绕环时始终朝前。（图 12–3–52、图 12–3–53）

6. 进步右撩

动作连贯，身、剑配合要协调。（图 12–3–54、图 12–3–55）

7. 坐盘反撩

坐盘时，左腿外侧盘坐地面，右腿盘落于左腿上，全脚掌着地，上身倾俯时，胸要内含。剑与臂成一条直线。（图 12–3–56）

8. 转身云剑

转身和云剑动作要连贯，云剑时要挺胸、仰头，剑身经过面前要平、要快、要圆活。（图 12–3–57、图 12–3–58）

图 12–3–46

图 12–3–47

图 12–3–48

图 12–3–49

图 12–3–50

图 12–3–51

图 12–3–52

图 12–3–53

图 12–3–54

图 12-3-55

图 12-3-56

图 12-3-57

图 12-3-58

（六）收势

1. 虚步持剑

左肘略上提，剑身紧贴前臂后侧。左手离胯约 10 厘米。（图 12-3-59）

2. 并步站立

右腿伸直，右脚向左脚靠拢，并步站立；右手剑指下落干身体可侧，手心朝下，恢复成预备势；眼平视前方。（图 12-3-60）

图 12-3-59

图 12-3-60

第四节 初级刀术

一、初级刀术概述

“初级刀术”原名“刀术练习”，是国家体育运动委员会（现国家体育总局）为了适应广大群众锻炼的需要而整理审编的器械初级套路。其特点是内容丰富、结构紧凑、动作舒展、刀法多变、气势剽悍。初级刀术分为四段，总共 32 式（预备式与结束动作除外）。套路内容丰富，其中有缠头裹脑刀、劈刀、砍刀、跳刀、刺刀、挂刀、撩刀、按刀、斩刀、扫刀等刀法；有弓步、马步等基本步法；有拧、仰、俯、转、翻、闪等身法。反复练习初级刀术，不仅可以促进练习者柔韧性、速度、耐力、力量等身体素质的全面发展，而且可以为练习者进一步提高刀术水平及全面掌握武术技能奠定基础。

二、初级刀术动作要点

预备式

要点：4 个分解动作必须连贯起来做，不要中断。成虚步时，必须虚实分清。要挺胸塌腰。上半步、进一步和并步的动作，必须和两臂从后向额前上方绕环的动作协调一致。（图 12-4-1 至图 12-4-8）

图 12-4-1

图 12-4-2

图 12-4-3

图 12-4-4

图 12-4-5

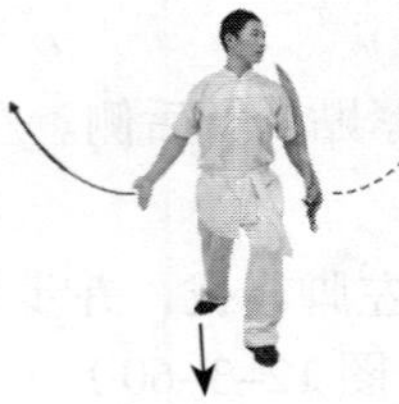
图 12-4-6

图 12-4-7

图 12-4-8

第一段

1. 弓步缠头

缠头时，刀背必须贴着脊背绕行。扫刀时，刀身必须平行，迅速有力。（图 12-4-9、图 12-4-10）

2. 虚步藏刀

4 个分解动作，必须连贯起来做。扫刀要平，绕刀要使刀背贴靠脊背。（图 12-4-11 至图 12-4-14）

图 12-4-9

图 12-4-10

图 12-4-11

图 12-4-12

图 12-4-13

图 12-4-14

3. 弓步前刺

刀尖和右手、右肩要平行，上身略向前探。（图 12-4-15）

4. 并步上挑

要挺胸、直背，两腿伸直，左臂伸平，右肘微屈。（图 12-4-16）

5. 左抡劈

抡劈动作必须连贯、有力，与步法配合一致。（图 12-4-17 至图 12-4-20）

图 12-4-15　图 12-4-16　图 12-4-17　图 12-4-18　图 12-4-19　图 12-4-20

6. **右抡劈**

抡劈动作必须连贯、有力，与步法配合一致。（图 12-4-21 至图 12-4-24）

7. **弓步撩刀**

撩刀必须与步法协调一致。（图 12-4-25 至图 12-4-27）

图 12-4-21　图 12-4-22　图 12-4-23　图 12-4-24　图 12-4-25　图 12-4-26　图 12-4-27

8. **弓步藏刀**

扫刀必须迅速。藏刀时右大腿要坐平，右手持刀使刀身贴近右腿，刀尖藏于膝旁。左腿挺直，两脚脚跟和脚外侧均不可离地掀起。（图 12-4-28 至图 12-4-31）

图 12-4-28　图 12-4-29　图 12-4-30　图 12-4-31

第二段

1. **提膝缠头**

直立之腿，膝部必须挺直；提膝之腿，膝部尽量高提，脚底贴近裆前。上身正直，右臂稍离胸前，不要紧贴胸上。（图 12-4-32 至图 12-4-34）

2. **弓步平斩**

斩击时刀身要平，刀尖与腕部、肩部要平行。（图 12-4-35）

3. **仆步带刀**

翻刀、后带动作必须连贯。成仆步时，脚外侧和脚跟均不可离地掀起，上身稍向左侧倾斜。（图 12-4-36）

图 12-4-32

图 12-4-33

图 12-4-34

图 12-4-35

图 12-4-36

4. 歇步下砍

下砍时，刀的着力点是刀身的后段。动作必须连贯。（图 12-4-37 至图 12-4-39）

5. 左劈刀

转身、绕背、下劈的动作必须迅速连贯。（图 12-4-40 至图 12-4-43）

6. 右劈刀

劈刀必须快速有力。（图 12-4-44 至图 12-4-47）

图 12-4-37

图 12-4-38

图 12-4-39

图 12-4-40

图 12-4-41

图 12-4-42

图 12-4-43

图 12-4-44

图 12-4-45

图 12-4-46

图 12-4-47

7. 歇步按刀

插步、歇步、绕刀、按刀的动作，必须快速连贯。（图 12-4-48 至图 12-4-50）

8. 马步平劈

转身、劈刀要快。成马步时，两脚脚尖要内扣，大腿要坐平。（图 12-4-51、图 12-4-52）

图 12-4-48

图 12-4-49

图 12-4-50

图 12-4-51

图 12-4-52

第三段

1. 弓步撩刀

上步与撩刀必须同时进行。（图 12-4-53、图 12-4-54）

图 12-4-53

图 12-4-54

2. **插步反撩**

插步反撩时，上身略向前俯，动作必须连贯。（图 12–4–55、图 12–4–56）

3. **转身挂劈**

挂刀时，必须反屈腕，防止刀尖扎地。挂刀和劈刀的动作要连贯起来。提膝独立要站稳。（图 12–4–57 至图 12–4–60）

图 12–4–55

图 12–4–56

图 12–4–57

图 12–4–58

图 12–4–59

图 12–4–60

4. **仆步下砍**

平砍时，刀的着力点是刀身后段。（图 12–4–61、图 12–4–62）

5. **架刀前刺**

进步架刀、提膝转身、弓步前刺的动作必须迅速连贯进行。转身时注意刀尖的方向一直指向同一目标。（图 12–4–63 至图 12–4–65）

6. **左斜劈**

提膝独立要稳，斜劈要快速有力。（图 12–4–66 至图 12–4–68）

7. **右斜劈**

提膝独立要稳，斜劈要快速有力。（图 12–4–69、图 12–4–70）

8. **虚步藏刀**

绕刀时，必须使刀背贴靠脊背绕行。藏刀时，右手腕部必须上翘，使刀尖尽量向上，不要使刀尖下垂。（图 12–4–71 至图 12–4–73）

图 12–4–61

图 12–4–62

图 12–4–63

图 12–4–64

图 12–4–65

图 12–4–66

图 12–4–67

图 12–4–68

图 12–4–69

图 12–4–70

图 12–4–71

图 12–4–72

图 12–4–73

第四段

1. 旋转扫刀

旋转扫刀必须快速，刀身要平、要低。（图 12–4–74 至图 12–4–78）

2. 翻身劈刀

翻身跃步要远不要高，劈刀要抡圆。（图 12–4–79 至图 12–4–81）

3. 缠头箭踢

缠头和箭踢的动作必须先后相应地协调进行。缠头要快速，箭踢要有力，膝部要伸直。（图 12–4–82、图 12–4–83）

4. 仆步按刀

向右后方劈刀要快速有力，纵跳和向右后转身要借助劈刀的惯性。成仆步时，左脚脚尖内扣，两脚外侧和脚跟均不可离地掀起，上身略向左前方探倾。（图 12–4–84 至图 12–4–86）

图 12–4–74 图 12–4–75 图 12–4–76 图 12–4–77 图 12–4–78 12–4–79 图 12–4–80

图 12–4–81 图 12–4–82 图 12–4–83 图 12–4–84 图 12–4–85 图 12–4–86

5. 缠头蹬腿

缠头时必须使刀背绕裹左膝后顺脊背绕行，动作要迅速，蹬腿要快，并与缠头动作连贯一致。（图 12–4–87 至图 12–4–91）

6. 虚步藏刀

跃步、转身、落步的动作必须与刀的平扫、绕背动作协调一致。（图 12–4–92 至图 12–4–96）

7. 弓步缠头

缠头时必须使刀背贴靠脊背绕行，扫刀要迅速。（图 12–4–97、图 12–4–98）

8. 并步抱刀

并步与接刀的动作要协调一致。（图 12–4–99 至图 12–4–101）

图 12–4–87 图 12–4–88 图 12–4–89 图 12–4–90 图 12–4–91 图 12–4–92 图 12–4–93

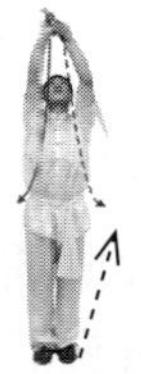

图 12-4-94 图 12-4-95 图 12-4-96 图 12-4-97 图 12-4-98 图 12-4-99 图 12-4-100 图 12-4-101

结束动作

退步、撤步和绕掌的动作要迅速连贯。（图 12-4-102 至图 12-4-104）

图 12-4-102 图 12-4-103 图 12-4-104

第五节 太极扇

一、太极扇概述

太极扇是在太极拳的基础上，结合扇术的基本方法创编而成的武术健身套路，兼具太极拳和扇术的风格与特点。太极扇融合了太极拳与其他武术、舞蹈的动作，将太极与扇的挥舞动作结合起来，刚柔并济、可攻可守，充分体现了扇术的飘逸潇洒与武术的阳刚威仪，具有以意导扇、扇人合一、扇走美势等运动特点，更具有强身健体、畅经活血、陶情冶志等独特的养生健身功效，也是一项具有观赏性及艺术性的健身运动。

太极扇

二、太极扇动作练习

（一）提膝抖扇

左腿屈膝上提，身体重心在右腿上，脚尖下垂；左拳抱于身体左侧，拳眼向左，拳心向上；右手握扇于头顶上方开扇，持扇手稍高于头，扇骨竖直，扇面向前，扇顶向左，目视前方。（图 12-5-1）

（二）弓步推扇

左腿屈弓，右腿自然蹬直成左弓步；左手经左膝向左搂过，按于左胯旁，掌心向下，指尖向前；右手持扇向前推出，手高与肩平，扇顶向前，扇骨竖直；右臂自然伸直，肘微屈。目视前方。（图 12–5–2）

（三）蹬脚架扇

右腿微屈，独立站稳，左脚以脚跟为力点向前蹬出。右手握扇向上架举至头侧上方，扇骨水平朝前，右臂微屈；左掌自胸前向南推出，臂自然伸直，腕同肩高，手心斜朝前，指尖朝上。目视前方（正东）。（图 12–5–3）

（四）独立劈扇

右脚独立站稳，左腿屈膝上提，脚背绷直，成右独立步。同时右手持扇向右前下方开劈扇，方向为东北，扇骨与右臂贴紧；左掌举至头侧上方。目视右扇。（图 12–5–4）

（五）提膝绷扇

左脚独立支撑，右脚屈膝上提，成左独立步。右手抖腕开扇上绷，平举于体前，扇顶向上，扇根与扇平；左掌向前屈臂侧撑在体侧，与肩同高。目视右扇。（图 12–5–5）

图 12–5–1

图 12–5–2

图 12–5–3

图 12–5–4

图 12–5–5

（六）举扇冲拳

右手握扇外旋上举于头侧上方，扇骨竖直，扇面向南；左掌握拳从胸前向南内旋冲打至体前，高与肩平，拳眼斜向下；目视左拳。（图 12–5–6）

（七）点步亮扇

左脚前移半步，前脚掌点地，脚背和膝关节绷直；右腿也伸直，成点立步（高虚步）。同时，右手握扇在头右上方抖腕开扇；左掌抱拳收于左腰间。向左甩头，目视左（东）侧。（图 12–5–7）

（八）弓步截扇

右腿屈膝前弓，左腿自然伸直成右弓步；右手握扇下截至右膝前，与膝同高，扇面斜向下；

左掌内旋向后上方伸直，与右臂成斜线，拇指向斜下；上体前探，目视右扇。（图 12–5–8）

（九）抱扇弹踢

右腿屈膝向前弹踢，脚背展平，力在脚尖；目视弹腿方向（东），右手持扇抱于胸前，左手附在右手掌根内侧。（图 12–5–9）

（十）弓步推扇

右腿屈膝前弓，左腿伸直成右弓步；右手握扇在头前开扇，停于右额角前上方；左掌变拳自胸前推出，高与肩平；目视前方。（图 12–5–10）

图 12–5–6

图 12–5–7

图 12–5–8

图 12–5–9

图 12–5–10

（十一）劈扇探掌

右腿独立支撑站稳，左腿屈膝提起，成右独立步；右手握扇向后抽拉至右肩前，扇骨贴紧右前臂，斜向前下方，扇面倒立在腋下肋旁；左掌自右手上穿出向前下方伸探，停在左膝前，掌心向上，指尖向前下。身体略向前倾，目视左掌。（图 12–5–11）

（十二）叉步崩扇

右脚在左脚前成盖步，脚尖外撇，右腿屈弓，左腿自然伸直，前脚掌着地，成叉步。右手握扇外旋抖腕开扇上绷，扇顶向上，扇骨贴于右臂；左掌亮掌举于头侧上方，手心斜向上。目视右扇。（图 12–5–12）

（十三）背扇推掌

左腿自然伸直，右腿屈膝成侧弓步；右手持扇背于身体后面，左掌向左前上方推出，腕与头同高，掌心斜向前，指尖向上；目视左掌。（图 12–5–13）

（十四）后举腿亮扇

左腿支撑，右腿后举，小腿屈收，脚背展平，成望月平衡。同时，右手持扇举至头侧上方抖腕开扇；左掌直臂沉腕挑掌，平举于体侧，指尖向上，掌心斜向外。目视左掌，头转向正东。（图 12–5–14）

（十五）弓步劈扇

右腿屈膝，左腿自然伸直成右弓步。同时，右手握扇缠头一周后向前方劈开扇，扇骨与肩同高，扇顶向下；左掌亮掌举至头侧上方，掌心斜向上。目视右前方。（图 12–5–15）

图 12–5–11

图 12–5–12

图 12–5–13

图 12–5–14

图 12–5–15

（十六）跳转身劈扇

左腿屈膝上摆，右腿蹬地跳起，身体在空中向左后方翻转 180°，左脚、右脚依次落地，右脚在前，脚尖朝西，两腿屈膝，身体重心偏于左腿成三体式步；两脚落地时，两手依次向体前劈压。左臂屈臂，左掌停至腹前，手心向下；右手开扇劈至体前，高与肩平，扇骨与右臂方向一致，朝向正西。目视右手。（图 12–5–16）

（十七）点步上刺

右腿直立，左脚向前上步成点立步（高虚步）；右手握扇上刺，臂伸直，扇顶向上；左掌下按至左胯旁，掌心向下，指尖向前。甩头向左（东方）看。（图 12–5–17）

（十八）歇步亮扇

左脚向右脚后方插步，两腿交叠屈膝前蹲，成歇步；右手直臂举至头侧上方开扇；左掌收至右胸前，指尖向上，掌心向右。头转向左（东方）看。（图 12–5–18）

（十九）仆步分扇

右腿屈膝全蹲，左腿向左伸直，两脚全脚掌着地，成左仆步；两手向上、向两侧画弧分落，左掌落至与腰同高，掌心朝下，指尖向左；右手落至略高于肩，手心向上；两臂自然伸直展开成斜线，扇骨与右臂平行，扇顶斜向左上方。目视左掌。（图 12–5–19）

（二十）举腿挑扇

右腿独立微屈站稳；左腿向前提举于体前，膝关节微屈，踝关节内翻，脚背展平。右手向前，高与肩平，而左脚上下相对；扇骨贴于右臂上，举向正西，扇顶向上；左掌变勾手同时上提，举于左后方，朝向东南，高与肩平。上体左转，面向西南平视。（图 12–5–20）

图 12–5–16

图 12–5–17

图 12–5–18

图 12–5–19

图 12–5–20

思考题

1. 武术运动有哪些基本功？
2. 24 式简化太极拳的完整套路是什么？
3. 简述初级剑术的基本动作名称。
4. 初级刀术包括哪几段基本动作？
5. 太极扇的基本动作有哪些？

第十三章

健身气功

第一节　五禽戏

一、五禽戏概述

五禽戏是通过模仿虎、鹿、熊、猿、鸟（鹤）5 种动物的动作，进行保健强身的一种健身方法，由中国古代医学家华佗在前人的基础上创造，故又称“华佗五禽戏”。五禽戏能治病养生，强壮身体。练习时，可以单练一禽之戏，也可选练一两个动作。选练一两个动作时，应增加锻炼的次数。

五禽戏

五禽戏是一种外动内静、动中求静、动静兼备、有刚有柔、刚柔相济、内外兼练的仿生方法，与中国的太极拳相似。锻炼时要注意全身放松，意守丹田，呼吸均匀，做到外形和神气都要像五禽，达到外动内静、动中求静、刚柔并济、内外兼备的效果。

五禽戏共有 54 个动作。由国家体育运动委员会（简称“国家体委”）所编的简化五禽戏中，每戏分两个动作：虎举、虎扑；鹿抵、鹿奔；熊运、熊晃；猿提、猿摘；鸟伸、鸟飞。每个动作都是左右对称地各做一次，并配合气息调理。

二、五禽戏动作说明

（一）基本手型

（1）虎爪：五指张开，虎口撑圆，第一、第二指关节弯曲内扣。（图 13–1–1）

（2）鹿角：拇指伸直外张，食指、小指伸直，中指、无名指弯曲内扣。（图 13–1–2）

（3）熊掌：拇指压在食指指端上，其余四指并拢弯曲，虎口撑圆。（图 13–1–3）

（4）猿钩：五指指腹捏拢，屈腕。（图 13–1–4）

（5）鸟翅：五指伸直，拇指、食指、小指向上翘起，无名指、中指并拢向下。（图 13–1–5）

（6）握固：拇指抵掐无名指根节内侧，其余四指屈拢收于掌心。（图 13–1–6）

图 13–1–1

图 13–1–2

图 13–1–3

图 13–1–4

图 13–1–5

图 13–1–6

（二）基本步型

（1）弓步：两腿前后分开一大步，横向之间保持一定宽度，右（左）腿屈膝前弓，大腿斜向地面，膝与脚尖上下相对，脚尖微内扣；左（右）腿自然伸直，脚跟蹬地，脚尖稍内扣，全脚掌着地。（图 13–1–7）

（2）虚步：右（左）脚向前迈出，脚跟着地，脚尖上翘，膝微屈；左（右）腿屈膝下蹲，全脚掌着地，脚尖斜向前方，臀部与脚跟上下相对。身体重心落在左（右）脚上。（图 13–1–8）

（3）丁步：两脚左右分开，间距 10 ～ 20 厘米，两腿屈膝下蹲，左（右）脚脚跟提起，脚尖着地，虚点地面，置于右（左）脚脚弓处，右（左）脚全脚掌着地踏实。（图 13–1–9）

（三）平衡

（1）提膝平衡：左（右）腿直立站稳，上体正直；右（左）腿在体前屈膝上提，小腿自然下垂，脚尖向下。（图 13–1–10）

（2）后举腿平衡：右（左）腿蹬直站稳，左（右）腿伸直，向体后举起，脚背绷平，脚尖向下。（图 13–1–11）

图 13–1–7

图 13–1–8

图 13–1–9

图 13–1–10

图 13–1–11

三、五禽戏动作图解

（一）预备势：起势调息

动作一：两脚并拢自然站立；两手自然垂于体侧；胸腹放松，头项正直，下颌微收，舌抵上腭；目视前方。（图 13–1–12）

动作二：左脚向左平开一步，稍宽于肩，两膝微屈，松静站立；调息数次，意守丹田。（图 13–1–13）

动作三：肘微屈，两臂在体前向上、向前平托，与胸同高。（图 13-1-14）。

动作四：两肘下垂外展，两掌向内翻转，并缓慢下按于腹前；目视前方。（图 13-1-15）

重复动作三、动作四 2 遍后，两手自然垂于体侧。（图 13-1-16）

图 13-1-12　图 13-1-13　图 13-1-14　图 13-1-15　图 13-1-16

第一戏　虎戏

"虎戏"要体现虎的威猛。神发于目，虎视眈眈；威生于爪，伸缩有力；神威并重，气势凌人。动作变化要做到刚中有柔、柔中生刚、外刚内柔、刚柔相济，具有动如雷霆无阻挡、静如泰山不可摇的气势。

第一式　虎举

动作一：接上式。两手掌心向下，十指撑开，弯曲成虎爪状；目视两掌。（图 13-1-17）

动作二：随后，两手外旋，由小指先弯曲，其余四指依次弯曲握拳，两拳沿体前缓慢上提（图 13-1-18）。至肩前时，十指撑开，举至头上方再弯曲成虎爪状；目视两掌（图 13-1-19）。

动作三：两掌外旋握拳，拳心相对；目视两拳。

动作四：两拳下拉至肩前时，变掌下按（图 13-1-20）。沿体前下落至腹前，十指撑开，掌心向下；目视前方。（图 13-1-21）

重复动作一至动作四 3 遍后，两手自然垂于体侧；目视前方。（图 13-1-22）

图 13-1-17　图 13-1-18　图 13-1-19　图 13-1-20　图 13-1-21　图 13-1-22

第二式　虎扑

动作一：接上式。两手握空拳，沿身体两侧上提至肩前上方。（图 13-1-23）

动作二：两手向上、向前画弧，十指弯曲成"虎爪"，掌心向下；同时上体前俯，挺胸塌腰；目视前方。（图 13-1-24）

动作三：两腿屈膝下蹲，收腹含胸；同时，两手向下画弧至两膝侧，掌心向下；目视前下方（图 13-1-25）。随后，两腿伸膝，送髋，挺腹，后仰；同时，两掌握空拳，沿体侧向上提至胸侧；目视前上方（图 13-1-26）。

正面　侧面　正面　侧面

图 13-1-23　图 13-1-24　图 13-1-25　图 13-1-26

动作四：左腿屈膝提起，两手上举（图 13-1-27）。左脚向前迈出一步，脚跟着地，右腿屈膝下蹲，成左虚步；同时上体前倾，两拳变“虎爪”向前、向下扑至膝前两侧，掌心向下；目视前下方（图 13-1-28）。随后上体抬起，左脚收回，开步站立；两手自然下落于体侧；目视前方（图 13-1-29）。

图 13-1-27　图 13-1-28　图 13-1-29

动作五至动作八：同动作一至动作四，唯左右相反。（图 13-1-30 至图 13-1-36）

重复动作一至动作八 1 遍后，两掌向身体侧前方举起，与胸同高，掌心向上；目视前方（图 13-1-37）。两臂屈肘，两掌内合下按至腹前（图 13-1-38），后自然垂于体侧；目视前方。

图 13-1-30　图 13-1-31　图 13-1-32　图 13-1-33　图 13-1-34

图 13-1-35　图 13-1-36　图 13-1-37　图 13-1-38

第二戏　鹿戏

鹿喜挺身眺望，好角抵，运转尾闾，善奔走，通任脉和督脉。习练“鹿戏”时，动作要轻盈舒展，神态要安闲雅静，意想自己置身于群鹿中，在山坡、草原上自由快乐地活动。

第三式　鹿抵

动作一：接上式。两腿微屈，身体重心移至右腿，左脚经右脚内侧向左前方迈步，脚跟着地；同时，身体稍右转；两掌握空拳，向右侧摆起，拳心向下，高与肩平；目随手动，视右拳。（图 13–1–39）

动作二：身体重心前移；左腿屈膝，脚尖外展踏实；右腿伸直蹬实；同时，身体左转，两掌成“鹿角”，向上、向左、向后画弧，掌心向外，指尖朝后，左臂弯曲外展平伸，肘抵靠左腰侧；右臂举至头前，向左后方伸抵，掌心向外，指尖朝后；目视右脚脚跟（图 13–1–40）。随后，身体右转，左脚收回，开步站立；同时两手向上、向右、向下画弧，两掌握空拳下落于体前；目视前方（图 13–1–41）。

动作三、动作四：同动作一、动作二，唯左右相反。（图 13–1–42 至图 13–1–44）

动作五至动作八：同动作一至动作四。

重复动作一至动作八 1 遍。

正面　侧面

图 13–1–39　图 13–1–40　图 13–1–41　图 13–1–42　图 13–1–43　图 13–1–44

第四式　鹿奔

动作一：接上式。左脚向前跨一步，屈膝，右腿伸直成左弓步；同时，两手握空拳，向上、向前画弧至体前，屈腕，高与肩平，与肩同宽，拳变“鹿角”，拳心向下；目视前方。（图 13–1–45）

动作二：身体重心后移；左膝伸直，全脚掌着地；右腿屈膝；低头，弓背，收腹；同时，两臂内旋，两掌前伸，掌背相对。（图 13–1–46）

动作三：身体重心前移，上体抬起；右腿伸直，左腿屈膝，成左弓步；松肩沉肘，两臂外旋，“鹿角”变空拳，高与肩平，拳心向下；目视前方。（图 13–1–47）

动作四：左脚收回，开步直立；两拳变掌，回落于体侧；目视前方。（图 13–1–48）

正面　侧面

图 13–1–45　图 13–1–46　图 13–1–47　图 13–1–48

动作五至动作八：同动作一至动作四，唯左右相反。（图 13–1–49 至图 13–1–52）

重复动作一至动作八 1 遍后，两掌向身体侧方举起，与胸同高，掌心向上；目视前方（图 13–1–53）。屈肘，两掌内合下按，自然垂于体侧；目视前方。（图 13–1–54）

图 13–1–49

图 13–1–50

图 13–1–51

图 13–1–52

图 13–1–53

图 13–1–54

第三戏 熊戏

“熊戏”要表现出熊憨厚沉稳、松静自然的神态。运势外阴内阳，外动内静，外刚内柔，以意领气，气沉丹田；行步外观笨重拖沓，其实笨中生灵，蕴含内劲，沉稳之中显灵敏。

第五式 熊运

动作一：接上式。两掌握空拳成“熊掌”，拳眼相对，垂手于下腹部；目视两拳。（图 13–1–55）

动作二：以腰、腹为轴，上体做顺时针摇晃；同时，两拳随之沿右肋部、上腹部、左肋部、下腹部画圆；目随上体摇晃环视。（图 13–1–56 至图 13–1–59）

图 13–1–55

图 13–1–56

图 13–1–57

图 13–1–58

图 13–1–59

动作三、动作四：同动作一、动作二。

动作五至动作八：同动作一至动作四，唯左右相反，上体做逆时针摇晃，两拳随之画圆。（图 13–1–60 至图 13–1–63）

做完最后一个动作后，两拳变掌下落，自然垂于体侧；目视前方。（图 13–1–64）

图 13–1–60

图 13–1–61

图 13–1–62

图 13–1–63

图 13–1–64

第六式 熊晃

动作一：接上式。身体重心右移；左髋上提，牵动左脚离地，再微屈左膝；两掌握空拳成“熊掌”；目视左前方。（图 13–1–65）

动作二：身体重心前移；左脚向左前方落地，全脚掌踏实，脚尖朝前，右腿伸直；身体右转，左臂内旋前靠，左拳摆至左膝前上方，拳心朝左；右掌摆至体后，拳心朝后；目视左前方。（图 13–1–66）

动作三：身体左转，身体重心后坐；右腿屈膝，左腿伸直；拧腰晃肩，带动两臂前后弧形

摆动；右拳摆至左膝前上方，拳心朝右；左拳摆至体后，拳心朝后；目视左前方。（图 13–1–67）

动作四：身体右转，身体重心前移；左腿屈膝，右腿伸直；同时，左臂内旋前靠，左拳摆至左膝前上方，拳心朝左；右掌摆至体后，拳心朝后；目视左前方。（图 13–1–68）

动作五至动作八：同动作一至动作四，唯左右相反。（图 13–1–69 至图 13–1–72）

重复动作一至动作八 1 遍后，左脚上步，开步站立；同时，两手自然垂于体侧（图 13–1–73）。两掌向身体侧方举起，与胸同高，掌心向上；目视前方（图 13–1–74）。屈肘，两掌内合下按，自然垂于体侧；目视前方。（图 13–1–75）

图 13–1–65

图 13–1–66

图 13–1–67

图 13–1–68

图 13–1–69

图 13–1–70

图 13–1–71

图 13–1–72

图 13–1–73

图 13–1–74

图 13–1–75

第四戏　猿戏

猿生性好动，机智灵敏，善于纵跳，折枝攀树，躲躲闪闪，精力旺盛。习练“猿戏”时，外练肢体的轻灵敏捷，欲动则如疾风闪电，迅敏机警；内练精神的宁静，欲静则似静月凌空，万籁无声，从而达到“外动内静”“动静结合”的境界。

第七式　猿提

动作一：接上式。两掌在体前，手指伸直分开（图 13–1–76），再屈腕，五指指腹捏拢成“猿钩”。（图 13–1–77）

动作二：“猿钩”上提至胸前，两肩上耸，收腹提肛；同时，脚跟提起，头向左转；目随头动，视身体左侧。（图 13–1–78）

动作三：头转正，两肩下沉，松腹落肛，脚跟着地；“猿钩”变掌，掌心向下，手指相对；目视前方。（图 13–1–79）

动作四：两掌沿体前下按落于体侧；目视前方。（图 13–1–80）

动作五至动作八：同动作一至动作四，唯头向右转。（图 13–1–81 至图 13–1–85）

正面　　侧面

图 13–1–76　图 13–1–77　图 13–1–78　图 13–1–79　图 13–1–80

图 13–1–81　图 13–1–82　图 13–1–83　图 13–1–84　图 13–1–85

重复动作一至动作八 1 遍。

第八式　猿摘

动作一：接上式。左脚向左后方退步，脚尖点地，右腿屈膝，身体重心落于右腿；同时，左臂屈肘，左掌成“猿钩”收至左腰侧；右掌向右前方自然摆起，掌心向下。（图 13–1–86）

动作二：身体重心后移；左脚踏实，屈膝下蹲，右脚收至左脚内侧，脚尖点地，成右丁步；同时，右掌向下经腹前向左上方画弧至头左侧，掌心对太阳穴；目先随右掌动，再转头注视右前上方。（图 13–1–87）

动作三：右掌内旋，掌心向下，沿体侧下按至左髋侧；目视右掌（图 13–1–88）。右脚向右前方迈出一大步，左腿蹬伸，身体重心前移；右腿伸直，左脚脚尖点地；同时，右掌经体前向右上方画弧，举至右侧变“猿钩”，稍高于肩；左掌向前、向上伸举，屈腕撮钩，成采摘势；目视左掌（图 13–1–89）。

动作四：身体重心后移；左掌由“猿钩”变为“握固”；右手变掌，自然回落于体前，虎口朝前（图 13–1–90）。随后，左腿屈膝下蹲，右脚收至左脚内侧，脚尖点地，成右丁步；同时，左臂屈肘收至左耳旁，掌指分开，掌心向上，成托桃状；右掌经体前向左画弧至左肘下捧托；目视左掌（图 13–1–91）。

图 13–1–86　图 13–1–87　图 13–1–88　图 13–1–89　图 13–1–90　图 13–1–91

动作五至动作八：同动作一至动作四，唯左右相反。（图 13–1–92 至图 13–1–97）

图 13-1-92　图 13-1-93　图 13-1-94　图 13-1-95　图 13-1-96　图 13-1-97

重复动作一至动作八 1 遍后，左脚向左横开一步，两腿直立；同时，两手自然垂于体侧（图 13-1-98）。两掌向身体侧方举起，与胸同高，掌心向上；目视前方（图 13-1-99）。屈肘，两掌内合下按，自然垂于体侧；目视前方。（图 13-1-100）

图 13-1-98　图 13-1-99　图 13-1-100

第五戏　鸟戏

鸟戏取形于鹤。鹤是轻盈安详的鸟类，人们往往在鹤的身上寄托健康长寿的寓意。习练时，要表现出鹤昂然挺拔、悠然自得的神韵。仿效鹤翅飞翔，抑扬开合。两臂上提，伸颈运腰，真气上引；两臂下合，含胸松腹，气沉丹田。活跃周身经络，灵活四肢关节。

第九式　鸟伸

动作一：接上式。两腿微屈下蹲，两掌在腹前相叠。（图 13-1-101）

动作二：两掌向上举至头前上方，掌心向下，指尖向前；身体微前倾，提肩，缩项，挺胸，塌腰；目视前方。（图 13-1-102）

动作三：两腿微屈下蹲；同时，两掌相叠下按至腹前；目视前方。（图 13-1-103）

动作四：身体重心右移；右腿蹬直，左腿伸直向后抬起；同时，两掌左右分开，掌成“鸟翅”，向体侧后方摆起，掌心向下；抬头，伸颈，挺胸，塌腰；目视前方。（图 13-1-104）

动作五至动作八：同动作一至动作四，唯左右相反。（图 13-1-105 至图 13-1-108）

重复动作一至动作八 1 遍后，左脚下落，两脚开步站立，两手经腹前（图 13-1-109）自然垂于体侧；目视前方。

图 13-1-101　图 13-1-102　图 13-1-103　图 13-1-104

图 13-1-105 图 13-1-106 图 13-1-107 图 13-1-108 图 13-1-109

第十式 鸟飞

接上式。两腿微屈；两掌成“鸟翅”合于腹前，掌心相对；目视前下方。（图 13-1-110）

动作一：右腿伸直独立，左腿屈膝提起，小腿自然下垂，脚尖朝下；同时，两掌成展翅状，在体侧平举向上，稍高于肩，掌心向下；目视前方。（图 13-1-111）

动作二：左脚下落在右脚旁，脚尖着地，两腿微屈；同时，两掌合于腹前，掌心相对；目视前方。（图 13-1-112）

动作三：右腿伸直独立，左腿屈膝提起，小腿自然下垂，脚尖朝下；同时，两掌经体侧，向上举至头顶上方，掌背相对，指尖向上；目视前方。（图 13-1-113）

动作四：左脚下落在右脚旁，全脚掌着地，两腿微屈；同时，两掌合于腹前，掌心相对；目视前下方。（图 13-1-114）

动作五至动作八：同动作一至动作四，唯左右相反。（图 13-1-115 至图 13-1-118）

重复动作一至动作八 1 遍后，两掌向身体侧前方举起，与腕同高，掌心向上；目视前方（图 13-1-119）。屈肘，两掌内合下按至腹前（图 13-1-120），后自然垂于体侧；目视前方。

图 13-1-110 图 13-1-111 图 13-1-112 图 13-1-113 图 13-1-114

图 13-1-115 图 13-1-116 图 13-1-117 图 13-1-118 图 13-1-119 图 13-1-120

收势 引气归元

动作一：两掌经体侧上举至头顶上方，掌心向下。（图 13-1-121）

动作二：两掌指尖相对，沿体前缓慢下按至腹前，然后翻转两掌，使掌心向上；目视前方。（图 13-1-122）

重复一、动作二动 2 遍。

动作三：两手缓慢在体前画平弧，掌心相对，高与脐平；目视前方。（图 13–1–123）

动作四：两手在腹前合拢，虎口交叉，叠掌；眼微闭静养，调匀呼吸，意守丹田。（图 13–1–124）

动作五：3 ～ 5 分钟后，两眼慢慢睁开，两手合掌，在胸前搓擦至热。（图 13–1–125）

动作六：掌贴面部，上下擦摩，以掌浴面 3 ～ 5 遍。（图 13–1–126）

动作七：两掌向后沿头顶、耳后、胸前下落，自然垂于体侧；目视前方。（图 13–1–127）

动作八：左脚提起向右脚并拢，前脚掌先着地，随之全脚掌踏实，恢复成预备势；目视前方。（图 13–1–128）

图 13–1–121

图 13–1–122

图 13–1–123

图 13–1–124

图 13–1–125

图 13–1–126

图 13–1–127

图 13–1–128

第二节　八段锦

八段锦

一、八段锦概述

八段锦由 8 节动作组成，简便易学，深受人们喜爱，被比喻成“锦”（精美的丝织品），故名八段锦。八段锦是中国古代导引术中的一个重要组成部分，是一套针对一定脏腑、病症而设计的练功功法。八段锦的每一句歌诀都明确提出了动作的要领、作用和目的。功法中伸展、前俯、后仰、摇摆等动作，分别作用于人体的三焦、心肺、脾胃、肾腰等部位和器官，可以防治心火、五劳七伤等各种疾病，并有滑利关节、发达肌肉、增长气力、强壮筋骨、帮助消化和调整神经系统的功能。

八段锦之所以对人体有良好的作用，是因为它的动作对特定的脏器能起到一定的针对性作用，但是这种作用又是综合性、全身性的，并非头痛医头、脚痛医脚。只有把八段锦各节动作综合起来，才能起到调脾胃、理三焦、去心火、固肾腰的作用。

二、八段锦动作说明

预备动作

（1）两脚并步站立；两臂自然垂于体侧；身体中正，目视前方。（图 13-2-1）

（2）随着松腰沉髋，身体重心移至右腿；左脚向左侧开步，脚尖朝前，约与肩同宽；目视前方。（图 13-2-2）

（3）两臂内旋，两掌分别向两侧摆起，约与髋同高，掌心向后；目视前方。（图 13-2-3）

（4）上一动作不停。两腿膝关节稍屈；同时，两臂外旋，向前合抱于腹前成圆弧形，与脐同高，掌心向内，两掌指间距约 10 厘米；目视前方。（图 13-2-4）

图 13-2-1

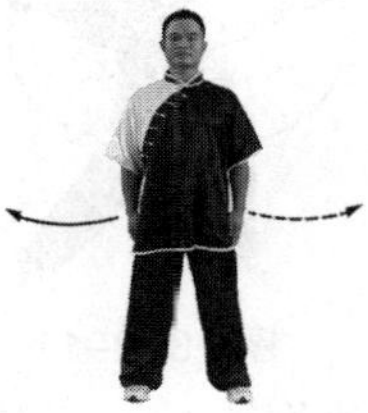
图 13-2-2

图 13-2-3

图 13-2-4

（一）两手托天理三焦

（1）接上式。两臂外旋微下落，两掌五指分开在腹前交叉，掌心向上；目视前方。（图 13-2-5）

（2）上一动作不停。两腿徐缓挺膝伸直；同时，两掌上托至胸前，随之两臂内旋向上托起，掌心向上；抬头，目视两掌。（图 13-2-6）

（3）上一动作不停。两臂继续上托，肘关节伸直；同时，下颌内收，动作略停；目视前方。（图 13-2-7）

（4）身体重心缓缓下降；两腿膝关节微屈；同时，十指慢慢分开，两臂分别向身体两侧下落，两掌捧于腹前，掌心向上；目视前方。（图 13-2-8）

本式托举、下落为 1 遍，共做 6 遍。

图 13-2-5

图 13-2-6

图 13-2-7

图 13-2-8

（二）左右开弓似射雕

（1）接上式。身体重心右移；左脚向左侧开步站立，两腿膝关节自然伸直；同时，两掌向上交叉于胸前，左掌在外，两掌心向内；目视前方。（图 13–2–9）

（2）上一动作不停。两腿徐缓屈膝半蹲成马步；同时，右掌屈指成“爪”，向右拉至肩前；左掌成八字掌，左臂内旋，向左侧推出，与肩同高，坐腕，掌心向左，犹如拉弓射箭之势；动作略停；目视左掌方向。（图 13–2–10）

（3）身体重心右移；同时，右手五指伸开成掌，向上、向右画弧，与肩同高，指尖朝上，掌心斜向前；左手指伸开成掌，掌心斜向后；目视右掌。（图 13–2–11）

（4）上一动作不停。身体重心继续右移；左脚回收成并步站立；同时，两掌分别由两侧下落，捧于腹前，指尖相对，掌心向上；目视前方。（图 13–2–12）

图 13–2–9

图 13–2–10

图 13–2–11

图 13–2–12

（5）动作（5）～动作（8）同动作（1）～动作（4），只是左右相反。（图 13–2–13 至图 13–2–16）

本式一左一右为 1 遍，共做 3 遍。第 3 遍做最后一个动作时，身体重心继续左移；右脚回收成开步站立，与肩同宽，膝关节微屈；同时，两掌分别由两侧下落，捧于腹前，指尖相对，掌心向上；目视前方。（图 13–2–17）

图 13–2–13

图 13–2–14

图 13–2–15

图 13–2–16

图 13–2–17

（三）调理脾胃须单举

（1）接上式。两腿徐缓挺膝伸直；同时左掌上托，左臂外旋上穿经面前，随之臂内旋上举至头左上方，肘关节微屈，力达掌根，掌心向上，掌指向右；同时，右掌微上托，随之臂内旋下按至右髋旁，肘关节微屈，力达掌根，掌心向下，掌指向前，动作略停；目视前方。（图 13–2–18）

（2）松腰沉髋，身体重心缓缓下降；两腿膝关节微屈；同时，左臂屈肘外旋，左掌经面前落于腹前，掌心向上；右臂外旋，右掌向上捧于腹前，两掌指尖相对，相距约 10 厘米，掌心向上；目视前方。（图 13–2–19）

（3）动作（3）～动作（4）同动作（1）～动作（4），只是左右相反。（图 13–2–20、图 13–2–21）

本式一左一右为 1 遍，共做 3 遍。第 3 遍做最后一个动作时，两腿膝关节微屈；同时，两臂屈肘，两掌下按于两髋旁，掌心向下，掌指向前；目视前方。（图 13–2–22）

图 13–2–18

图 13–2–19

图 13–2–20

图 13–2–21

图 13–2–22

（四）五劳七伤往后瞧

（1）接上式。两腿徐缓挺膝伸直；同时，两臂伸直，掌心向后，指尖向下，目视前方（图 13–2–23）；然后上一动作不停，两臂充分外旋，掌心向外；头向左后转，动作略停；目视左斜后方（图 13–2–24）。

（2）松腰沉髋，身体重心缓缓下降；两腿膝关节微屈；同时，两臂内旋按于髋旁，掌心向下，指尖向前；目视前方。（图 13–2–25）

（3）同动作（1），只是左右相反。（图 13–2–26、图 13–2–27）

（4）同动作（2）。（图 13–2–28）

本式一左一右为 1 遍，共做 3 遍。第 3 遍做最后一个动作时，两膝关节微屈，同时，两掌捧于腹前，指尖相对，掌心向上，目视前方。（图 13–2–29）

图 13–2–23

图 13–2–24

图 13–2–25

图 13–2–26

图 13–2–27

图 13–2–28

图 13–2–29

（五）摇头摆尾去心火

（1）接上式。身体重心左移；右脚向右开步站立，两腿膝关节自然伸直；同时，两掌上托与胸同高时，两臂内旋，两掌继续上托至头上方，肘关节微屈，掌心向上，指尖相对；目视前方。（图 13–2–30）

（2）上一动作不停。两腿徐缓屈膝半蹲成马步；同时，两臂向两侧下落，两掌扶于膝关节上方，肘关节微屈，小指侧向前；目视前方。（图 13–2–31）

（3）身体重心向上稍升起，而后右移；上体先向右倾，随之俯身；目视右脚。（图 13–2–32）

（4）上一动作不停。身体重心左移；同时，上体由右向前、向左旋转；目视右脚。（图 13–2–33）

（5）身体重心右移，成马步，同时，头向后摇，上体起立，随之下颌微收；目视前方。（图 13–2–34）

图 13–2–30　图 13–2–31　图 13–2–32　图 13–2–33　图 13–2–34

（6）动作（6）～动作（8）同动作（3）～动作（5），只是左右相反。（图 13–2–35 至图 13–2–37）

本式一左一右为 1 遍，共做 3 遍。做完 3 遍后，身体重心左移，右脚回收成开步站立，与肩同宽；同时，两掌向外经两侧上举，掌心相对；目视前方（图 13–2–38）。随后松腰沉髋，身体重心缓缓下降。两腿膝关节微屈；同时屈肘，两掌经面前下按腹前，掌心向下，指尖相对；目视前方（图 13–2–39）。

图 13–2–35　图 13–2–36　图 13–2–37　图 13–2–38　图 13–2–39

（六）两手攀足固肾腰

（1）接上式。两腿挺膝伸直站立；同时，两掌指尖向前，两臂向前、向上举起，肘关节伸直，掌心向前；目视前方。（图 13–2–40）

（2）两臂外旋至掌心相对，屈肘，两掌下按于胸前，掌心向下，指尖相对；目视前方。（图 13–2–41）

（3）上一动作不停。两臂外旋，两掌心向上，随之两掌掌指顺腋下向后插；目视前方。（图 13–2–42）

（4）两掌心向内沿脊柱两侧向下摩运至臀部；随之上体前俯，两掌继续沿腿后向下摩运，经脚两侧置于脚面；抬头，动作略停；目视前下方。（图 13–2–43）

（5）两掌沿地面前伸，随之上体起立，两臂伸直上举，掌心向前；目视前方。（图 13–2–44）

本式一上一下为 1 遍，共做 6 遍。做完 6 遍后，松腰沉髋，重心缓缓下降；两腿膝关节微屈；同时，两掌向前下按至腹前，掌心向下，指尖向前；目视前方。（图 13–2–45）

图 13-2-40

图 13-2-41

图 13-2-42

图 13-2-43

图 13-2-44

图 13-2-45

（七）攒拳怒目增气力

（1）接上式。身体重心右移，左脚向左开步；两腿徐缓屈膝半蹲成马步；同时，两掌握固，抱于腰侧，拳眼朝上；目视前方。（图 13-2-46）

（2）左拳缓慢用力向前冲出，与肩同高，拳眼朝上；瞪目，视左拳冲出方向。（图 13-2-47）

（3）左臂内旋，左拳变掌，虎口朝下；目视左掌（图 13-2-48）；左臂外旋，肘关节微屈；同时，左掌向左缠绕，变掌心向上后握固；目视左拳（图 13-2-49）。

（4）屈肘，回收左拳至腰侧，拳眼朝上；目视前方。（图 13-2-50）

图 13-2-46

图 13-2-47

图 13-2-48

图 13-2-49

图 13-2-50

（5）动作（4）～动作（6）同动作（1）～动作（3），只是左右相反。（图 13-2-51 至图 13-2-54）

本式一左一右为 1 遍，共做 3 遍。做完 3 遍后，身体重心右移，左脚回收成并步站立；同时，两拳变掌，自然垂于体侧；目视前方。（图 13-2-55）

图 13-2-51

图 13-2-52

图 13-2-53

图 13-2-54

图 13-2-55

（八）背后七颠百病消

（1）接上式。两脚脚跟提起；头上顶，动作略停；目视前方。（图 13-2-56）

（2）两脚脚跟下落，轻震地面；目视前方。（图 13-2-57）

本式一起一落为 1 遍，共做 7 遍。

收势

（1）接上式。两臂内旋，向两侧摆起，与髋同高，掌心向后；目视前方。（图 13–2–58）

（2）两臂屈肘，两掌相叠置于丹田处（男性左手在内，女性右手在内）；目视前方。（图 13–2–59）

（3）两臂自然下落，两掌轻贴于腿外侧；目视前方。（图 13–2–60）

图 13–2–56

图 13–2–57

图 13–2–58

图 13–2–59

图 13–2–60

第三节　易筋经

易筋经

一、易筋经概述

易筋经在民间流传甚广，流派众多，变化甚大。近代出现的易筋经套路多有不同，派生出多种样式。

“易”是改变、改换、脱换之意，“筋”指筋骨、筋膜，“经”则带有指南、法典之意。易筋经就是通过精、气、神、形的锻炼，改变并强壮皮肉筋骨的方法。

易筋经广泛应用于医疗保健和搏击当中。

二、练习前准备

气功的练习方法各不相同，都要讲求调心、调身、调息。

（1）调心：调节心神。要求排除杂念，集中意识，精神内守，放松安宁，达到入静的境界并意守丹田。

（2）调身：调整身体的姿势。根据不同体质、不同病症的需要，分别选择卧式、坐式、站式或行式。不论采取哪种姿势，都有一个共同的要求，那就是一定要做到姿势协调，舒适自然，小腹丹田部位稍有胀实为度。

（3）调息：调整呼吸。以自然舒适为前提，将呼吸调整到深、细、柔、长、均匀。吸气如嗅花香，呼气百孔皆开，浊气尽排。

三、功法练习

第一式：韦驮献杵第一式

诀曰：立身期正直，环拱手当胸，气定神皆敛，心澄貌亦恭。

【动作要领】

两足分开与肩同宽，足掌踏实，两膝微松；两臂屈肘，徐徐平举至胸前成抱球势，屈腕立掌，指尖斜向上，掌心相对（距离 10 厘米左右）。此动作要求肩、肘、腕在同一平面上，手指拇指指向天突穴，呼气时手臂向内拧转，两掌争力，气沉丹田。配合呼吸共做 9 次。（图 13–3–1 至图 13–3–3）

第二式：韦驮献杵第二式（横担降魔杵）

诀曰：足趾挂地，两手平开，心平气静，目瞪口呆。

【动作要领】

接上式，两手徐徐上抬至胸前；吸气时胸部扩张，臂向后挺；呼气时，指尖向外撑。两脚脚跟提起离地，力达四肢之端，气沉丹田。配合呼吸共做 9 次。（图 13–3–4 至图 13–3–6）

图 13–3–1

图 13–3–2

图 13–3–3

图 13–3–4

图 13–3–5

图 13–3–6

第三式：韦驮献杵第三式（掌托天门）

诀曰：掌托天门目上观，足尖着地立身端。力周腿胁浑如植，咬紧牙关不放宽。舌可生津将腭舐，鼻能调息觉心安。两拳缓缓收回处，用力还将挟重看。

【动作要领】

接上式，两手上举高过头顶，掌心向上，两中指相距 3 厘米；沉肩屈肘，目平视，内视指尖。舌舐上腭，鼻息调匀。呼气时，两手用暗劲尽力上托（如托千斤），两腿同时用力下蹬；吸气时，全身稍放松。收势时，上肢缓缓收至腰部，两掌变拳，拳心向上，脚跟着地。配合呼吸共做 9 次。（图 13–3–7 至图 13–3–9）

第四式：摘星换斗势

诀曰：只手擎天掌覆头，更从掌内注双眸。鼻端吸气频调息，用力回收左右眸。

【动作要领】

右脚稍向右前方移步，与左脚形成斜八字形，随势向左微侧；屈膝，提右脚脚跟，身向下沉，成右虚步。右手高举伸直，掌心向下，头微右斜，两目仰视右手心；左臂屈肘，自然置于背后。呼气时，头往上顶，两肩后挺，两臂内拧，内视右手内劳宫穴；吸气时，全身稍

放松，内视左手内劳宫穴，再左右两侧交换姿势锻炼。配合呼吸共做 9 次。（图 13–3–10 至图 13–3–12）

图 13–3–7　图 13–3–8　图 13–3–9　图 13–3–10　图 13–3–11　图 13–3–12

第五式：倒拽九牛尾势

诀曰：两腿后伸前屈，小腹运气空松；用力在两膀，观拳须注双瞳。

【动作要领】

右脚前跨一步，屈膝成右弓步。右手握拳，举至前上方，两目观拳；左手握拳，左臂屈肘成勾手斜垂于背后。吸气时，内视右手内劳宫穴，两拳紧握内收，右拳收至右肩，左拳垂至背后；呼气时，内视左劳宫穴，两臂放松还原为本势预备动作；再身体后转，成左弓步，左右手交替进行。配合呼吸共做 9 次。（图 13–3–13 至图 13–3–15）

第六式：出爪亮翅势

诀曰：挺身兼怒目，推手向当前；用力收回处，功须七次全。

【动作要领】

两脚开立，两臂前平举，立掌，掌心向前，十指用力分开，虎口相对，两眼怒目平视前方，随势脚跟提起，以两脚尖支持体重，然后两掌缓缓分开，两臂前举，立掌，掌心向外，随势脚跟着地。吸气时，两掌用暗劲伸探，手指向后翘；呼气时，臂掌放松。配合呼吸共做 9 次。（图 13–3–16 至图 13–3–18）

图 13–3–13　图 13–3–14　图 13–3–15　图 13–3–16　图 13–3–17　图 13–3–18

第七式：九鬼拔马刀势

诀曰：侧首弯肱，抱顶及颈；自头收回，弗嫌力猛：左右相轮，身直气静。

【动作要领】

脚尖相衔，足跟分离成八字形；右手上抬，左手屈肘经下往后成勾手置于身后，指尖向上；右手由肩上屈肘后伸，拉住左手手指，使右手成抱颈状。足趾抓地，身体前倾，如拔刀

一样。吸气时，两手用力拉紧，呼气时放松。左右手交换。配合呼吸共做 9 次。（图 13-3-19 至图 13-3-21）

第八式：三盘落地势

诀曰：上腭坚撑舌，张眸意注牙；足开蹲似踞，手按猛如拿；两掌翻齐起，千斤重有加；瞪目兼闭口，起立足无斜。

【动作要领】

左脚向左横跨一步，屈膝下蹲成马步。上体挺直，两手上抬，再屈肘翻掌向上，前臂平举如托千金；稍停片刻，两手翻掌向下，前臂伸直放松，如用千斤力按水中浮球。动作随呼吸进行，吸气时，如托物状；呼气时，如按浮球。配合呼吸共做 9 次。收功时，两脚徐徐伸直，左脚收回，两脚并拢，成直立状。（图 13-3-22 至图 13-3-24）

图 13-3-19

图 13-3-20

图 13-3-21

图 13-3-22

图 13-3-23

图 13-3-24

第九式：青龙探爪势

诀曰：青龙探爪，左从右出；修士效之，掌气平实；力周肩背，围收过膝；两目平注，息调心谧。

【动作要领】

两脚开立，两手成仰拳护腰。右手向左前方伸探，五指屈指成爪，上体左转。腰部自左至右转动，右手亦随之自左至右水平画圆，手画至前上方时，上体前倾，同时呼气，力灌十指；画至身体左侧时，上体伸直，同时吸气。左右交换，动作相反。配合呼吸共做 9 次。（图 13-3-25 至图 13-3-27）

图 13-3-25

图 13-3-26

图 13-3-27

第十式：卧虎扑食势

诀曰：两足分蹲身似倾，屈伸左右腿相更；昂头胸作探前势，偃背腰还似砥平；鼻息调元均出入，指尖着地赖支撑；降龙伏虎神仙事，学得真形也卫生。

【动作要领】

右脚向右跨一大步，屈右膝下蹲，成右弓左仆腿势；上体前倾，两手撑地（随功力增长，可改用手指），头微抬起，目视前下方。呼气时，从喉咙呼出浊气，同时两臂伸直，上体抬高并尽量前探，身体重心前移；吸气时，屈肘，胸部下落，上体后收，身体重心后移，蓄势待发。如此反复，随呼吸而两臂屈伸，上体起伏，前探后收，如猛虎扑食。配合呼吸共做 9 次。换左弓右仆腿势进行，动作如前。（图 13–3–28 至图 13–3–30）

图 13–3–28

图 13–3–29

图 13–3–30

第十一式：打躬势

诀曰：两手齐持脑，垂腰至膝间；头惟探胯下，口更啮牙关；掩耳聪教塞，调元气自闲；舌尖还抵腭，力在肘双弯。

【动作要领】

两脚开立，脚尖内扣。两手仰掌缓缓向左右而上，用力合抱头后部，手指弹敲小脑后 10 次（鸣天鼓）。配合呼吸做屈体动作；吸气时，身体挺直，目向前视，头如顶物；呼气时，直膝俯身弯腰，两手用力使头探于膝间成打躬状，勿使脚跟离地。配合呼吸共做 9 次。（图 13–3–31 至图 13–3–33）

第十二式：掉尾势

诀曰：膝直膀伸，推手自地；瞪目昂头，凝神一志；起而顿足，二十一次；左右伸肱，以七为志；更作坐功，盘膝垂眦；口注于心，息调于鼻；定静乃起，厥功维备。

【动作要领】

两腿开立，两手仰掌由胸前徐徐上举至头顶，目视掌而移，身立正直，勿挺胸凸腹；十指交叉，旋腕反掌上托，掌心向上，仰身，腰向后弯，目上视；然后上体前屈，两臂下垂，推掌至地，昂首瞪目。呼气时，屈体下弯，脚跟稍微离地；吸气时，上身立起，脚跟着地；如此反复 21 次。（图 13–3–34 至图 13–3–36）

图 13-3-31

图 13-3-32

图 13-3-33

图 13-3-34

图 13-3-35

图 13-3-36

收功：直立，两臂左右侧举，屈伸 7 次。

思考题

1. 五禽戏有哪些基本手型和步型？
2. 如何练习八段锦？
3. 练习易筋经前应做好哪些准备？

第十四章

健美操

第一节　健美操概述

健美操是近几十年发展起来的一项新兴的体育运动项目，是以有氧运动为基础，以健、力、美为特征，融体操、舞蹈、音乐于一体，通过徒手、手持轻器械和用专门器械操作练习，以达到健身、健美和健心的目的，并具有竞技性、娱乐性和观赏性的大众健身方式和竞技运动项目。

一、健美操的起源与发展

从 20 世纪 60 年代末开始，信息技术的快速发展使人们的脑力工作增加，体力活动减少，加之营养物质的过多摄入，给人们带来了一系列的健康问题。人们为了抵御这种健康危机，发明了各种各样的健身方法，通过一系列有氧运动来达到减肥、健身、保健的目的。

健美操的特点与锻炼价值

美国演员简·方达根据自己健身体会撰写的《简·方达健身术》一书，对健美操在世界范围内的推广做出了贡献。

健美操在亚洲的发展也风起云涌，人们已把参加健美操运动作为健身防病和丰富精神文化生活的一部分。健美操于 20 世纪 80 年代传入我国，随着健美操的发展，我国把武术、民间舞蹈与欧美健美操融为一体，创造了具有中国特色的徒手健美操和持轻器械健美操。1992 年，中国健美操协会成立，许许多多的人选择健美操作为自己主要的健身方式。

二、健美操的分类

健美操内容丰富、形式多样、种类繁多，按照不同的目的和任务可分为健身健美操和竞技健美操两大类。（图 14–1–1 ）

- 健美操
  - 健身健美操
    - 徒手健美操
      - 传统有氧健美操
      - 形体健美操
      - 爵士健美操
      - 搏击健美操
      - 拉丁健美操
      - 瑜伽健美操
      - 街舞健美操
      - 啦啦健美操
    - 器械健美操
      - 踏板健美操
      - 哑铃健美操
      - 花穗健美操
      - 皮筋健美操
      - 健身球健美操
      - 呼啦圈健美操
    - 特殊场地健美操
      - 水中健美操
      - 功率自行车操
      - 联合器械操
      - 垫上健美操
  - 竞技健美操
    - 男子单人
    - 女子单人
    - 混合双人
    - 三人（混合或同性别）
    - 五人（混合或同性别）

图 14-1-1

第二节　健美操基本动作

一、健美操的基本站立

（1）立：直立、开立、点地立、提踵立。
（2）弓步：前弓步、侧弓步、后弓步。
（3）跪立：双腿跪立、单腿跪立。

健美操
基本手型

二、健美操常用的基本手型

健美操常用的基本手型如图 14-2-1 所示。

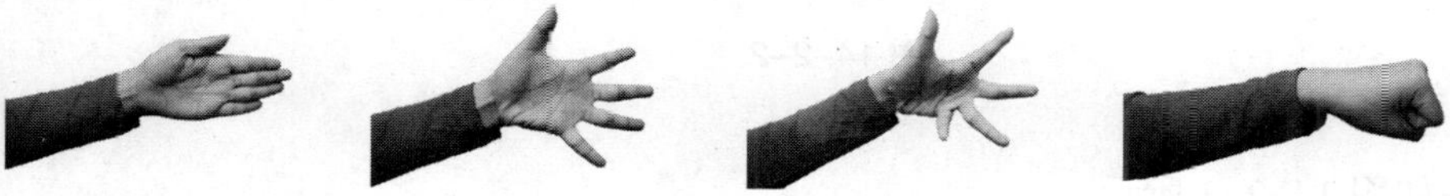

并掌　　分掌　　花掌　　拳

图 14-2-1

健美操
基本步法

三、健美操的基本步法

（一）低冲击步法

1. 踏步类

踏步类步法如图 14–2–2 所示。

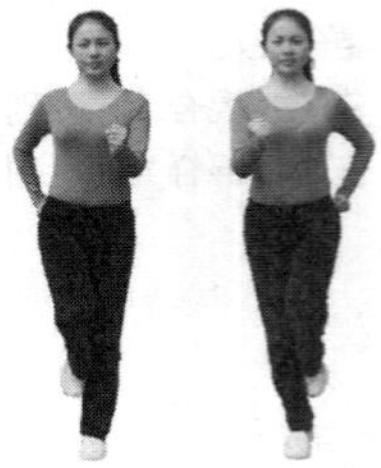

踏步

一字步

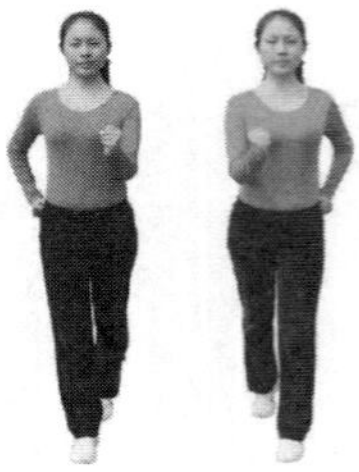

走步

V 字步

漫步

A 字步

图 14–2–2

2. 点地类

点地类步法如图 14–2–3 所示。

脚尖前点地

脚跟前点地

脚尖侧点地

脚尖后点地

图 14–2–3

3. 迈步类

迈步类步法如图 14-2-4 所示。

并步　迈步点地　迈步后点地　迈步屈腿

迈步吸腿　侧交叉步

图 14-2-4

4. 单脚抬起类

单脚抬起类步法如图 14-2-5 所示。

吸腿　踢腿

弹踢腿　后屈腿

图 14-2-5

（二）高冲击步法

1. 迈步跳起类

迈步跳起类步法如图 14–2–6 所示。

并步跳　　迈步吸腿跳　　迈步后屈腿跳

图 14–2–6

2. 双脚起跳类

双脚起跳类步法如图 14–2–7 所示。

并腿纵跳　　分腿半蹲跳　　开合跳

弓步跳

图 14–2–7

3. 单腿起跳类

单腿起跳类步法如图 14–2–8 所示。

吸腿跳　　后屈腿跳　　弹踢腿跳

图 14–2–8

侧摆腿跳

图 14-2-8（续）

（三）无冲击步法

无冲击步法如图 14-2-9 所示。

弹动　　半蹲　　弓步　　提踵

图 14-2-9

大众健美操一级套路　大众健美操二级套路　大众健美操三级套路　大众健美操四级套路

思考题

1. 健美操有哪些种类？
2. 健美操有哪些基本步法？
3. 如何练习大众健美操的套路？

第十五章

啦啦操

第一节　啦啦操概述

一、啦啦操的定义

啦啦操的英文为“cheerleading”，啦啦操起源于美国。啦啦操是指在音乐的伴奏下，通过运动员集体完成复杂、高难度的基本手位与类舞蹈动作、项目特有难度动作和过渡配合等动作内容，充分展示团队高超的运动技能技巧，体现青春活力、积极向上的团队精神，并努力追求团队荣誉感的一项体育运动。

啦啦操对当代大学生的健身价值

啦啦操竞赛规则简介

二、啦啦操的起源与发展

现代啦啦操是以团队形式出现的，其团队称为啦啦队。啦啦队的由来和发展要回溯到19世纪后期，那时候人们就开始有节奏地齐声为他们的球队喝彩、呐喊和助威。第一次有证可查的有组织的助威活动是美国明尼苏达大学学生约翰尼·坎贝尔在1898年的赛季中指挥大家为他们的球队助威。

在啦啦队成立之初，队员通常由男性组成，到了20世纪20年代，女性开始参与其中。现在，美国有超过九成的啦啦队成员是女性。

1948年，劳伦斯·何其莫，前南方卫理公会大学啦啦队队长，成立了美国啦啦队协会（NCA）。劳伦斯·何其莫被认为是啦啦队多项重大活动的创始人。

尽管专业的橄榄球队从20世纪60年代就各自有了自己的啦啦队，但这些啦啦队除了欢呼之外并无特别的喝彩方式，直到达拉斯的姑娘们出现后才有了改观。这些姑娘们用她们的装束和复杂的舞步赢得了全美观众的瞩目。

20世纪80年代之前，啦啦队主要起激励运动员的作用，之后，美国啦啦队协会开始组织啦啦队进行比赛，其他组织也开始兴起。如今，各种体育赛事中随处可见啦啦队队员的身影，包括奥运会和其他体育赛事。

2019 年，中国运动员鲁晓雪等人夺得啦啦操世界锦标赛双人街舞冠军，为中国啦啦操乃至整个中国体育界增光添彩。

三、啦啦操的分类

我国啦啦操的分类方式较多，分类的方法也各有不同，较为常见的是将啦啦操分为竞赛性啦啦操和表演性啦啦操。其中竞赛性啦啦操分为技巧啦啦操和舞蹈啦啦操，技巧啦啦操可分为集体技巧啦啦操、五人配合技巧啦啦操和双人配合技巧啦啦操等；舞蹈啦啦操可分为花球啦啦操、街舞啦啦操和爵士啦啦操等。

第二节 啦啦操基本技术

啦啦操的
基本手位

一、啦啦操的基本手位

啦啦澡的基本动作为 36 位手位，均有统一的动作规格，也有统一的动作速度和力度要求。进行手位练习时应注意：手臂移动快速并要有控制；采用最短距离手臂路径，短杠杆发力；下肢扎实，髋关节向前微倾，腰腹收紧。（图 15-2-1）

图 18-2-1

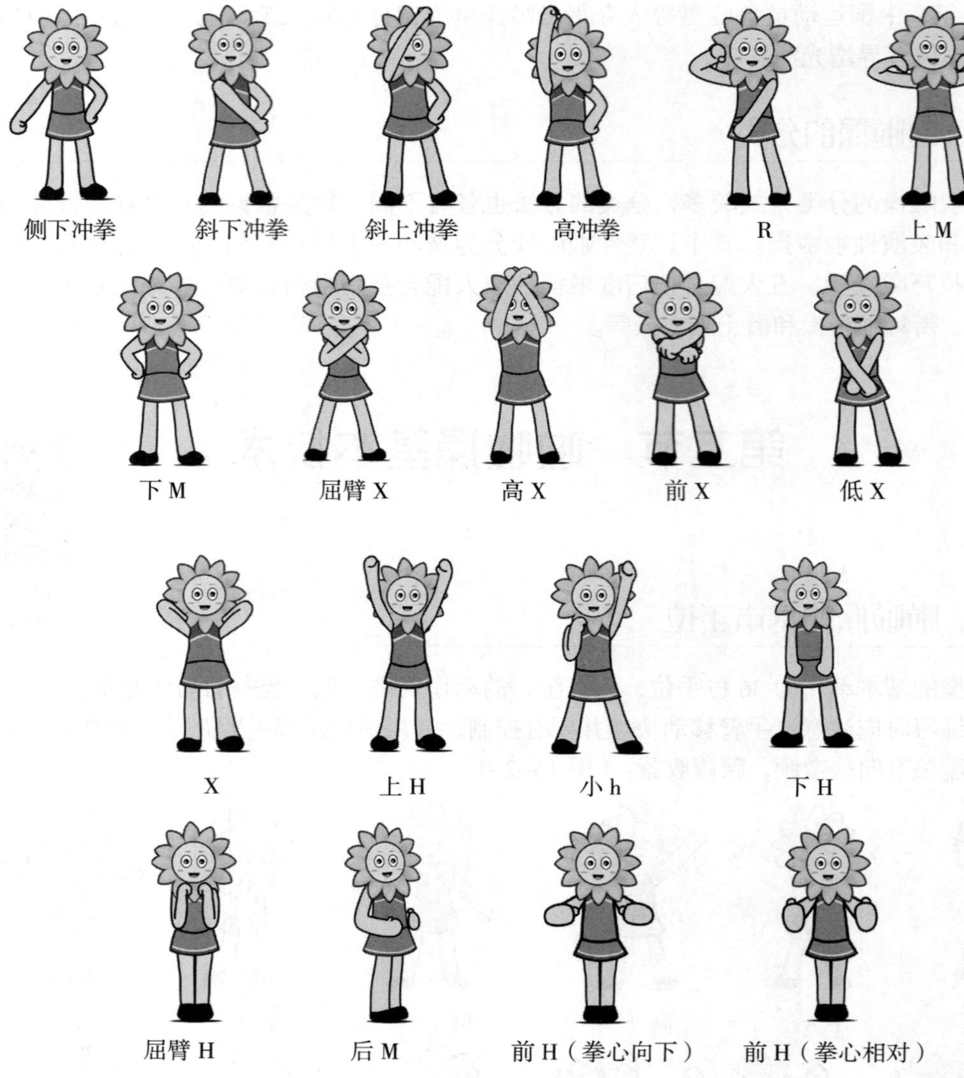

图 18-2-1（续）

二、啦啦操的基本手型

啦啦操的手型有多种，是从芭蕾舞、现代舞、迪斯科、武术等中吸收和发展而来的。手型是手臂动作的延伸和表现，运用得好，会使啦啦操动作更加丰富多彩、生动活泼，更具有感染力。

啦啦操的常用手型

（1）并拢式：五指伸直，相互并拢。拇指微屈，指关节贴于食指旁。（图 15-2-2）

（2）分开式：五指用力伸直，充分张开。（图 15-2-3）

（3）芭蕾手式：五指微屈，后三指并拢、稍内收，拇指指根内扣。（图 15-2-4）

（4）拳式：握拳，拇指在外，指关节弯曲，紧贴于食指和中指。（图 15-2-5）

（5）立掌式：五指伸直，手掌用力上翘。（图 15-2-6）

图 15-2-2

图 15-2-3

图 15-2-4

图 15-2-5

图 15-2-6

三、花球啦啦操规定动作示范

组合一（4×8 八拍）

第一个八拍动作

1　2　3　4　5、6　7、8

动作	节拍	1	2	3	4	5	6	7	8
	步　法	右开始向前走3步			左脚并于右脚后向前迈1步	右脚在前小弓步		并腿站立	
手臂	右	加油			加油	高V		加油	
	左								
手型	右	拳							
	左								

第二个八拍动作

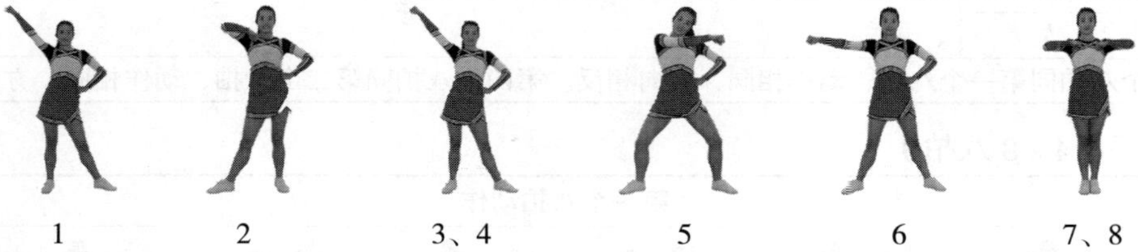

1　2　3、4　5　6　7、8

动作	节拍	1	2	3	4	5	6	7	8
	步法	右脚侧迈并左右动髋			开立	马步		并腿站立	
手臂	右	侧上冲拳2次			侧上冲拳	向内绕环1周		短T	
	左					叉腰			
手型	右	拳							
	左								

第三个八拍同第一个八拍，动作相同，方向相反。第四个八拍同第二个八拍，动作相同，方向相反

组合二（4×8八拍）

第一个八拍动作

1　2　3　4　5、6　7、8

动作	节拍	1	2	3	4	5	6	7	8
	步法	后交叉步				右脚侧迈成马步		并腿站立	
手臂	右	加油				向侧直臂绕环		加油	
	左					叉腰			
手型	右	拳							
	左								

第二个八拍动作

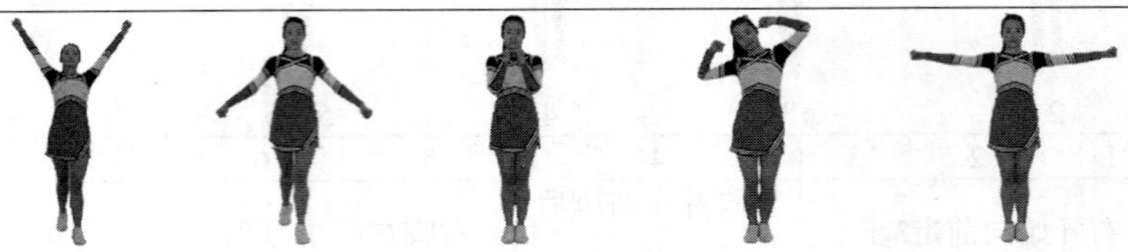

1　2　3　4　5、6　7、8

动作	节拍	1	2	3	4	5	6	7	8
	步法	右脚向后漫步		并腿站立		并腿半蹲		并腿半蹲	
手臂	右	两手两侧画圆		加油后屈肘放于脑部前侧		T		下M	
	左								
手型	右	拳							
	左								

第三个八拍同第一个八拍，动作相同，方向相反。第四个八拍同第二个八拍，动作相同，方向相反

组合三（4×8八拍）

第一个八拍动作

1、2　3、4　5　6　7　8

动作	节拍	1	2	3	4	5	6	7	8
	步法	右脚侧点地		并腿站立		左脚侧迈	并腿	左脚侧迈	并腿
手臂	右	斜下冲拳		加油		斜上A	加油	斜上A	加油
	左								
手型	右	拳							
	左								

第二个八拍动作

动作	节拍	1	2	3	4	5	6	7	8
	步法	吸右腿	并腿	踢右腿	并腿	吸左腿	并腿	踢左腿	并腿
手臂	右	T				下M			
	左								
手型	右	拳							
	左								

第三个八拍同第一个八拍，动作相同，方向相反。第四个八拍同第二个八拍，动作相同，方向相反

组合四（4×8八拍）

第一个八拍动作

动作	节拍	1	2	3	4	5	6	7	8
	步法	右开始向前走3步			左脚并于右脚	分腿站立		马步	并腿站立
手臂	右	从倒V到高V			高V	下M		下M	下H
	左								
手型	右	拳							
	左								

第二个八拍动作

动作	节拍	1	2	3	4	5	6	7	8
	步法	右脚侧迈成马步		并腿站立		左脚侧迈成马步		并腿站立	
手臂	右	斜线		下H		斜线		下H	
	左								
手型	右	拳							
	左								

第三个八拍同第一个八拍，动作相同，方向相反。第四个八拍同第二个八拍，动作相同，方向相反。

组合五（4×8八拍）

第一个八拍动作

动作	节拍	1	2	3	4	5	6	7	8
	步法	右开始向前走3步			左脚并于右脚	分腿站立左右摆动		分腿站立	
手臂	右	短剑		高冲拳		斜上冲拳	侧上冲拳	斜上冲拳	
	左								
手型	右	拳							
	左								

第二个八拍动作

动作	节拍	1	2	3	4	5	6	7	8
	步法	右脚侧迈成侧弓步		左脚侧迈成侧弓步		马步		并腿站立	
手臂	右	倒L		倒L		T		下H	
	左								
手型	右	拳							
	左								

第三个八拍同第一个八拍，动作相同，方向相反。第四个八拍同第二个八拍，动作相同，方向相反

组合六（共4×8八拍）

第一个八拍动作

动作	节拍	1	2	3	4	5	6	7	8
	步法	左脚并步后点		右脚并步后点		分腿顶右胯		顶胯2次	
手臂	右	T	斜下冲拳	T	斜下冲拳	侧下冲拳		侧下冲拳	
	左								
手型	右	拳							
	左								

第二个八拍动作

1、2 3、4 5 6 7 8

动作	节拍	1	2	3	4	5	6	7	8
	步法	右脚向前上步		并腿		右脚向前上步	并腿	右脚向前上步	并腿
手臂	右	前平举							
	左	向后绕环							
手型	右	拳							
	左								

第三个八拍动作

1、2 3、4 5、6 7、8

动作	节拍	1	2	3	4	5	6	7	8
	步法	分腿站立		分腿站立		小弓步		并腿站立	
手臂	右	平举A		加油		放于右腿上		下H	
	左								
手型	右	拳							
	左								

第四个八拍动作

1、2 3、4 5、6 7、8

动作	节拍	1	2	3	4	5	6	7	8
	步法	右脚向前小弓步		立转1周		分腿站立		并腿站立	
手臂	右	L		短T		两手经侧打开		下H	
	左								
手型	右	拳							
	左								

组合七（共4×8八拍）

第一个八拍动作

1、2　3、4　5、6　7、8

动作	节拍	1	2	3	4	5	6	7	8
	步法	分腿站立		分腿站立		分腿站立		移动身体重心	
手臂	右	短T		高V		放花球		肩侧屈	
	左							叉腰	
手型	右	拳							
	左								

第二个八拍动作

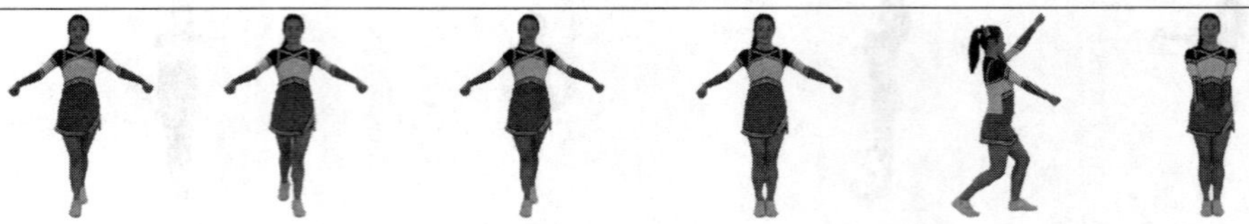

1　2　3　4　5、6　7、8

动作	节拍	1	2	3	4	5	6	7	8
	步法	右脚开始走4步				小弓步		并腿站立	
手臂	右	倒V				K		下H	
	左								
手型	右	拳							
	左								

第三个八拍动作

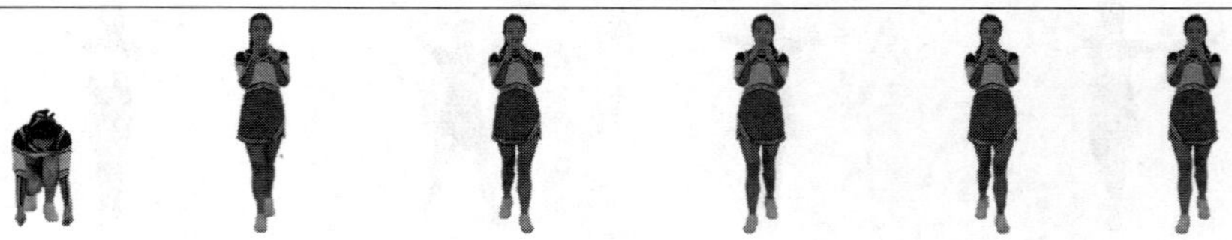

1、2　3、4　5　6　7　8

动作	节拍	1	2	3	4	5	6	7	8
	步法	全蹲		并腿站立		走4步			
手臂	右	捡花球		加油					
	左								
手型	右	拳							
	左								

第四个八拍动作

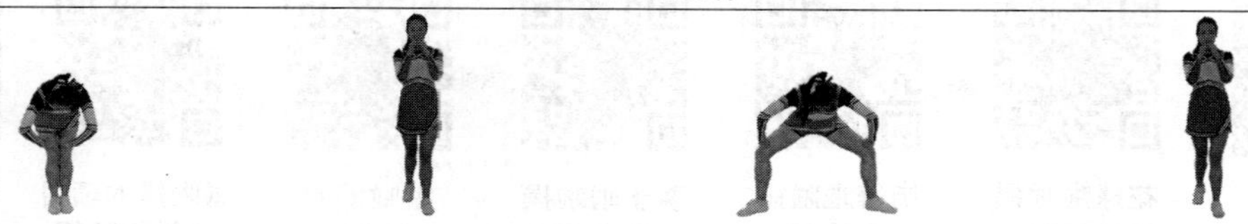

1、2　　3、4　　5、6　　7、8

动作	节拍	1	2	3	4	5	6	7	8
动作	步法	并腿半蹲		并腿站立		分腿半蹲		并腿站立	
手臂	右	扶膝		加油		扶膝		加油	
手臂	左								
手型	右	拳							
手型	左								

组合八（共4×8八拍）

第一个八拍动作

1　2　3　4　5　6　7　8

动作	节拍	1	2	3	4	5	6	7	8
动作	步法	右脚开始走4步				分腿站立			前腿站立
手臂	右	下M				侧前平举	短T	侧前平举	短T
手臂	左								
手型	右	拳							
手型	左								

第二个八拍动作

1、2　　3、4　　5、6　　7、8

动作	节拍	1	2	3	4	5	6	7	8
动作	步法	并腿站立		半蹲		分腿小跳		并腿站立	
手臂	右	T		放于腿上		高V		下H	
手臂	左								
手型	右	拳							
手型	左								

第三个八拍同第一个八拍，动作相同，方向相反。第四个八拍同第二八拍，动作相同，方向相反

形体运动

花球啦啦操常用的基本动作

街舞啦啦操常用的基本动作

爵士啦啦操常用的基本动作

啦啦操的创编

啦啦操的项目分类与特征

舞蹈啦啦操难度动作术语

思考题

1. 啦啦操包括哪几种类型？
2. 啦啦操有哪些基本手型？
3. 如何掌握啦啦操的规定动作？

第十六章

体育舞蹈

第一节　体育舞蹈概述

体育舞蹈起源于欧洲、拉丁美洲和非洲，人们以前称其为国际标准交谊舞，它的另一个原名称为“社交舞”，是欧洲贵族在宫廷舞会上跳的交谊舞。社交舞在14—15世纪于意大利出现，16世纪传入法国，1768年有人在巴黎开办了第一家交谊舞舞厅，法国大革命后“社交舞”流传民间至今。第二次世界大战后，这种舞蹈不断发展传播。目前，世界各国将国际标准舞易名为体育舞蹈，使之成为体育运动项目。国际舞蹈运动总会于1997年9月4日正式成为国际奥林匹克委员会会员，2000年体育舞蹈成为悉尼奥运会表演项目。国际标准交谊舞20世纪30年代传入我国，20世纪80年代，国际标准交谊舞在我国发展较快，我国先后与日本、美国、英国等国家进行国际标准交谊舞交流活动。1991年5月，中国体育舞蹈运动协会成立。从1998年开始，体育舞蹈被列入中国文化部“荷花奖”的评奖单项，从此体育舞蹈事业在中国又开辟了一个崭新的篇章。

体育舞蹈是运动节奏与音乐完美结合的舞蹈，其观赏娱乐性强，艺术表演富有时代特色，能够给人们带来无限的激情和震撼，是很适合在大学生中开展的体育活动，也是一项很有锻炼价值的健身活动。体育舞蹈内容丰富，风格各异，在音乐的伴奏下，不同风格的舞蹈，以及不断变化的舞姿、舞步和动作节奏，不仅能促进大学生的灵活性、协调性，还能改善他们心血管系统的机能状态与神经系统的调节机能，使他们在和谐的音乐旋律中，实现思想和情感的交流与沟通，从中获得美的享受。在大学开展体育舞蹈活动，对提高大学生文化品位和交际能力、丰富校园文化生活、增进大学生身心健康、培养高雅气质和陶冶健康向上的情操具有重要意义。

体育舞蹈常识

体育舞蹈分类与各舞种的风格

第二节　体育舞蹈基本技术

一、手型

女：拇指和中指向里合，其余三指向上翘起。

男：拇指向里合，其余四指并拢，或拇指向里合，食指上翘，其余三指并拢。

二、站立姿势

（1）直立：身体保持立正姿势，两脚脚跟合拢，脚尖打开，成八字形步站立。

（2）起踵立：前脚掌支撑，脚跟向上抬起，使脚背与腿在同一条垂直线上。

（3）点地立：一条腿直立或微屈支撑，另一条腿绷背脚面，脚尖在前方（侧方、后方）点地。

三、基本舞姿

（一）华尔兹

华尔兹的风格是动作如行云流水般顺畅，像云霞般光辉，潇洒自如，典雅大方，被誉为“舞中皇后”。华尔兹舞曲的节奏是$\frac{3}{4}$拍，每分钟 28 ～ 32 小节，每小节有 3 拍。

体育舞蹈基本身体位置

华尔兹一铜牌套路

1. 基本动作练习

（1）升降练习。

升降练习主要为了体会踝关节、膝关节的屈伸，加强脚及身体的控制能力，加强身体升降的稳定性。（图 16–2–1）

（2）手臂前后摆动的升降练习。

随着膝关节、踝关节的屈伸，身体、手臂前后摆转，掌握升降摆转的延伸动作。（图 16–2–2）

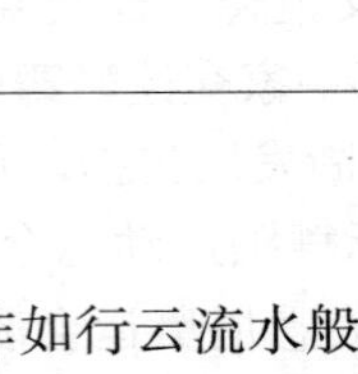

图 16–2–1

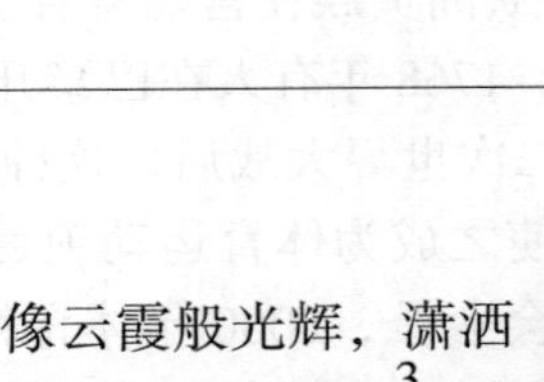

图 16–2–2

2. 握抱姿势

（1）闭式舞姿。

男女舞伴相对站立，两脚并拢，脚尖对齐、正对前方。女士偏向男士右侧的1/3，男女舞伴的右脚脚尖对准对方的两脚中线。男女舞伴的头都向左转，目光从男女舞伴右肩方向看出。女士从臂部以上向后上方打开，男士左手与女士右手掌心相握，虎口向上，前臂与上臂的夹角为135°，高度与女士右耳相平。男士右手五指并拢，轻轻置于女士左肩胛骨下端。女士左手四指并拢，虎口放在男士右臂三角肌处。（图16–2–3）

（2）开式舞姿。

在闭式舞姿的基础上，男女舞伴的上身各向外打开25°，头面向手的方向，目光从手的方向向远方延展，男士与女士一侧的髋部仍相靠不能打开。

3. 基本步法

（1）左脚并换步。（图16–2–4）

男士左脚前进；女士右脚后退。

男士右脚经左脚向侧横步稍前；女士左脚经右脚向侧横步稍后。

男士左脚并右脚；女士右脚并左脚。

图16–2–3

图16–2–4

（2）右脚并换步。

男士右脚前进；女士左脚后退。

男士左脚经过右脚向侧横步稍前；女士右脚经左脚向侧横步稍后。

男士右脚并左脚；女士左脚并右脚。

（3）左转步。（图16–2–5）

共6步。节奏为1、2、3、1、2、3。

男士左脚前进，开始左转；女士右脚后退，开始左转。

男士经右脚向侧横步，1～2转1/4周；女士左脚向侧横步，1～2转3/8周。

男士左脚并右脚，2～3转1/8周；女士右脚并左脚，身体完成转动。

男士右脚后退，继续向左转；女士左脚前进，继续向左转。

男士左脚向侧横步，4～5转3/8周身体稍转；女士右脚向侧横步，4～5转1/4周。

男士右脚并左脚，身体完成转动；女士左脚并右脚，5～6转1/8周。

图 16-2-5

（4）右转步。（图 16-2-6）

共 6 步。节奏为 1、2、3、1、2、3。

男士右脚前进，开始右转；女士左脚后退，开始右转。

男士经左脚向侧横步，1 ～ 2 转 1/4 周；女士右脚向侧横步，1 ～ 2 转 3/8 周。

男士右脚并左脚，2 ～ 3 转 1/8 周；女士左脚并右脚，身体完成转动。

男士左脚后退，继续向右转；女士右脚前进，继续向右转。

男士右脚向侧横步，4 ～ 5 转 3/8 周；女士左脚向侧横步，4 ～ 5 转 1/4 周。

男士左脚并右脚，身体完成转动；女士右脚并左脚，5 ～ 6 转 1/8 周。

图 16-2-6

（5）侧行追步。（图 16-2-7）

共 4 步，3 拍走 4 步。节奏为 1、2、&、3。由开式舞姿开始。

男士右脚前进并交叉于反身动作及侧行位置；着地时先脚跟后脚掌；女士左脚前进并交叉于反身动作位置，着地时先脚跟后脚掌，开始左转。

男士左脚横步，着地时用脚掌；女士右脚横步，着地时用脚掌，1 ～ 2 转 1/8 周。

男士左脚并于右脚，着地时用脚掌；女士左脚并于右脚，着地时用脚掌，2 ～ 3 转 1/8 周，身体稍转。

男士右脚横步稍后，着地时先脚掌后脚跟；女士右脚横步稍后，着地时先脚掌后脚跟。

图 16-2-7

（6）踌躇步。（图 16-2-8）

男士左脚前进开始左转，着地时先脚掌后脚跟；女士右脚后退开始左转，着地时先脚掌后脚跟。

男士右脚横步，1～2转1/4周，着地时用脚掌；女士左脚横步，1～2转1/4周，着地时用脚掌。

男士左脚并于右脚不着力，2～3转1/8周（身体重心在右脚）；女士右脚并于左脚不着力，2～3转1/8周（身体重心在左脚）。

（7）后叉形步。（图16–2–9）

男士在反身动作位置中左脚后退；女士在反身位置及外侧中右脚前进。

男士右脚斜退；女士左脚向侧。

男士在侧行位置中，左脚交叉于右脚后；女士在侧行位置中，右脚交叉于左脚后。

图16–2–8

图16–2–9

（二）探戈

探戈的风格：动静交织，潇洒奔放，头部左顾右盼，快速转动。舞曲为$\frac{2}{4}$拍，每分钟30～34小节。音乐的特点是以切分音为主，带有停顿。舞步分S（慢）和Q（快），其中，S占1拍，Q占半拍。跳探戈时，要求膝关节放松，微屈，身体重心下沉，脚下干净利落，不拖泥带水。

1. 握抱姿势

闭式舞姿：男士的右脚回收半脚并到左脚内侧脚弓处，前后错开半个脚的距离，身体重心下沉，膝关节弯曲并松弛。左手回收，肘关节上抬，前臂内收角度加大（接近90°）。男士右手略向下斜插女士的脊椎骨处，略靠近右肩胛骨的地方（不要超过脊柱）；女士的左手拇指贴向掌心，四指并拢，虎口处抵住男士的上臂外侧靠近腋部。男士右肘与女士左肘部相重叠，即男士右肘骨抵住女士的左肘内窝。目视方向与华尔兹相同。动作时有闪回。男士与女士位置是1/3微贴，接触点是膝关节、髋部到腹部的位置。（图16–2–10）

2. 基本步法

（1）二常步。（图16–2–11）

共2步，节奏为S、S。

男士左脚前进；女士右脚后退。

男士右脚前进；女士左脚后退。

（2）直行侧步。（图16–2–12）

共3步，节奏为Q、Q、S。

男士左脚前进；女士右脚后退。

男士右脚向侧稍后腿；女士左脚向侧稍前进。

男士左脚前进，女士右脚后退。

图 16-2-10

图 16-2-11

图 16-2-12

（3）并脚结束。（图 16-2-13）

共 3 步，节奏为Q、Q、S。

男士右脚后退；女士左脚前进。

男士左脚横步稍前，左转 1/4 周；女士右脚横步稍后，左转 1/4 周。

男士右脚并于左脚；女士左脚并于右脚。

（4）右摇转步。（图 16-2-14）

男士右脚前进；女士左脚后退。

男士左脚向侧并稍后；女士右脚前进。

男士身体重心回立右脚，1 ～ 3 右转 1/4 周；女士左脚后退，1 ～ 3 右转 1/4 周。

图 16-2-13

图 16-2-14

（5）基本左转（图 16-2-15）

共 6 步，节奏为Q、Q、S、Q、Q、S。

男士在反身位置中左脚前进；女士在反身位置中右脚后退。

男士右脚向侧并稍后退；女士左脚向侧并稍前进。

男士左脚交叉于右脚之前；女士右脚并左脚并稍后退。

男士右脚后退；女士左脚前进。

男士左脚向侧稍前进；女士右脚向侧并稍后退。

男士右脚并左脚并稍后退；女士左脚并右脚并稍前进。

图 16-2-15

（6）行进连步。（图 16-2-16）

共 2 步，节奏为Q、Q。

男士在反身动作位置中左脚前进；女士在反身动作位置中右脚后退。

男士右脚向侧并在侧行位置中稍后退；女士左脚向侧并在侧行位置中稍后退。

（7）并式侧行步。（图 16–2–17）

共 4 步，节奏为S、Q、Q、S。

在侧行位置上开始：

男士在侧行位置中，左脚向侧；女士在侧行位置中，左脚向侧。

男士右脚前进并交叉于反身动作位置与侧行位置中；女士右脚前进并交叉于反身动作位置与侧行位置中。

男士左脚向侧并稍前进；女士左脚向侧。

男士右脚向侧并稍后退；女士右脚交叉于左脚之后。

图 16–2–16

图 16–2–17

（三）伦巴

1. 基本步

【开始姿势】闭式舞姿，两脚开立，男士身体重心在右脚，女士身体重心在左脚。

【结束姿势】闭式舞姿。

基本步见表 16–2–1。

表 16–2–1　基本步

步数		1	2	3	4	5	6
拍　数		2	3	4、1	2	3	4、1
男士舞步	脚位	左脚向前	身体重心回到右脚	左脚向侧	右脚向后	身体重心放回左脚	右脚向侧
	转度	开始左转	1～3步左转1/8周		继续左转	4～6步左转1/8周	
	舞姿	面向舞程线	闭式舞姿	闭式舞姿	闭式舞姿	闭式舞姿	闭式舞姿
女士舞步	脚位	右脚后退	身体重心放回左脚	右脚向侧	左脚向前	身体重心放回右脚	左脚向侧
	转度	开始左转	1～3步左转1/8周		继续左转	4～6步左转1/8周	
	舞姿	闭式舞姿	闭式舞姿	闭式舞姿	闭式舞姿	闭式舞姿	闭式舞姿

【动作提示】基本步是练习伦巴的基础，应重点进行练习。在练习时既可采用闭式舞姿，也可采用开式舞姿。

基本步 1 ～ 6 动作如图 16–2–18 至图 16–2–23 所示。

图 16–2–18

图 16–2–19

图 16–2–20

图 16–2–21

图 16–2–22

图 16–2–23

2. **纽约步**

【开始姿势】开式舞姿，两脚开立，男士身体重心在右脚，女士身体重心在左脚。

【过程姿势】并肩舞姿。

【结束姿势】开式舞姿。

纽约步见表 16–2–2。

表 16–2–2　纽约步

步数		1	2	3	4	5	6
拍数		2	3	4、1	2	3	4、1
男士舞步	脚位	左脚向前	身体重心回到右脚	左脚后退向侧	右脚向前	身体重心放回左脚	右脚后退向侧
	转度	右转1/4周	保持方向	左转1/4周	左转1/4周	保持方向	右转1/4周
	舞姿	并肩舞姿	并肩舞姿	开式舞姿	并肩舞姿	并肩舞姿	开式舞姿
女士舞步	脚位	右脚向前	身体重心放回左脚	右脚后退向侧	左脚向前	身体重心回到右脚	左脚后退向侧
	转度	左转1/4周	保持方向	右转1/4周	右转1/4周	保持方向	左转1/4周
	舞姿	并肩舞姿	并肩舞姿	开式舞姿	并肩舞姿	并肩舞姿	开式舞姿

【动作提示】纽约步 7 ～ 9 步重复 1 ～ 3 步动作。舞步过程中，男女两人单手相握，在 3、6、9 步上换手。

纽约步 1 ～ 6 步动作如图 16–2–24 至图 16–2–29 所示。

图 16–2–24

图 16–2–25

图 16–2–26

图 16–2–27

图 16–2–28

图 16–2–29

3. **定点转**

【开始姿势】开式舞姿，开立，男士身体重心在右脚，女士身体重心在左脚。

【结束姿势】开式舞姿。

定点转见表 16–2–3。

表 16-2-3　定点转

步数		1	2	3	4	5	6
拍　数		2	3	4、1	2	3	4、1
男士舞步	脚位	左脚向右前	两脚原地拧转，身体重心回左脚	左脚上步向侧	右脚向左前	两脚原地拧转，身体重心回左脚	右脚上步向侧
	转度	右转1/4周	右转1/2周	右转1/4周	左转1/4周	左转1/2周	左转1/4周
	舞姿	并肩舞姿	并肩舞姿	开式舞姿	并肩舞姿	并肩舞姿	开式舞姿
女士舞步	脚位	右脚向左前	两脚原地拧转，身体重心放回右脚	右脚上步向侧	左脚向右前	两脚原地拧转，身体重心回到右脚	左脚上步向侧
	转度	左转1/4周	左转1/2周	左转1/4周	右转1/4周	右转1/2周	右转1/4周
	舞姿	并肩舞姿	并肩舞姿	开式舞姿	并肩舞姿	并肩舞姿	开式舞姿

【动作提示】定点转舞步过程中，男女两人在 2 步、5 步上分手，其他步数时男士左手与女士右手相握。

定点转 1 ～ 6 步动作如图 16-2-30 至图 16-2-35 所示。

图 16-2-30

图 16-2-31

图 16-2-32

图 16-2-33

图 16-2-34

图 16-2-35

4. 开式扭臀步

【开始姿势】开式舞姿，两脚开立，男士身体重心在右脚，女士身体重心在左脚。

【结束姿势】女士左肩正对男士，两人站位成 90°。

开式扭臀步见表 16-2-4。

表 16-2-4　开式扭臀步

步数		1	2	3
拍数		1	2	4、1
男士舞步	脚位	左脚前进	身体重心回到右脚	左脚并向右脚
	转度			
	舞姿	开式舞姿	开式舞姿	面向女士左肩，两人站位成90°
女士舞步	脚位	右脚后退	左脚前进	右脚前进同时以脚掌为轴右转，左脚虚点跟进
	转度			右转1/4周
	舞姿	开式舞姿	开式舞姿	左肩正对男士正面

【动作提示】开式扭臀步一般下接扇形步。做该舞步过程中，男士左手与女士右手相握。

开式扭臀步 1 ～ 3 步动作如图 16–2–36 至图 16–2–38 所示。

图 16–2–36　　图 16–2–37　　图 16–2–38

5. 扇形步

【开始姿势】开式舞姿或开式扭臀步结束姿势（女士左肩正对男士，两人站立成 90°）开始，两脚并立，男士身体重心在左脚，女士身体重心在右脚。

【结束姿势】扇形位。

扇形步见表 16–2–5。

表 16–2–5　扇形步

步数		1	2	3
拍　数		1	2	4、1
男士舞步	脚位	右脚后退	左脚向左前迈步	右脚前进
	转度			左转1/8周
	舞姿	面向女士左肩	面向女士左肩	扇形舞姿
女士舞步	脚位	左脚前进	右脚前进同时以脚掌为轴左转	左脚左侧后退
	转度		开始左转	2～3步左转1/2周
	舞姿	左肩正对男士正面	左肩正对男士正面	扇形舞姿

【动作提示】做该舞步过程中，男士左手与女士右手始终相握。

扇形步 1 ～ 3 步动作如图 16–2–39 至图 16–2–41。

图 16–2–39　　图 16–2–40　　图 16–2–41

6. 曲棍步

【开始姿势】扇形舞姿，两脚开立，男士身体重心在右脚，女士身体重心在左脚。

【结束姿势】开式舞姿。

曲棍步见表 16–2–6。

表 16-2-6 曲棍步

步数		1	2	3	4	5	6
拍数		2	3	4、1	2	3	4、1
男士舞步	脚位	左脚向前	身体重心回到右脚	左脚靠近右脚	右脚向后	身体重心放回左脚	右脚向前
	转度				开始右转	4～6步右转1/8周	
	舞姿	扇形舞姿	扇形舞姿	正对女伴右肩	保持正对女伴右肩		开式舞姿
女士舞步	脚位	右脚向后靠近左脚，身体重心转到右脚	左脚向前	右脚向前	左脚向前	右脚向前以掌为轴左转	左脚后退
	转度					左转5/8周	左转完成
	舞姿	扇形舞姿	扇形舞姿	右肩对正男士正面			开式舞姿

【动作提示】整个舞步过程中，男士左手始终与女士右手相握，在 3 步、4 步时男士左手上举、肘上抬，女士肘前顶、右手上举，形成一个方形窗口。在女士左转身时，男士左手在上向左推动帮助女伴转动。

曲棍步 1 ～ 6 步动作如图 16-2-42 至图 16-2-47 所示。

图 16-2-42

图 16-2-43

图 16-2-44

图 16-2-45

图 16-2-46

图 16-2-47

7. 右陀螺转

【开始姿势】闭式舞姿，两脚开立，男士身体重心在左脚，女士身体重心在右脚。

【结束姿势】闭式舞姿。

右陀螺转见表 16-2-7。

表 16-2-7　右陀螺转

步数		1	2	3	4
拍数		2	3	4、1、2、3、4、1、2、3	4、1
男士舞步	脚位	右脚交叉在左脚后	左脚向侧	重复1～2步3次	右脚靠近左脚
	转度		开始右转	1～8步右转2周	开始右转
	舞姿	闭式舞姿	闭式舞姿	闭式舞姿	闭式舞姿
女士舞步	脚位	左脚向侧	右脚交叉在左脚前	重复1～2步3次	左脚向侧
	转度		开始右转	1～8步右转2周	开始左转
	舞姿	闭式舞姿	闭式舞姿	闭式舞姿	闭式舞姿

【动作提示】做该舞步过程中，没有臀部动作，转动应连续，在 2、4、6、8 拍时女士右脚应进到男士两脚中间。

右陀螺转步 1 ～ 3 步动作如图 16-2-48 至图 16-2-50 所示。

图 16-2-48

图 16-2-49

图 16-2-50

体育舞蹈技术等级规定组合

8. 伦巴的组合练习

组合一：

基本步（1、2、3、4、5、6）；纽约步（1、2、3、4、5、6、7、8、9）；定点转（1、2、3）；开式扭臀步（1、2、3）；扇形步（1、2、3）。

组合二：

曲棍步（1、2、3、4、5、6）；基本步（1、2、3）；右陀螺转（1、2、3、4、5、6、7、8、9）；闭式扭臀步（1、2、3）；扇形步（1、2、3）。

组合三：

阿里曼娜（1、2、3、4、5、6）；手接手（1、2、3、4、5、6、7、8、9）；阿伊达（1、2、3，退左脚开始 4、5、6）；合位（1、2、3）。

思考题

1. 体育舞蹈有哪些特点？

2. 如何练习华尔兹？

3. 探戈和伦巴包括哪些基本步法？

第十七章

瑜 伽

第一节 瑜伽概述

一、瑜伽的起源

瑜伽一词，其含意为“一致”“结合”或“和谐”。瑜伽是一个通过提升专注力，帮助人们充分发挥潜能的的运动体系。瑜伽姿势是一个运用古老而易于掌握的方法，提高人们生理、心理、情感和精神方面的能力，是一种达到身体与心理和谐统一的运动形式。在练习瑜伽过程中，让空气保持清新流通，并使人更有宁静的感觉。

瑜伽起源于印度，距今有5000多年的历史。瑜伽发源于印度北部的喜马拉雅山麓地带，古印度瑜伽练习者在大自然中锻炼时，无意中发现各种动物与植物天生具有治疗、放松的功效。于是古印度瑜伽练习者根据动物的姿势观察、模仿并亲自体验，创立出一系列有益身心的锻炼系统，也就是瑜伽体位法。这些姿势历经了5000多年的锤炼，瑜伽教给人们的锻炼方法，让后来的锻炼者都从中获益。

二、瑜伽的发展

到了近现代，瑜伽在印度得到了迅速的传播和发展。如今，瑜伽是印度普及性极强的强身健体和修身养性的运动形式。

第二节　瑜伽基本技术

一、瑜伽呼吸法

（一）腹式呼吸

【方法】取仰卧或瑜伽坐姿，将一只手臂放在肚脐下方，感受呼吸带给腹部不同的起伏。吸气时，腹部向外鼓起，吸气越深，鼓起的力度就会越大。随着腹部扩张，膈肌就向下降。接下来呼气，腹部向内朝脊柱方向回收。尽量深长呼气，收缩腹部，将肺内的气体完全呼出，膈肌就自然而然地升起。

【益处】深层滋养和净化完整的肺部，按摩腹部内脏，促进消化和吸收。

（二）胸式呼吸

【方法】取仰卧或瑜伽坐姿，深长吸气，代替腹部扩张的是把空气直接吸入胸部区域。吸气时，腹部向内朝脊柱方向回收，用这种方法吸气时，肋骨是向外和向上扩张的；呼气时，肋骨向下并向内收。

【益处】加强腹肌肌力，镇静心脏，净化血液，改善血液循环。

（三）完全呼吸

【方法】完全呼吸是把腹式和胸式呼吸结合起来的呼吸方式。缓缓吸气，首先吸入肺部。在肺部鼓起时，气就开始充满胸部区域的下半部分，紧接着充满胸部的上半部分。用力吸满气，尽量将胸部扩张到最大限度，此时吸气已达到肺的最大容量，最好能够保持 3 秒的悬吸。再缓缓呼气，先放松胸部，然后放松腹部。用收缩腹部肌肉的方法结束呼吸。

【益处】由于血氧含量增大，血液被净化，肺部组织变得更为强壮，从而增强身体抵抗力。

二、瑜伽基本坐姿

（一）简易坐

简易坐

【方法】坐下，两腿前伸。左腿压在右腿下方或右腿压在左腿下方。挺直上体，紧收下颌。（图 17–2–1）

【益处】使两髋、两膝、两踝柔软灵活，补养和加强神经系统，减轻和消除风湿性关节炎。

（二）金刚坐

【方法】两膝跪地靠拢，两脚紧靠，使两脚脚跟向外指，臀部坐在两脚脚跟之间。挺直上

体，紧收下颌。（图 17–2–2）

【益处】金刚坐是一个极好的姿势，有助于使心理宁静，特别是饭后练 5 ～ 10 分钟，能改善消化系统功能。

（三）半莲花坐

【方法】坐下，两腿前伸。屈左腿，让左脚脚跟顶紧右大腿内侧，再屈右腿，把右脚放在左大腿腹股沟处。挺直上体，紧收下颌。（图 17–2–3）

【益处】具有和莲花坐相同的效果，但程度较逊。

（四）莲花坐

方法：坐下，两腿前伸。屈右腿，放在左腿腹股沟上方，再扳过左小腿，把脚放在右腿腹股沟上方，两脚掌朝天。挺直上体，紧收下颌。（图 17–2–4）

益处：增加脑、胸部和骨盆区域的血液循环，保护心脏，从而使心律平稳，对患呼吸系统疾病的人有益处；使两髋、两腿变柔软，有助于预防及治疗风湿病。

图 17–2–1

图 17–2–2

图 17–2–3

图 17–2–4

三、瑜伽体位法

（一）下犬式

【方法】此时身体成为倒V形，两臂前伸，头颈向腿部延伸看齐，能看到两腿中间的上空，脚跟挨住地面不要抬起。（图 17–2–5）

【益处】消除疲劳，恢复精力，缓解脚跟的僵硬和疼痛，帮助软化脚跟的跟骨刺；增强脚踝，使腿部更匀称；有助于消除肩胛骨区域的僵硬，缓解肩周炎，使腹部肌肉得到增强。由于横膈膜被提升到胸腔，因此心跳速度减缓。

（二）上犬式

【方法】此时身体要伸直，臀部与肩、腰形成舒缓的S形，头颈向前伸，肩部向前用力。（图 17–2–6）

上犬式与下犬式在练习的时候，往往会因为力度不够而做不到位。要记住，瑜伽是在舒展筋骨，应该把自己的筋骨舒展到最大限度。

【益处】使脊柱恢复活力，对于腰部疼痛、坐骨神经痛以及椎间盘突出的人有很好的效果，增强脊柱弹性，辅助治疗背部疼痛。由于胸部得到完全扩张，因此肺部弹性增加，骨盆区域的血液也得到完全的循环，使其保持健康。

（三）骆驼式

【方法】此时的身体成O字形，头部仰到最大限度，两肩胛向后伸展，两手扶住脚跟，大腿与臀部垂直绷紧。（图 17–2–7）

【益处】伸展强壮脊柱，促进血液循环，使脊柱神经得到额外的血液滋养而受益，对于矫正驼背和两肩下垂等不良体态有极佳的效果。

（四）战士第二式

【方法】战士第二式讲究平衡感，上身一定要竖直，右腿弓步，左腿向后伸直，右脚回勾，弓步不能弓得太靠下，臀部要绷住劲，两臂伸平，头颈摆正。（图 17–2–8）

【益处】使腿部肌肉更为匀称、强健，同时还能缓解小腿和大腿肌肉痉挛，增强腿部和背部肌肉弹性，强化腹部器官。

图 17–2–5

图 17–2–6

图 17–2–7

图 17–2–8

（五）树式

【方法】头颈挺直，两臂伸直向上，想象身体将要冲上云霄，胯部同时向上提。（图 17–2–9）

【益处】补养和加强腿部、背部和胸部的肌肉；加强两踝的力量，改善人体态的稳定与平衡，增强集中注意的能力；放松两髋部位，并对胸腔区域有益。

（六）三角式

【方法】上身与下身的弧线要顺畅，胯部不能为省力挺起，两臂伸展呈一字形。（图 17–2–10）

【益处】增强腿部肌肉，消除腿部和臀部的僵硬，矫正腿部畸形；缓解背部疼痛及颈部扭伤，强健脚踝、胸部；辅助治疗多种皮肤病，消除腰围区域的脂肪。

（七）后仰式

【方法】后仰时臀部、胯部、腰部向前挺，可以用手臂支撑出力使臀部、胯部、腰部向前，注意逐步做后仰练习，千万不要用力过度，使身体仰过头。（图 17–2–11）

【益处】有助于消除疲劳，胸部得到完全伸展，伸展两腿、腹部和喉咙，加强两腕、两踝和骨盆的力量，改善肩关节的活动，使神经系统得到增强，血液循环得到改善。

（八）蝴蝶式

【方法】此时的两膝要向两边伸展到最大，挺胸抬头。（图 17–2–12）

【益处】对骨盆区域有益，使骨盆、腹部和背部得到足够的血液供应，有助于消除泌尿功能失调和坐骨神经痛，预防疝气，调理月经期不规律现象，孕期经常练习会使分娩更容易、顺利。

图 17-2-9

图 17-2-10

图 17-2-11

图 17-2-12

（九）犁式

【方法】仰卧，手臂放在身体的两边。吸气，抬起两腿上举越过身体，呼气，将两腿向后放在头的上方。脚趾触地。（图 17-2-13）

【益处】对整个脊柱神经网络有益；伸展背部，减轻和消除各种背痛、腰部风湿痛和背部关节痛；消除肩部和两肘的僵硬；补养增强腘绳肌；有助于消除腰围线、髋部、腿部脂肪，治疗手部痉挛；刺激血液循环，使血液流入头部增多，滋养面部和头皮；调整甲状腺，使身体新陈代谢得到改善；收缩腹部器官，促进消化功能，消除便秘和胃胀气；调理月经失调等症状；还可以治疗头痛、痔疮和糖尿病等疾病。

（十）轮式

【方法】仰卧，两手放在身体两侧。身体后屈，逐渐屈腿，脚跟紧贴大腿后侧。两手向后移到头的两侧至地面，掌心贴地。吸气，拱起背部，髋部与腹部向上升起。（图 17-2-14）

【益处】这一后弯的体式增强背部肌群的力量，放松肩关节和颈部肌肉，使脊柱得到完全的伸展，使身体更加柔软，头部供血加强，有效释放压力并使感觉敏锐。

（十一）脊柱伸展式

【方法】身体前屈，两手向下抓住脚踝，胸部尽量接近腿，最终两手手掌可平放在脚边的地面上。（图 17-2-15）

【益处】增强人体的弹性，伸展脊柱，使脊柱神经得到补养、加强；身体前屈有助于强壮肾、肝脏和脾脏；有助于减少月经期间下腹与骨盆部位的疼痛；是倒立练习必不可少的姿势，使头脑逐渐适应增加的血流和压力，减缓心率。

（十二）脊柱扭转式

【方法】挺直身子坐着，两腿前伸，右腿伸直，左脚跨过右膝，将右臂从左腿下方穿过，两手在背后相握。（图 17-2-16）

【益处】挤压、按摩脊柱周围的肌肉，刺激、兴奋脊柱神经；使背部肌肉更富有弹性，预防背痛和腰部风湿痛的发生；强壮脾脏、肝脏，对肾起到按摩作用；促进胃肠蠕动，有助于提高消化和排泄功能；调整肾上腺的分泌，胰脏活动增强，有助于治疗糖尿病；治疗轻微脊椎盘错位。

图 17-2-13

图 17-2-14

图 17-2-15

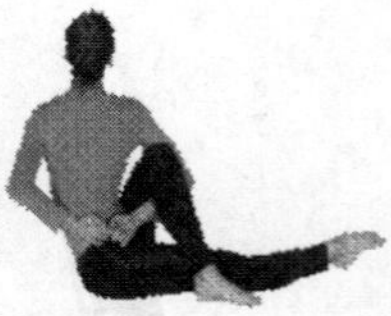

图 17-2-16

思考题

1. 简述瑜伽的起源与发展。
2. 如何练习瑜伽的体位法？

第十八章

排　舞

第一节　排舞概述

一、排舞的起源

排舞起源于美国西部的乡村舞蹈。随着时代的发展，全球化的普及，排舞在其发展过程中广泛吸收了拉丁舞、爵士舞、踢踏舞、街舞、现代舞等舞蹈的形式，最终形成了风格种类多样但又具有自身的独特艺术性、健身性和观赏性的运动形式。它以音乐为核心，以舞步变化为基础，以段落循环为重要表现手段，集国际性、统一性、唯一性三大特征于一体，每一支舞曲都有其独一无二的舞码。排舞集音乐、舞蹈、健身、娱乐于一体，几乎不受年龄、性别、场地等条件的限制，是一项很适合大众开展的健身、娱乐项目。

排舞的健身作用

排舞的最早起源可以追溯到 19 世纪初期的美国，当时有一种舞蹈特别流行，叫作社交舞。社交舞要求男性与女性结伴按照方形或圆形的站位一起跳，从某种程度上来讲，这就造成了一定的人数限制，也使得那些爱好跳舞却缺少舞伴的人无法实现跳舞的愿望。因此，为了能够缓解这一难题的困扰，美国当时运营的一些社交舞俱乐部开始想方设法地安排所有人一起跳舞，采取的主要方式是引导俱乐部成员排成一排排的队列进行跳舞，不再使用方形或者圆形的队列跳舞，甚至不再沿用男女搭配跳舞的方式，这是排舞的早期形式。除此之外，美国的一些西部乡村民间舞蹈俱乐部与迪斯科俱乐部也因此获得启示，不断研究，创新出各种各样风格的排舞。

二、排舞的发展

排舞在我国全民健身及学校体育中的发展

20 世纪 70 年代，排舞运动得到真正意义上的发展。这一时期，排舞在美国得到广泛的传播主要基于三个方面的因素：① 迪斯科俱乐部将一些流行舞风格的排舞向成员传授；② 社交舞俱乐部将社交舞风格的排舞向俱乐部成员传授；③ 美国西部乡村俱乐部将乡村舞曲风格的排舞向俱乐部成员传授。其中，比较典型的是乡村舞曲风格的排舞，不仅得到了广泛的传播发展，还形成了一种现代排舞比较典型的风格形式。

排舞在 20 世纪 90 年代得到了全面的发展。这项运动已经遍布欧美各国，并于 20 世纪 90 年代后期传播到全世界。在这一阶段，排舞不再受到乡村音乐的约束，已经开始探索大量的、风格多样的音乐与舞蹈，如嘻哈舞、拉丁舞、舞厅舞、节奏布鲁斯、踢踏舞与爵士舞等。这些舞蹈元素融合在一起，构成了多种形式的排舞，同时，其可以在特定循环节奏的背景下不断交替旋转、翩翩起舞。

目前，全世界有众多排舞曲目，同一首曲目全世界的舞步动作统一。在舞步标准一致、舞蹈元素多样化组合与变化的情况下，排舞舞者能够将个人风格跳出来，将属于自己的舞蹈完美地诠释出来，同时，还能够享受在全世界范围内以舞会友的独特乐趣。2000 年后，排舞在亚洲开始逐渐传播，并且在新加坡、马来西亚、日本等国及我国广泛传播，掀起了一股排舞热潮，非常受人们的欢迎。尤其是在我国，排舞运动逐渐成为了人民大众集体运动的重要方式，公园里、广场上、小河边经常能见到大批人民群众集体参与排舞运动的盛况，这对丰富人民业余生活来说非常重要，为广大人民所喜闻乐见。

第二节　排舞的礼仪

一、排舞的基本礼仪

（1）不要将食物或饮料带入场地。

（2）在跳舞时，不要在队列中穿梭。

（3）不要在舞场中交谈。

（4）不要在舞场中跳其他的舞蹈，除非是在其他房间或空间。

（5）不要跳得幅度太大，以免影响到别人跳舞的空间而发生碰撞。

（6）不要在他人跳舞时在场地中进行跳舞教学。

（7）不要使脚、膝关节和肘关节威胁到他人安全。

（8）不要在舞场中大肆炫耀自己，不要做一些疯狂的变化动作、高难度的旋转、高踢腿和跳跃动作。

（9）要随着音乐跳舞，分析音乐的节拍和背景。要态度和蔼，要谦让，如果发生碰撞，即使没有错也要态度和蔼和谦让。

（10）要有礼貌，如果不小心影响了他人，先说“对不起”。

（11）要懂得遵守舞场礼仪，即使遇到熟人或朋友也不要大声叫嚷。

（12）要给通道留出一定的距离。

（13）要使舞场像一个流动的场面。

二、排舞舞场中的礼仪问题

如图 18–2–1 所示，排舞场地一般分为中心的跳舞区域和四周的行走区域。

行走区域又分为快走区域和慢走区域，行走的人都要逆时针方向走动。如果走得慢，请走内道的慢走区域；如果走得快，请走外道的快走区域。

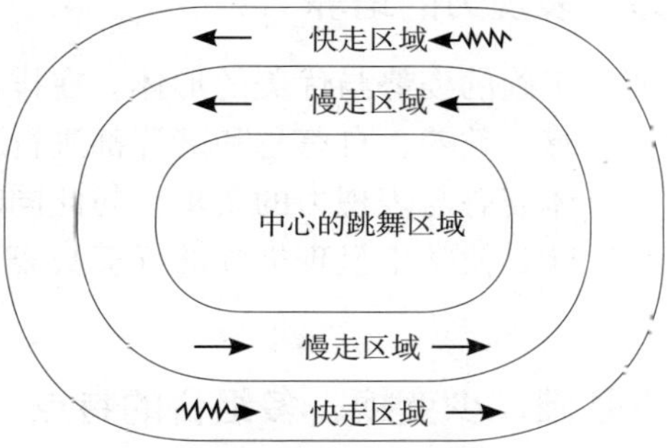

图 18–2–1

如果想跳舞，就到中心的跳舞区域去跳。跳舞时要排好队伍，不要阻挡他人跳舞的行进路线，以免影响到他人正常跳舞。如果所放的曲目非常普及，舞场上跳舞的人很多，要给周边的人多留出点空间；如果是快节奏音乐的排舞，要尽可能地把步幅缩小，切忌踩到他人的脚或碰到他人的身体；如果在硬木地板上跳，不要带饮料和嚼口香糖，万一掉在地板上不但会影响洁净，还会妨碍他人跳舞。站在舞场里打招呼和交谈是极不文明的事。当大家都在按照一定的线路运动，尽情地享受着跳舞的快乐时，切忌不顾他人随意喧哗，这样不仅会影响舞场的气氛，还会对他人的跳舞路线造成一定的影响。

第三节　排舞的教学

一、排舞教学的特点

（一）具有较强的趣味性与可接受性

同其他的舞蹈项目相比，排舞所蕴含的舞蹈风格与类别是十分丰富的，除此之外，排舞所伴随的优美动听的音乐也是种类繁多的。对于排舞学习者而言，

舞动中国

排舞的魅力已经引起了他们极大的兴趣，这对于排舞教学的全面开展是十分有益的。排舞教学在开展过程中，能够发挥出学生较强的主动性与积极性。此外，还可以按照学习对象水平的差异，灵活地调整排舞的技能动作，设定不同的难度，还可以按照学习者的身体状况与年龄特征，对运动负荷进行可大可小的调整。

（二）富有律动性

排舞作为一种健身性舞蹈，需要在不同风格音乐的伴奏下进行有规律的舞蹈，从而表现出不同舞种风格特点。因此，排舞教学的一个显著特点就是富有律动性，能够使学生的音乐素养得到培养，使其能够熟练运用与区别排舞中不同舞种的旋律与音乐节奏，还能够使学生在一定的节律下准确地完成各种类型的舞步。

幸福排舞

（三）重视对身体姿态与表现力的培养

展现动作美的关键在于拥有正确的姿势与优美的形体。在排舞运动中，舞者的标准身姿与挺拔端庄的体态，对健康、美感、教养、自尊与和谐等都进行了完美地展示。在排舞教学中，学习活动始终都充满了对身体姿态与表现力的要求，与此同时，这也是排舞教学评价的重要内容之一。排舞教学的宗旨就是使学生呈现极强的优美身姿与动作，使其对不同风格的舞蹈进行展现。

（四）具有技术动作重基础、少变换、多组合的特点

排舞不仅是体育项目的一种，还是舞蹈的一种，包含了许多种舞蹈技巧与动作，自身具有较强的表演性与娱乐性，除此之外，每一种舞种都具有不同的难易程度与千变万化的动作，然而不论如何变化，最终的演变来源都是排舞的基本舞步与动作。因此，排舞的课程教练习应该将基本舞步与动作的练习组合作为教学重点。尽管排舞教学中转体动作是不可缺少的，然而对于刚刚练习排舞运动的人或者基础很差的练习者而言，转体动作应该尽量少，基础动作组合的练习要增多，使学生在自身的实际承受范围内完成技术动作的学习。一般来讲，在排舞课程教学中，可以应用一些基本舞步动作的变化与组合，如踏步、点步、锁步、走步、海岸步、摇摆步与交叉步等，此外，还可以增加一些旋转动作与之结合。因此，在排舞课程教学中，教师可以较少使用一些变换的教学模式，而优先对基本动作教学。

二、排舞教学的原则

我们这里所说的排舞教学原则是长时间教学实践经验的总结与概括，主要服务于一定的教学目的，能够将教学过程的规律反映出来。排舞教学质量的高低与排舞教学能否正确把握教学特点存在十分紧密的联系，能够直接反映教师对教学原则的理解程度。

（一）健康性与娱乐性互相统一

在排舞教学开展的过程中，应该始终坚持“健康第一”的指导思想，将促进身心全面发展同增进健康有机地结合在一起，将学生的个性发展与排舞基础知识、基本技术与技能的传授互相统一。此外，还应该与学生的兴趣培养紧密联系在一起，使健身、健心的双重教育目

标得以顺利实现。

排舞的身体练习活动能够使身体各项器官功能的发展得到有效促进，使练习者的健康水平得到提高，为终身体育的开展建立坚实的基础，同时，还能够使学生的观察、感知、想象、判断与创造性思维能力等得到发展。除此之外，对良好的社会行为、健康愉悦的情绪与高尚的道德情操等的培养，都具有十分深远的意义。

（二）全面性与个性培养互相统一

排舞教学的价值取向应该定位在人的全面发展与人格的完善上，还应该使人们身心全面发展的需要得到满足。通过排舞教学活动，教师应该指导学生对排舞的基础知识、基本技能进行学习，以促进实现健康增进与体质增强的目的。在排舞教学中，强调学生学习的主动性与积极性的发挥，不仅要对学生排舞锻炼效果的取得给予重视，还应重视发展学生的智力与情商。此外，还应着重培养学生的自学能力、创新能力与独立解决问题的能力。

（三）整体性与因材施教互相统一

整体性与因材施教互相统一的原则，主要是指不仅要重视学生的排舞基础知识、基本技能的教育，还要考虑学生个性的培养。排舞教学的目标受众是所有的学生，要考虑学生的整体性发展，使学生打好共同基础，也要重视学生的专业知识与个性发展。

在排舞教学中，教师应该重视学生整体水平的提升，按照学生的实际出发，充分考虑学生的个体差异性，因材施教，因势利导，区别对待。应用各种各样的方法与途径，使学生的不同学习需求得到满足。不论是教学方法的选择，还是教学内容的安排，都应该从排舞教学的实际需要出发，也就是知识的整体性，也应该重视学生学习要求的适用性与实用性。

（四）直观模仿与启发思维互相统一

直观模仿与启发思维互相统一的原则，主要依据是学生认识活动所具的特征。对于学生而言，对于任何一种排舞动作技能的掌握，都需要经过四个阶段，分别是感知阶段、理解阶段、巩固阶段与运用阶段。在排舞教学过程中，学生如果没有清晰的感觉，只是一味地练习，就不能有效掌握舞蹈技巧。通过教师的示范等直观手段，学生在自身已有经验与多种感官下，能够将排舞技术动作形成清晰表象，进而丰富感性认识。此外，教师还应该对学生进行引导，使他们通过身体活动，在分析、抽象、综合地概括学习内容后，能够建立所学动作的概念与条件反射，进而促进学生知识、技能与技巧的掌握，使学习任务顺利完成。

三、排舞的教学方法

在选择排舞教学方法的过程中，应该从排舞的教学任务、内容特点与学生的实际考虑。此外，教学方法的选择，教师自身的具体条件、教学环节、教学手段与场地设备等因素，也能够对排舞教学方法的选择造成一定影响。

在选择排舞教学方法的过程中，主要遵循以下步骤：① 对排舞教学方法选择的标准进行明确；② 同排舞教学的具体任务相结合，最优化地选择排舞教学方法；③ 对排舞教学方法的效用综合考虑，注意排舞课程教学方法的多样性。

教师在对排舞教学方法进行选择的过程中，应该将自身的特长与能动性充分地发挥出来，开展创造性的实践活动。排舞课程教学重要的特点之一就是其丰富多样的各类教学方法。本书主要对以下几种排舞教学方法说明与分析。

（一）示范法

示范法主要是指将教师的具体动作作为范例，帮助学生对所学动作的要领、结构、过程与形象进行了解，同时，做出错误动作的示范，使学生有效克服动作缺点，使其技术动作得到改进。动作示范具有较多的优点，如具有较强的针对性与真实感；具有较广的使用范围；具有较好的直观效果；简便灵活。因此，如果教师的动作示范是标准、正确的，那么学生独有动作形象也会正确建立。除此之外，教师的动作示范还能够使学生的学习兴趣得到提高，学习欲望得到激发。综上所述，在排舞教学中，最基本、最广泛的教学方法就是示范法。

在排舞教学中应用示范法时应注意以下几点。

（1）所做的示范动作必须保证正确、合理、熟练。正确与熟练主要是指根据动作规格完成示范要求，保证动作的准确、优美、熟练与轻快，还要保证示范动作具备一定的感染力与表现力，将一个完美的动作形象呈现给学生。

（2）教师在做示范动作的过程中，要将重点突显出来，明确目的。在排舞教学开展的过程中，教师应该对每一次的示范的目的与所要解决的问题进行明确，同时，按照教学任务、学生的实际情况与教学步骤对示范的重点、内容和时长等进行安排。教师在将某一个新的动作向学生传授时，应该首先面对学生，使正常速度下完成一次完整的动作示范，使学生形成正确动作的表象与动作的完整概念，之后再按照教学任务的要求，着重进行示范。需要注意的是，此时的动作示范应该保持慢速度。

（3）确定正确的示范方向与位置。之所以这么做，主要目的在于使教师的示范动作能够被每个学生看清楚，使教师示范的最终目的得以实现，因此，对于示范的位置与方向，教师应该给予足够的重视。在排舞教学开展的过程中，教师在对示范位置进行选择时，应该从场地情况、观察部位、学生队形与动作结构等几个方面综合考虑。此外，排舞教师在做动作示范时，应该采取多种示范方式，如正面示范、侧面示范、背面示范与镜面示范等，以取得最佳排舞教学效果。

（4）将示范与讲解紧密联系在一起。在排舞教学过程中，大致的步骤是先进行示范，再进行讲解，也可以先进行介绍性地讲解，再做示范，或一边示范，一边讲解。

（二）讲解法

讲解法主要是指一种最普通、最主要的排舞教学形式，值得注意的是，此种教学法需要正确地使用语言。在排舞教学中，教师一般会通过语言将动作名称、教学任务、动作要领、教学要求、作用等向学生说明，进而对学生进行指导，使他们尽可能地掌握排舞动作的技术、技能。

在排舞教学中应用讲解法时需要注意以下几个问题。

（1）在排舞教学中，教师应该注意讲解语言要精练，使用正确的术语。从实质上来讲，排舞教学的主要目的是使学生全面发展，因此，在讲解动作的过程中，语言方面要突出重点、简明扼要，尽量做到少而精，只有这样才能切实地做到精讲多练。除此之外，在排舞课程教学中，教师应该使用正确的术语进行讲解，为学生塑造一个清晰明了的动作形象，使学生更好地去学习、理解排舞运动。

（2）教师要注意讲解的内容需具备一定的科学性，还要保证学生能够接受。基于此，教师应该对排舞相关教材认真钻研，还要对讲解内容的科学性给予考量。除此之外，教师还应该对所教授学生的现有水平进行判断，进而确定所要讲解内容的广度与深度。

（3）讲解的时机与效果要确定好。在排舞教学过程中，绝大多数的时间都是教师组织学生练习。对于排舞教师来讲，应该根据实际情况，用简短的语言恰到好处地进行讲解或者提示，并对学生的动作及时作出评价，使学生更清楚地掌握排舞动作，进而实现最佳的排舞教学效果。

（三）完整法

完整法是指一种完整进行教学的方法，具体是指在排舞教学中，部分段落从动作的开始一直到结束的一种完全教学的方法。此种教学方法的优势在于能够使学生对排舞技术动作完全掌握，同时还能够使动作的结构与动作间的练习不被破坏；而此种教学方法的劣势在于学生难以快速掌握动作的难点与重点。综上所述，完整教学法是一种在动作简单的情况下所运用的方法。

在排舞教学中运用完整法时需要注意的几个问题如下。

（1）在对排舞的简单动作或者容易掌握的动作进行教学的过程中，教师在讲解与示范之后可以采用完整法，安排学生进行练习活动。

（2）在对排舞较为复杂的动作进行教学的过程中，教师应该优先将重点突出，先着重教授排舞动作的基础部分，再使学生掌握排舞的动作细节。在排舞教学的过程中，教师应该让学生首先对整个动作过程进行粗略掌握，然后对动作的主要环节逐步突出练习。需要注意的是应该重点强化教学中那些较难、较复杂的动作，使排舞动作能够被学生快速掌握，促进完整教学法的顺利实施。

（3）降低排舞动作的难度，简化对排舞动作的要求。在实施排舞完整教学法的过程中，应该先对动作的要求进行简化，或者使动作难度在一定手段下得以降低，如对动作的完成速度降低，在口令下完成动作。在较好地掌握动作的前提下，再根据规范要求与正常速度完成动作。

（四）分解法

分解法主要是指合理地将排舞的完整动作划分为几个段落或几个部分，之后再按照划分标准依次进行练习，直到能够完整掌握动作的一种方法。此种排舞教学法的优势在于能够使掌握动作的过程得到简化，使动作掌握的时间得到缩短，这对于较难动作的掌握与学习是非常有利的。一般来讲，分解法可以分为两种：纵向分解法与横向分解法。

1. 纵向分解法

纵向分解法主要是指按照排舞课程内容，将技术动作结构划分为几个部分。一般来讲，纵向分解法主要有三种形式。

（1）纵向单纯分解法。

纵向单纯分解方法主要是指把所要教学的部分内容按照若干部分进行划分，先将每一个部分的内容逐一学习、掌握，再将所有部分综合在一起，进行合成学习。在排舞动作教学过程中，优先对基本舞码进行教学，再对手臂动作进行教学，再将所有动作结合在一起使学生进行练习。此种教学方法对于教学内容中动作结构不紧密且各个部分比较分明的情况比较适用。

（2）纵向递进分解法。

纵向递进分解法主要是指先对第一部分进行教学，再对第二部分进行教学，之后将第一部分与第二部分结合在一起进行练习。当这两个部分都学习之后，再对第三部分进行学习；当掌握第三部分之后，可以将第一部分、第二部分、第三部分结合在一起进行练习，直到能够完整掌握所有动作为止。纵向递进分解法主要对于教学内容中动作结构严密的情况比较适用。

（3）纵向顺进分解法。

纵向顺进分解法主要是指按照时间的先后顺序进行若干部分的划分，首先对第一部分进行教学，再将第一部分与第二部分联系在一起进行教学。

2. 横向分解法

横向分解法主要是指按照身体的部位，将动作分成若干个部分，分别为上肢动作、下肢动作与躯干动作等，有侧重地分别进行教学活动，最终使学生完全掌握所有动作。在排舞教学中，此种教学方法的使用比较广泛。

在排舞教学中，复杂动作的教学需要结合纵向分解与横向分解两种方法。

在排舞教学中应用分解法时需要注意的以下几点内容。

（1）需要按照教学内容的结构特征划分排舞动作，准确地将其划分为几个部分，前提是不能对动作的各个部分之间的练习造成破坏，还不能对动作的结构特征造成影响。除此之外，也要充分考虑学生的个体水平与接受能力。

（2）排舞教师应该引导学生，始终明确完整动作中各部分动作的作用、动作位置相互间的联系，同时，还要准备好对各个部分动作的连接工作。

（3）在对排舞教学分解法进行应用的过程中，应主要注意不能耗费过多的分解时间，向完整法过渡要及时。应用分解法的目的是保证完整教学的最终开展，以及对于整套动作技术的顺利掌握，因此在开展一段时间的分解练习之后，需要及时运用完整法。

（五）练习法

练习法主要是指一种所有学生都参与排舞的练习活动的方法。可以说，练习法作为一种基本方法，可以巩固排舞的基础知识、基础技能，可以陶冶学生情操，完善学生性格。如果学生初步掌握舞蹈技术，那么此种教学法可以作为提高学习效果、巩固动作的重要方法，在排舞教学中的应用是非常广泛的。

教师可以按照学生的具体人数，在排舞教学实践中开展多种形式的练习活动，如个人练习、分组练习与集体练习等。为了能够使学生更好地掌握基础动作与难度动作，排舞教师可以使用分解练习、完整练习与重复练习等多种练习法；为了能够使学生的学习积极性得到提高，同时增强学生身体素质，排舞教师可以运用比赛练习法与游戏练习法。如果学生的水平不同，排舞教师就可以采用带领练习法，在音乐的引导下让具有较高技术水平的学生带领其他学生对动作进行复习，进而充分调动学生的主动性与积极性。

（六）多媒体教学法

多媒体教学法主要是指运用多媒体手段完成排舞教学的一种方法。教师可以在排舞教学的过程中，组织学生观看排舞比赛及排舞的相关课件、教学视频等，从而激发学生的学习积极性，取得理想的排舞教学效果。在教学中也可以借助排舞网络平台或中舞网软件等互联网平台来完成排舞教学活动。除此之外，教师还可以对教学过程中学生的学习情况进行拍摄，以便于对教学效果进行检查，使学生能够对自己的练习情况所有了解，进而对自身的错误动作及时纠正，实现预期的教学目的。需要注意的是，如果教师想要在排舞教学中使用多媒体教学法，就需要在课前做好相关准备，在学生观看之前要预设问题，只有这样，多媒体教学法才能够取得预期的效果。

综上所述，排舞教学方法多种多样，如示范法、讲解法、完整法、分解法、练习法与多媒体教学法等，这些教学方法相互联系，彼此之间互相作用且又互相渗透。因此，在应用教学方法进行排舞教学的过程中，需要从教学的特点、教学目的与学生的实际情况出发，选择适合的教学方法，只有这样才能够促进排舞教学质量与教学效果的提高。

思考题

1. 排舞有哪些基本礼仪？
2. 排舞教学的特点与原则是什么？
3. 排舞包括哪些教学方法？

第十九章

健 美

第一节 健美概述

健美是一项增强体格、塑造形体的体育项目，它主要以哑铃、杠铃等专用健身器械为工具，通过常年的系统训练，使全身肌肉表现出粗壮发达、比例匀称的外观。通俗地说，它是雕琢人体的运动项目。

20 世纪 20 年代，健美由欧美传入中国。赵竹光是中国现代健美运动的开拓者，他创立了中国最早的健美组织"沪江大学健美会"，并于 20 世纪先后翻译出版了《肌肉发达法》《力之秘诀》等健身著作，积极介绍和推广健美运动。1940 年 5 月，赵竹光创办了"上海健身学院"，当时的校训是："健全的身体，健全的人格，健全的头脑，健全的灵魂。"1985 年 11 月，在瑞典哥德堡举行的第 39 届国际健美联合会年会上，中国健美协会正式加入国际健美联合会。近年来，华波、鹿晨辉、田宁等运动员夺得了世界级的健美冠军，让世界看到了"中国肌肉"和"中国力量"。

第二节 健美基本技术

一、发展肩部肌肉群的练习

（一）直臂前平举上举

直臂前平举上举主要发展三角肌前部肌肉。两手握住杠铃下垂，直臂前平举静止 4 ～ 6 秒再上举至直臂支撑。上举时吸气，举直后呼气。（图 19–2–1）

（二）直立提肘上拉

直立提肘上拉主要发展三角肌侧部肌肉。两手握住杠铃下垂，握距比肩略窄，身体直立，用力向上提肘至胸部后慢慢复原。提肘时吸气，复原后呼气。（图 19–2–2）

图 19–2–1

图 19–2–2

（三）颈后推举

颈后推举主要发展三角肌、斜方肌和肱三头肌。两手握住杠铃放置在颈后的肩上，用力将杠铃推起至两臂完全伸直后慢慢复原。杠铃放置在颈后，吸一口气，推上后再调整呼吸。（图 19–2–3）

（四）两臂交替前举

两臂交替前举主要发展三角肌前部、中部肌肉。两手握哑铃于身体两侧，掌心向后，肘关节微屈，先举起一侧哑铃，在还原的同时举起另一侧哑铃，交替进行。抬臂时吸气，放下臂时短呼气。（图 19–2–4）

（五）臂绕环

臂绕环主要发展三角肌中部、前部肌肉。两臂下垂持哑铃在胸前成十字交叉，做胸前直臂绕环，力求自然。上举时吸气，放下时呼气。（图 19–2–5）

图 19–2–3

图 19–2–4

图 19–2–5

（六）俯卧飞鸟

俯卧飞鸟主要发展三角肌后部肌肉、斜方肌。俯卧在凳上，两臂向上抬举哑铃至水平位置成飞鸟姿势，然后还原。振臂前吸气，放松还原后呼气。（图 19–2–6）

仰卧飞鸟

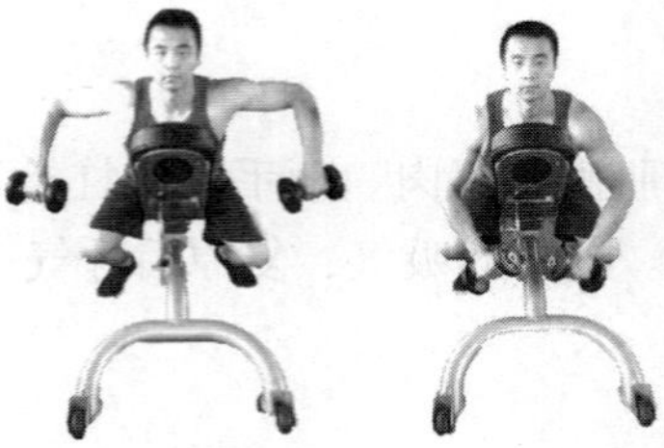

图 19-2-6

（七）坐姿侧平举

坐姿侧平举主要发展三角肌后部肌肉。坐在凳子上，上体前倾，两手持哑铃于体侧，然后用力持哑铃侧举至与头同高。侧举时尽量使两臂达到水平位置。向侧上抬臂时吸气，放松还原时呼气。（图 19-2-7）

（八）弓身侧平举

弓身侧平举主要发展三角肌、斜方肌和大圆肌。弓身，两手持哑铃于体侧，然后两臂向后上振至与肩同高后慢慢还原。后振时吸气，还原时呼气。（图 19-2-8）

图 19-2-7

图 19-2-8

二、发展胸部肌肉群的练习

（一）俯卧撑

俯卧撑主要发展胸大肌、肱三头肌和肱二头肌。做俯卧撑时，屈肘前身体要前探，尽量拉长胸大肌，用力时要注意胸大肌发力。做前吸气，成直臂俯撑时呼气。

（二）卧推

卧推主要发展胸大肌、肱三头肌和三角肌前束。仰卧在凳上，两手正握杠铃，比肩稍宽；屈臂下放杠铃于胸部，两肘外展；再将杠铃从胸前往上用力推起至两臂完全伸直。推前吸一口气，憋气上推，两臂伸直后呼气。（图 19-2-9）

（三）颈上卧推

颈上卧推主要发展胸大肌上部。仰卧在平凳上，两手握杠铃放至颈部，两肘尽量外展，然后用力向上推杠铃至手臂伸直。上推前吸一口气，憋气上推，两臂伸直后呼气。（图 19-2-10）

图 19–2–9

图 19–2–10

（四）仰卧直臂上拉

仰卧直臂上拉主要发展胸大肌上部。仰卧在平凳上，两臂在头后伸直握住杠铃，与肩同宽，然后挺胸振臂将杠铃摆至胸部垂直上方，再慢慢下放至最低。用力前吸一口气，憋气上拉；两臂伸直后呼气，稍微停顿；还原时呼气。（图 19–2–11）

（五）仰卧扩胸

仰卧扩胸主要发展胸部中沟的肌肉。仰卧在平凳上，两手握哑铃（掌心相对）于胸前，臂与身体垂立，开始时两臂慢慢向两侧分开（肘微屈）至低于体侧，胸部要高高挺起，腰部离凳，仅肩背部和臀部着凳；然后胸大肌用力收，两臂内收至胸上伸直。两臂侧分及向上内收时吸气，还原伸直时呼气。（图 19–2–12）

图 19–2–11

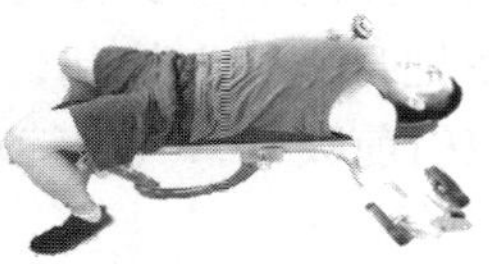

图 19–2–12

（六）弹簧棒内收

弹簧棒内收主要发展胸部中沟的肌肉。两手握住弹簧棒两端（掌心相对），置于腹前；然后两臂同时内收，肩胛骨后缩，使弹簧棒停在胸前；两臂慢慢放松复原。（图 19–2–13）

（七）宽撑双杠

宽撑双杠主要发展胸下部的肌肉。两手握住双杠成支撑，脸朝下，下颌收紧，弓背，脚尖向前；然后慢慢屈臂使身体下降至下颌约与双杠齐平；再用力将身体撑起。伸臂时吸气，放松时呼气。（图 19–2–14）

（八）双杠支撑摆动臂屈伸

双杠支撑摆动臂屈伸主要发展胸下部的肌肉。两手握住双杠成支撑，以肩为轴，身体前摆时肩略后移，两臂用力伸直；随后后摆至最高处时屈肘，腰部和腹部要放松；随后再次前摆，如此往复摆动臂伸。屈肘后吸气，前摆时呼气。

图 19-2-13

图 19-2-14

三、发展背部肌肉群的练习

（一）划船练习

划船练习主要发展背阔肌上、中部的肌肉。坐在拉力器凳上，拉住拉力器的把手，上体前屈，屈膝，脸朝下置于两臂之间；然后两臂向后拉动牵引绳，同时上体后仰、挺胸。当拉力器的把手触及胸腹部后，还原重新开始。向后拉引时吸气，还原时呼气。（图 19-2-15）

（二）双杠引体向上

双杠引体向上主要发展背阔肌上、中部的肌肉。握住宽约 40 厘米的双杠，两臂伸直成吊姿；然后把身体往上拉起，胸部尽量向上挺伸，头向后仰，肩向下、向后收紧。还原后重新开始。拉引前吸一口气，待动作完成后立即呼气，这个过程有轻微的憋气。（图 19-2-16）

图 19-2-15

图 19-2-16

（三）颈后下拉

颈后下拉主要发展背阔肌上、中部的肌肉。两手握住拉力器的把手，坐在拉力器凳上，然后用力下拉拉力器，使肘关节贴近身体的两侧，把手挨近肩膀。下拉时吸气，还原时呼气。（图 19-2-17）

（四）卧拉

卧拉主要发展背阔肌、斜方肌和三角肌后部肌肉。俯卧在凳上，两臂下垂持杠铃，屈臂把杠铃垂直或以波浪式拉至凳底面。用力拉引时吸气，完成动作时呼气。

图 19-2-17

（五）提铃耸肩

提铃耸肩主要发展斜方肌。身体直立，两臂持杠铃自然下垂，做提铃耸肩动作时用力向上耸肩至最高位，然后还原再做。耸肩时吸气，还原时呼气。（图 19-2-18）

（六）直臂拉弹簧拉力器

直臂拉弹簧拉力器主要发展斜方肌。两手握弹簧拉力器的两端，两臂由前平举向两侧用力拉直至两臂于体侧平行，然后还原再做。扩胸时吸气，还原时呼气。（图 19-2-19）

（七）坐弓身

坐弓身主要发展背部肌肉。坐在凳上，背部伸直，两手握紧杠铃并将其置于颈后肩上；然后身体慢慢前倾，至腹部触及大腿，再慢慢用力抬起上身。前弓时吸一口气，直到还原时换气。（图 19-2-20）

（八）中握引体向上

中握引体向上主要发展肱二头肌和背部肌肉。两手握杠与肩同宽成吊姿，然后用力将身体拉起，直至胸骨碰到横杠。（图 19-2-21）

图 19-2-18

图 19-2-19

图 19-2-20

图 19-2-21

四、发展臂部肌肉群的练习

（一）坐姿臂屈伸

坐姿臂屈伸主要发展肱三头肌外肌。坐在凳上，两手握哑铃的一端，两肘高抬并向两侧分开，然后用力向上伸直两臂，使哑铃沿背部滑动至最高位。伸肘前吸气，肘直后呼气。（图 19-2-22）

（二）背后臂屈伸

背后臂屈伸主要发展肱三头肌。两臂在体后紧握杠铃，两臂弯曲将杠铃提至髋部；然后向后上方用力伸直两臂。力求自然，尽量少憋气。（图 19–2–23）

（三）仰卧臂屈伸

仰卧臂屈伸主要发展肱三头肌。仰卧在凳上，两手握住在头前的杠铃，两肘高抬，肘尖向上；然后用伸前臂的力量将肘伸直。用力伸臂时吸气，伸直后呼气。（图 19–2–24）

图 19–2–22

图 19–2–23

图 19–2–24

（四）斜板弯举

斜板弯举主要发展肱二头肌、肱肌和前臂肌群。两手反握杠铃，两肘固定在斜板上，两臂自然伸直，然后用力屈肘使杠铃至锁骨前，再慢慢还原。屈肘时吸气，还原时呼气。

（五）站姿胸前臂屈伸

站姿胸前臂屈伸主要发展肱二头肌。两脚开立，两手反握杠铃下垂，然后将杠铃弯举至胸前，再慢慢放下还原。屈肘时吸气，还原时呼气。（图 19–2–25）

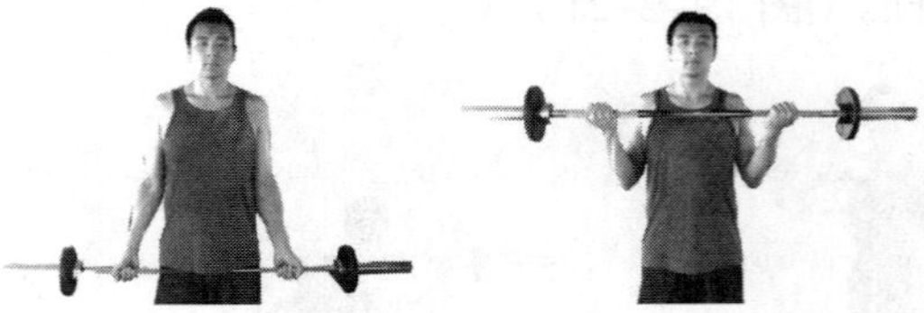

图 19–2–25

（六）轮换变举

轮换变举主要发展肱二头肌和肱肌。坐着或直立，两手持哑铃，一臂用力屈肘，另一臂下垂伸直；放下一臂时，另一臂则用力屈肘。此动作不宜憋气，应保持自然呼吸。（图 19–2–26）

（七）腕弯举

腕弯举主要发展屈腕、屈指肌群。坐在凳上，两手反握杠铃，将肘关节垫放在凳上（或膝关节）固定，然后手腕用伸开的手指用力向上卷。不宜憋气，自然呼吸。（图 19–2–27）

图 19-2-26

图 19-2-27

（八）反缠重锤

反缠重锤主要发展前臂伸肌和屈肌群。直立，两臂前平举，正握重锤，做反卷或正卷至重锤接近短棍，放下再做。肌肉用力收缩时吸气，反之呼气。

五、发展腰腹肌肉群的练习

（一）负重体前屈

负重体前屈主要发展背肌、臀大肌和股后肌。两腿开立，与肩同宽，两手持杠铃于肩膀上，身体直立，腰和腿收紧，上体慢慢前屈，臀部向后移，使上体与地面平行，静止片刻，再向上挺直身体，恢复直立姿势。体前屈和身体上抬时要憋气，身体直立后再呼吸。（图 19-2-28）

（二）直腿硬拉

直腿硬拉主要发展腰背肌、臀大肌和股后肌。两腿伸直站立，体前屈，挺胸收紧腰背，两臂伸直握紧杠铃；然后伸髋，展髋，展体，将杠铃拉起至身体挺直。用力前吸气，杠铃离地，身体伸直后再调整呼吸。（图 19-2-29）

图 19-2-28

图 19-2-29

（三）仰卧起坐

仰卧起坐主要发展上腹肌肉群。仰卧在垫上，低头团身，两手轻轻地搭在两耳侧，下肢固定，然后慢慢后倒，当背快要接触到垫时，立即收腹起坐，再慢慢倒体还原。起坐前吸气，还原时呼气。

（四）直腿抬起

直腿抬起主要发展下腹肌肉群。仰卧于垫上，两腿伸直，头靠墙，两手掌心朝下放在臀

下；然后直腿上抬，抬到不能再抬的最高处停 2 秒后还原。收缩时吸气，两腿放下时呼气。（图 19–2–30）

（五）屈膝两头起

屈膝两头起主要发展腹部肌肉群。仰卧在垫上，两手轻轻地搭在两耳侧，上体卷起时两膝同时收缩，至两肘触及两膝后还原。做动作前吸气，收缩时呼气。

（六）体侧屈

体侧屈主要发展腹外侧肌肉群。两腿开立，与肩同宽，肩负杠铃直立，做左右体侧屈。侧屈时吸气，直立时呼气。（图 19–2–31）

（七）体旋转

体旋转主要发展腹内、外斜肌肉群。准备动作同上，向左右做转体运动。（图 19–2–32）

图 19–2–30

图 19–2–31

图 19–2–32

六、发展腿部肌肉群的练习

（一）负重深蹲

负重深蹲主要发展股四头肌。直立，两手握住杠铃放在颈后，挺胸紧腰，慢慢下蹲后起立。用力时吸气，放松时呼气。（图 19–2–33）

腿部训练动作—深蹲

（二）箭步蹲

箭步蹲主要发展股四头肌。肩负杠铃，两腿前后分开成箭步，屈膝下压至能承受的深度即伸直两腿，最后收回两腿。成箭步支撑时吸气，起立后呼气。（图 19–2–34）

图 19–2–33

图 19–2–34

（三）腿弯举

腿弯举主要发展股二头肌。俯卧在凳上，手抓住凳端，两足钩住拉力器，脚跟并拢，两腿用力向前弯曲，将配重片拉起至触及臀部，还原后再做。（图 19–2–35）

（四）对抗屈小腿

对抗屈小腿主要发展股二头肌。练习者俯卧在凳上，两腿弯曲，另一人站在练习者身后，两手握练习者踝，用力将其弯曲的两腿拉直，练习者坚持不被拉直，或两腿勾住拉力器，对抗时要憋气。（图 19–2–36）

图 19–2–35

（五）负重提踵

负重提踵主要发展小腿肌肉。肩负杠铃直立，足趾下垫杠铃片，然后做直膝提踵动作。提踵前吸气，做成后呼气。（图 19–2–36）

（六）练习架提踵

练习架提踵主要发展小腿肌肉。身体斜靠在练习架上，肩部顶住阻力臂，两脚相距 10 厘米平行直立，用力向上踮起，做然后还原。做动作前吸气，动作完成后呼气。（图 19–2–37）

（七）壶铃蹲跳

壶铃蹲跳主要发展大、小腿肌肉。两手握住壶铃全蹲，然后用力伸膝、抬上体、屈足，使身体垂直向上跳起。用力蹬伸时吸气，下蹲时呼气。（图 19–2–38）

图 19–2–36

图 19–2–37

图 19–2–38

思考题

1. 发展胸部肌肉群有哪些练习方法？
2. 发展腿部肌肉群有哪些练习方法？

第二十章

游　泳

第一节　游泳运动概述

一、游泳运动的起源

据现有资料记载，早在五千多年前人类就已经有游泳的活动。居住在江、河、湖、海一带的古代人，他们为了生存要在水中捕捉食物，通过观察和模仿鱼类、青蛙等动物在水中游动的动作逐渐学会了游泳。因此说游泳是人类在与大自然的斗争中产生和发展起来的。

游泳比赛与欣赏

二、现代游泳运动发展概况

现代游泳运动起源于英国。17 世纪 60 年代，英国不少地区的游泳活动就开展得相当活跃。1828 年英国在利物浦乔治码头修造了第一个室内游泳池。1869 年 1 月大城市游泳俱乐部联合会（现英国业余游泳协会前身）在伦敦成立，并把游泳作为一个专门的运动项目正式固定下来。之后游泳运动逐渐传遍全世界。1896 年在希腊举行的第 1 届奥运会，便把游泳列为比赛项目，当时只举行了男子 100 米、500 米、和 1200 米自由泳 3 个项目的比赛。1908 年在英国伦敦举行的第 4 届奥运会上，国际业余游泳联合会（简称“国际泳联”）成立，审定了游泳的各项世界纪录，并制定了国际游泳比赛规则。从此，世界竞技游泳运动有了一个权威管理机构和统一的规范。随着各种游泳锦标赛、国际大型比赛不断推动着竞技游泳的发展，游泳的技术动作不断完善，游泳运动员们创造了一个又一个优异的成绩。

三、我国游泳的发展

我国近代游泳运动在 19 世纪中后期首先开始于香港、广州等地，之后逐渐扩展到全国其他地区。1887 年，广州沙面修建了我国第一个室内游泳池。1913 年，我国游泳运动员参加了在菲律宾马尼拉举行的第 1 届远东运动会。1920 年，我国的游泳比赛开始增设女子项目。1924 年我国成立了中国游泳研究会。中华人民共和国成立后，在党和人民政府的领导与关怀下，1952—1959 年我国游泳运动员频繁参加国际性比赛，也取得了不俗的成绩。1982 年，在印度新德里举行的第 9 届亚运会上，我国游泳实现金牌“零”的突破。1992 年，在巴塞罗那举行的第 25 届奥运会上，我国游泳实现了奥运会游泳金牌“零”的突破，还改写了多项世界纪录。目前，我国竞技游泳已经取得了长足的进步，成为世界泳坛上一支不可忽视的劲旅。在 2020 年东京奥运会上，中国游泳队获得 3 枚金牌、2 枚银牌、1 枚铜牌。截至 2022 年 6 月，中国运动员手握两项世界纪录，分别是刘湘的女子 50 米仰泳（27 秒 35）和女子 4 × 200 米接力（7 分 40 秒 33）。

第二节　游泳基本技术

一、蛙泳

蛙泳腿部动作有 4 大步骤：收腿、翻脚、蹬夹、滑行。蛙泳腿部动作有 5 大关键：收、翻、蹬、夹、停。

（一）腿部练习

1. 陆上模仿练习

跪撑翻脚压腿：两腿分开，两脚勾脚外翻，小腿和脚内侧着地，跪于地上，两手后撑，缓缓向下振压。（图 20–2–1）

坐撑模仿：坐于地上或池边，下肢置于水中，两手后撑，模仿蛙泳腿部动作，按照“收、翻、蹬、夹、停”5 步进行练习。（图 20–2–2）

图 20–2–1

图 20–2–2

2. 水中练习

俯卧在池边，下肢置于水中，两手臂伸直，做蛙泳腿的模仿练习——收、翻、蹬、夹、停。练习时注意收腿时抬头吸气，蹬腿时埋头呼气，一定要勾脚尖“蹬”水。（图 20–2–3）

图 20-2-3

俯卧于水中，做蛙泳腿的蹬腿练习——收、翻、蹬、夹、停。练习时注意蹬腿的节奏——“收、翻”慢，“蹬、夹”快。收腿抬头吸气，蹬夹埋头呼气。（图 20-2-4）

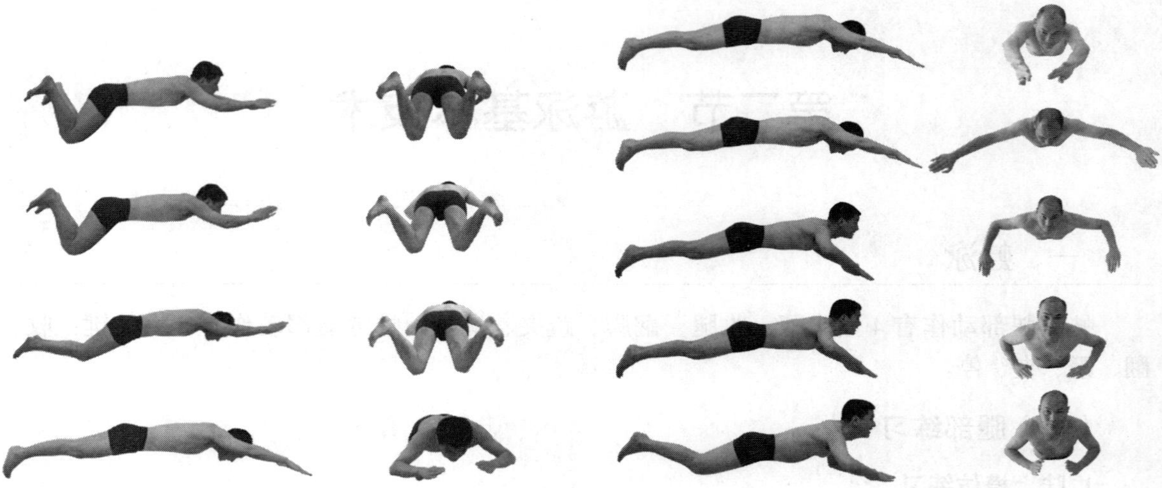

图 20-2-4

（二）手臂练习

站立在水中，手臂伸直，身体前倾使整个手臂完全浸泡在水中，划水时掌心向外，两手分开，边划边屈肘，最后两前臂靠拢，掌心向下，手臂前伸。划水和呼吸的配合：两臂外划分开时抬头吸气，手臂前伸时埋头吐气。

（三）完整配合

一般采用划一次臂、蹬一次腿、呼吸一次的配合。两臂外划时腿不动，抬头吸气；前臂靠拢时收腿，闭气；手臂向前伸时蹬夹腿，头还原；腿、臂伸直，滑行呼气。学习时首先在陆地上进行模仿练习，然后可以带上浮球在水中进行揣摩学习，体会动作。（图 20-2-5）

图 20-2-5

二、自由泳

（一）腿部动作练习

关于自由泳腿部动作，打腿时以髋关节为轴，大腿发力，膝和踝关节放松，大腿带动小腿做上下鞭打动作，腿向上时膝关节伸直，两腿上下活动幅度约 35 厘米。练习方法如下。

（1）陆上模仿练习：坐在池边或者岸边，两手后撑，两腿向前伸直并拢内旋，直腿做模仿打水的练习。（图 20-2-6）

（2）水中练习：手抓水槽或撑住池底，身体呈俯卧或水平姿势，两腿伸直，做直腿或屈腿的打水练习。（图 20-2-7）

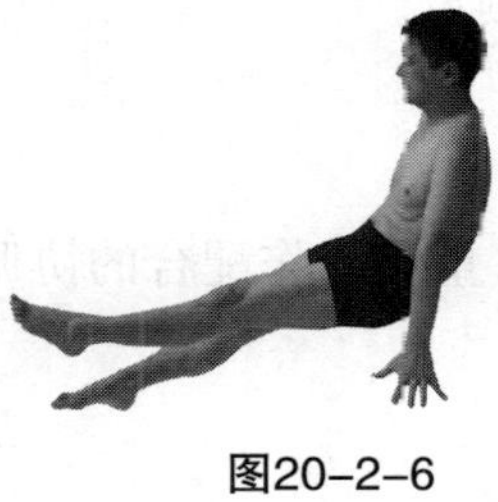

图20-2-6

图20-2-7

（二）手臂动作和手臂与呼吸配合的学习

先直臂划水，入水点尽量前伸，两臂划水动作要连贯。练习方法如下。

1. 陆上模仿练习

（1）原地两腿开立，上体前倾做直臂划水模仿练习。

（2）同上练习，要求划水时做屈臂的动作，移臂时肘高于手。

（3）呼吸练习。两腿开立，上体前倾，两手扶膝，做向侧转头吸气练习。

（4）臂与呼吸配合练习。同侧臂开始划水时呼气，推水时转头吸气，吸气后头迅速转回，手再次入水。

陆上模仿练习如图 20-2-8 所示。

体前倾直臂划水练习　　上体前倾直臂吸气练习　　臂与呼吸配合练习

图 20-2-8

2. 水中练习

（1）站在浅水中，做划水练习。

（2）两臂配合练习。扶板打水，单臂划水，向同侧转头呼吸。

蹬池边滑行后，腿轻轻打水或大腿夹住浮器帮助下肢浮起，身体浮起平衡，做单臂划水动作。

水中练如图 20-2-9 所示。

划水练习　　单臂划水

图 20-2-9

3. 完整配合动作的练习

开始时，不要过于强调臂、腿动作的准确性，而应着重于动作配合的协调性和练习时动作的放松。

第三节　游泳卫生与救护

人们在游泳时，有时候会遇到头晕、痉挛、呛水等意外情况。会一点游泳技能但技术欠佳时，不能逞能。对于游泳者学习来说，一般要能连续游进 200 米，并能掌握踩水技术，才算学会游泳。如果是初步学会游泳的人，技术不好，往往容易紧张，造成溺水事故。当发生这些情况时，游泳者该怎么办呢？

一、预防痉挛

充分做好游泳前的专项准备活动，下水前用冷水冲洗，既卫生又能使身体适应冷水刺激；

游泳时间要根据自己的体力和技术情况而定，不宜过长；上岸后要注意保暖，及时更衣。解除游泳痉挛的方法主要是拉长痉挛的肌肉，使收缩的肌肉伸展和松弛。

二、预防与处理呛水

游泳时水从鼻腔或口腔进入呼吸道，影响了呼吸器官与外界进行气体交换而引起的咳嗽，称为“呛水”。避免游泳呛水的方法：注意练习和掌握正确的水中呼吸动作，在水面上用嘴吸气，吸气结束后应有一瞬间的憋气，然后在水下用嘴鼻呼气（千万不要在水中吸气），没有呼完的气可在水面上换气前迅速呼出，紧接着做吸气动作。

三、赴救

学会游泳意味着不仅要自己能游泳，还必须具备基本的水中救生能力，以便在发生意外溺水事故时及时施救。发现有溺水事故或隐患时应及时赴救。根据溺水者的情况和现场条件可采取间接赴救或直接赴救两种方式。在救援的过程中，应在保证自己安全的前提下进行救援。

（一）间接赴救

间接赴救也称为池岸赴救，是指在岸边利用水域现有的救生器材（如救生圈、竹竿、绳子等），对较清醒的溺水者施救的一种救生技术。间接赴救是救生中经常采用的最安全的救生方法。

（二）直接赴救

直接赴救也称为水中赴救，是在没有或无法利用救生器具拯救溺水者，或溺水者已经处于昏迷状态而无法使用救生器具时采用的赴救技术。水中赴救的技术比较复杂，对于施救者来说也有一定的危险性。因此，在条件允许时，应尽可能利用救生器材实施间接赴救，以保护施救者自身的安全。直接赴救可分为入水前的观察、入水、接近、解脱、拖带、上岸等过程。

思考题

1. 简述我国游泳运动的发展概况。
2. 蛙泳有哪些腿部动作的练习方法？
3. 如何预防与处理在游泳运动中遇到痉挛及呛水等意外情况？

第二十一章

龙　舟

第一节　龙舟概述

赛龙舟是中国民间传统水上体育娱乐项目，多在喜庆节日举行，是多人集体划桨竞赛。赛龙舟最早兴起于汉代，它不仅是一种体育娱乐活动，更体现出我国悠久的历史文化和人们的集体主义精神。

一、龙舟的起源

进行龙舟竞渡必须在产稻米和多河港的地区，这正是我国南方地区的特色。古代典籍有关龙舟起源的记载，最早出现在东汉端午的习俗最初可能只在长江下游吴越民族中流行，后来吴越文化逐渐和中原文化交流融合，这种习俗才流传到长江上游和北方地区。

二、中国龙舟的发展

龙舟赛于 1984 年被列为全国正式体育竞赛项目，同年全国第 1 届屈原杯龙舟赛开始举办。1985 年，中国龙舟协会成立。几十年来，中国龙舟运动由我国长江以南的地区，不断向北方地区扩展，“南舟北移”使龙舟运动得到了长足的发展。

第二节　龙舟基本技术

一、划手技术

（1）选桨：桨以重量轻、韧性强、桨杆细的碳铝合金材质制成，握桨感觉舒适，握桨处以前后成椭圆状为佳。通常以队员的形态决定划桨长度，以下数据仅供参考。（表 21-2-1）

龙舟

表21-2-1　选桨

身高	桨长
1.80米以上	1.25米
1.75～1.80米	1.20米
1.70～1.75米	1.15米
1.65～1.70米	1.10米

（2）坐姿：髋关节紧贴船舷，外侧腿紧蹬前隔舱板底部，采用转体技术法，在划高桨频时，内侧腿放前、放后、放内侧均可，这样可充分发挥腿部大肌肉群的力量。

（3）握桨：右手握桨即为拉桨手，通常低位手握于桨颈处上一个把位。两手不要握得太紧，稍稍放松。

（4）插桨：两手松弛握桨，桨从前方队员腋下伸出，低位手尽量向前伸直，向左转体。高位手屈肘握桨于头正前靠右上方，外侧腿弯曲，从侧面看，桨杆紧靠船舷与水平面成45°并入水。

（5）拉桨：发力应从腰开始，高位手应保持稳定支撑，用适度的力往下压，使桨稳稳抓住水。低位手的中指、无名指、小指开始紧握桨杆，直臂拉桨。拉桨发力时桨叶与水平面的角度成50°～52°。

（6）出桨：桨拉至膝关节后结束出水，不应再往后拉。两手向上提桨出水的同时，高位手向上、向内、向前随着身体转动提桨出水。

（7）回桨：出桨之后，两手松弛握桨，腿、腰、背、肩、臂都要放松。桨下缘贴近水面，桨叶外侧边朝侧前方，向前成小弧形到达插桨位置。回桨不要提得太高或弧度太大，如遇风大浪高，可适当提高桨的高度。

二、鼓手技术

鼓手是全队最重要的人物，比赛时，一个队的实力是否能够正常发挥，在很大程度上取决于鼓手。有一个好鼓手，全队就有希望划出好成绩，增加必胜信心。鼓声应一声重、一声轻，鼓声重时桨入水，鼓声轻时桨出水。鼓声力度大、节奏快能有效提升划手中枢神经的兴奋性，调动其情绪，使其奋力划进，反之船速则会降下来。

三、舵手技术

舵手对一个队的成绩有重要影响，一个好的舵手，有助于提高全队的自信心。

舵手技术是龙舟技术的重要组成部分。船能否走得直、船速是否快与舵手都有关系。舵手应明确一点，船在水里会产生摩擦阻力，对速度有影响。

（一）舵手年龄与形态要求

舵手年龄应以 25 ～ 40 岁为宜。年龄太小，心理素质难以承受大赛的刺激；年龄太大，难以满足训练与比赛的需要。年龄小，如果心理素质突出，或有比赛经验，头脑灵活反应快，也可予以考虑。形态以表 21–2–2 为参考。

表21–2–2　舵手形态要求

	男子	女　子
身高	1.65～1.70米	1.55～1.60米
体重	50～55千克	45～50千克

（二）舵手专项技术

（1）点式技术：舵入水中很快就提出水面称为点式。这种技术适用于龙舟在行进过程中方向改变较小时采用。舵手应全神贯注，能非常敏锐地感觉到船体方向微小的变化。当船稍微有点偏航时采用点式技术效果较好。

（2）拨式技术：当船偏航较大时，选中水中一个点，迅速下桨朝相反方向横向拨桨打舵称为拨式。水中这个点的选择，应视偏航大小灵活掌握。此技术主要应用于风平浪静情况下的龙舟掉头、靠岸，以及龙舟进入航道时摆正航向。

（3）拖式技术：船在行驶中，舵叶始终在水中控制方向称为拖式。当船体方向改变较大时采用此技术，民间龙舟普遍采用。这种技术能有效控制方向，比较稳定。但因舵长时间拖在水中，对船的速度影响较大，故建议在比赛中尽量少采用。

原则上，不论舵手采用何种技术都应尽可能小地影响船速。

（三）对舵手的要求与舵手的注意事项

起航前应将龙舟对直航道，起航时不要下舵桨；比赛时、起航前控制好船与船之间的距离，避免串道；熟知训练场与赛场水域情况；注意风向，要有良好的辨别风向和风力等级的能力，要熟知不同的风向对龙舟泊船与行进时的影响力。

（四）龙舟偏航的常见原因

左右桨手总体重、总力量的差别太大；左右桨手在技术上的差别；桨手身体重心控制不好，身体重心在外，导致船不稳定；左右桨手没有靠近船舷边下桨，产生分力；受风向、水流、暗流、漩涡、侧浪的影响；舵桨支点松弛，舵叶吃不住力。

四、配合技术

（一）核心人物

一支龙舟队应有位核心人物，没有核心人物的龙舟队如同一盘散沙，缺乏战斗力。教练员在组队初期，就应选择一位有威信、有凝聚力、能准确理解教练员意图、能协助教练员完成训练任务和比赛任务的得力助手。这个能担任教练员得力助手的核心人物就是领桨手。

（二）领桨手的形态与素质要求

1. 形态要求

形态要求见表 21-2-3。

表 21-2-3 领桨手的形态要求

	男子	女子
身高	1.70～1.75米	1.65～1.70米
体重	70～80千克	60～70千克

2. 素质要求

领桨手通常是全队最出色的队员，是全队的顶尖人物。领桨手的力量素质、耐力素质要突出，节奏感、速度感要强，水感要好，能有效地控制桨频。

（三）桨位安排

任何一支龙舟队，在刚下水训练时，都面临着桨位安排的问题。桨位安排得好坏对一个队的成绩具有重要作用。在桨位安排的问题上教练员应注意以下几点。

（1）在桨位安排前，应进行一次形态、素质和机能测试。

（2）熟知每个桨位需要什么形态、素质、机能的人胜任。

（3）队员是左利手的人就划左桨。但左利手的人毕竟少，因此右桨技术差的队员可划左桨。左桨手与右桨手在划分桨位后，在总体重、总力量方面差距越小越好，前 5 个桨位与后 5 个桨位体重接近，或者后 5 个桨位体重稍大于前 5 个桨位，这样可减少偏航因素。

（4）1 号桨位要安排力量大、耐力素质好、节奏感突出、速度感强但拉桨速度并不一定很快的、个头稍矮的队员。

（5）4 号桨位安排拉桨速度快、插桨抓水比较稳的队员。

（6）5 号桨位可安排技术较差、水感较差、体能方面较差，尤其是下桨带入气泡较多的队员。

（7）如果竞赛规程不要求上锣手，桨位安排就应尽量紧凑，中间不留空桨位，这样可使动力更为集中。

（8）5 号桨位与 6 号桨位之间是锣手，因而空一个桨位，6 号桨位是第二领桨手，故 6 号桨位应安排手臂较长、体重大、技术好、拉桨速度快的队员。7 号桨位可安排各方面条件和技术稍次于 6 号桨位的队员。

（9）9 号、10 号桨位是非常重要的桨位，应安排手臂较长、坐高较矮、力量较大，技术不一定很好，但头脑灵活、反应快、能够善于帮助舵手控制方向的队员。

（四）划手间的整体配合技术

一个队若是个个队员都很出色，但是配合技术较差，仍然是一支没有希望的队。

（1）从上往下看，所有桨手均应靠船舷发力，除 1 号、2 号、10 号桨手的划水路线不在一条直线上外，其他桨手的划水路线均应在一条直线上，成为两条并行前进的直线。

（2）从侧面看，应下桨同时，出桨同时，下桨角度一致，不拍水，出桨一致，不带水花。

（3）从前往后看，插桨时，全体队员身体重心在船舷边；回桨时，全体队员身体重心在舱内。整个插桨、拉桨、出桨、回桨过程桨弧一致，桨杆角度一致。

（4）7 号～ 10 号桨手要把力量送上去。

（5）前面的桨手在桨入水时不要拍水，桨出水时不要往上挑桨叶，不然桨叶扬起的水花会使后面的队员睁不开眼。

（6）注意力集中，眼睛盯住前方下桨位置。

（7）桨与人应合为一个整体，贯穿于整个技术动作；人与船应合为一个整体，贯穿于整个训练与比赛之中。

（五）鼓手与划手的配合技术

鼓手对于击鼓信息的传递，事先与桨手应有约定，如平桨、举桨、停桨、预备、冲刺、进入航道时的手势与鼓声、提高与降低桨频、转向与掉头等。1 号桨手要与鼓手密切配合，随时保持信息的传递与沟通。对于体力分配、速度快慢、用力大小、桨频快慢，1 号桨手感觉最敏锐，应时时将感觉反馈给鼓手，提醒鼓手击鼓频率是升还是降。每个桨手心里要有鼓点声，下桨抓水要恰好落在鼓点上。

（六）舵手与划手的配合技术

龙舟在行驶中如遇横浪和大风大浪等特殊情况时，仅靠舵手一人难以使船处于理想状态，这时就需要舵手与桨手之间协助配合。目前有两种常用的技术。

（1）向左转：当船向右偏而要使船向左行进时，左前桨 1 号、2 号、3 号桨手，右后桨 8 号、9 号、10 号桨手同时由外向内拉，舵手可同时采用拨式技术。

（2）向右转：当船向左偏而要使船向右行进时，右前桨 1 号、2 号、3 号桨手，左后桨 8 号、9 号、10 号桨手同时由外向内拉，舵手可同时采用拨式技术。

五、起航技术

良好的开端是成功的一半。每次比赛，起点是出问题最多的地方，因此起航技术尤为重要，特别是短距离赛。起航是否成功，取决于全队的配合技术和比赛经验。

（一）无风浪时的起航技术

（1）鼓手应指挥与控制龙舟进入航道的速度和方向，由 1 号、2 号桨手控制进入航道的速度，使龙舟处于航道正中。

（2）鼓手应注意和指挥与相邻的龙舟保持适当的距离，由1号、2号、3号桨手控制好船，使龙头处于起点线后。

（3）起航前全体队员切不可看热闹，东张西，分心分神。

（4）当听到枪响后，充分运用腰、躯干、背、肩大肌肉群的力量，配合蹬腿，直臂拉桨。

（5）起航时前五桨划距要大，拉全桨。

（二）有风浪时的起航技术

（1）顺风：在顺风情况下起航，所有的桨手可适当减少前倾的幅度，舵手可站立打舵，以身体为帆，利用风力起航，增加动力。

（2）逆风：逆风时起航，桨手身体应尽量前倾，舵手坐低身子打舵，以减少风的阻力。

（3）侧风：在遇有左前侧风或右后侧风的情况下，泊船时应把船向右摆。由左后8号、9号、10号三位桨手严格控制泊船的角度和方向。

第三节　龙舟竞赛规则简介

一、定义

龙舟运动是依靠众多划手以划桨为动力，集竞技、健身、娱乐、祭祀等于一体，通过鼓手、锣手、划手、舵手同心协力的方式推动龙舟前行的体育运动。

龙舟竞赛是指在尽可能短的时间内，完成规定的距离或拉动对方至相应标记的比赛。

所有形式的龙舟竞赛，必须配备龙头、龙尾、鼓、锣、舵，延续中国民俗传统。根据区域民俗不同特点，龙舟在头、尾造型设计方面包括凤舟、象牙舟、龟舟、虎头舟、牛头舟、天鹅舟、狗头舟、蛇舟等形式的运动，均属龙舟运动范畴（可保留原有形状规格和名称）。

二、竞赛形式

（1）直道赛：指在尽可能短的时间内，通过1000米及以内标志清晰而无任何障碍的直线赛道的竞赛。

（2）绕标赛、追逐赛：指在环绕半径不少于18m，直线距离不少于400米的人工或自然水域所进行的环绕竞赛。全国锦标赛和综合性运动会环绕半径不少于27米。

（3）拉力赛：指在自然水域、封闭的航线上进行的长距离竞赛。

（4）往返赛：指在不少于100米的直道内进行多次折返的竞赛。

（5）5人龙舟赛：指在单排舟中依靠5名划手以划桨为动力，同心协力推动龙舟前行的长距离竞赛。

（6）拔河赛：指在静水水域中，比赛双方以龙舟和连接两条龙舟的绳索为主要器材，将对方拉至相应标记线的竞赛。

（7）冰上赛：指在水上龙舟运动基础上延伸的一项在冰面上滑行的冰上竞赛。

（8）其他形式赛：指在水上龙舟运动基础上延伸的在陆地、草地、沙漠、海上、雪地等各类形式的竞赛。

三、比赛场地

（1）比赛场地应设在静水水域中，赛道的长度和宽度须经过测量并配有精确的平面图纸。

（2）赛道规格及要求。

赛场设 2~8 条赛道，以最接近终点裁判塔的赛道为第一道，其余赛道以此类推。

各条赛道线必须平行且与起点线和终点线垂直。

各条赛道宽度必须一致，规格为 9~13.50 米。

赛道一侧设 30 米宽度的附赛道，另一侧设 6 米以上宽度的警戒水域。

赛道用浮球布置，浮球间距 20 米，直径 0.25 米，球的表面应较柔软。

所有竞赛项目的起点线须使用红色浮球，直道赛起点 100 米和终点 100 米范围区域使用红色浮球，其余使用黄色浮球，最后一个浮球设在终点线上。

赛道两侧设置明显的分段标志。

赛场如果水深不一致，则赛道内最浅处须达到 2.50 米。

综合性运动会等赛场底部要平坦，水深须达到 3.50 米。

禁止使用固定的木桩、竹竿和类似物标注赛道，赛道内不得有障碍物（含水草、暗礁等）。

赛道应于赛前 4 天布置完毕。

四、器材

采用国家标准（中国龙舟协会审定的龙舟器材标准）和国际标准（国际龙舟联合会审定的龙舟器材标准）两种器材标准。

国家标准（中国龙舟协会审定的龙舟器材标准如下所示。。

22 人（23 人）龙舟：总长（含龙头、龙尾）18400 ± 20 毫米，舟体型长 15500 ± 20 毫米，龙头长 1450 ± 10 毫米、龙尾长 1450 ± 10 毫米；舟体型宽（中舱最宽处）1100 ± 10 毫米；对称度≤ 5mm，舟体型深≤ 530mm。

12 人龙舟：总长（含龙头、龙尾）12950 ± 20 毫米，舟体型长 10950 ± 20 毫米、龙头长 950 毫米、龙尾长 1050 毫米；舟体型宽（中舱最宽处）1000 ± 10 毫米；对称度≤ 3 毫米，舟体型深≤ 500 毫米。

迷你（5 人）龙舟：总长（含龙头、龙尾）不小于 8900 ± 20 毫米，舟长 7000 ± 20 毫米，舟体型宽（中舱最宽处）1000 ± 10 毫米；对称度≤ 3 毫米，舟体型深≤ 500 毫米。

往返赛龙舟：使用 22 人（23 人）龙舟或 12 人龙舟，可根据竞赛安排搭配双龙头。

五、参赛资格

（1）运动员须身体健康，具备着轻便服装游泳 200 米以上的能力。

（2）在无年龄限制的组别中，如运动员的年龄未达到 12 周岁，必须着救生衣，且指定一名成年运动员负责其安全，否则取消该运动员的参赛资格。

（3）比赛期间，运动员必须携带身份证、参赛证和注册证，以便审查。

（4）综合性运动会，按相关竞赛规定、竞赛规程执行。

六、起点

（一）出发准备

各参赛队必须在起点裁判员指挥下尽快将龙舟（龙头）前沿稳定在起点线上，凡有不服从裁判员指挥或有意拖延时间者，将被黄牌警告。

（二）发令程序

（1）赛前 3 分钟各参赛队根据起点裁判员指令进入赛道。

（2）赛前 2 分钟进行点名，此时未进入赛道的队，将被黄牌警告。

（3）赛前 1 分钟开始取齐，取齐过程中发令员择机发令。

（4）各参赛队准备就绪后，发令员开始发令。口令为："各队注意—预备—划"，并同时鸣笛。

（5）"预备"至"划"的间隔时间不超过 5 秒。

（6）当发令员发出"各队注意"口令时，未准备好的赛队，鼓手应举手示意。

（7）发令员正常发令后，各参赛队不论何种原因延误起航的，责任自负。

（三）处罚规定

（1）抢航犯规：比赛采用一次起航，在发出"预备"口令后，凡划桨划水或击鼓、鸣锣、吹哨、呼喊等方式影响起

航的赛队，均被判抢航犯规。对抢航的赛队不予召回，判该队抢航犯规，加时 5 秒。

（2）遇下列情况之一者，取消其比赛资格。

同组比赛过程中第二次受到黄牌警告的队伍。

一次黄牌警告又抢航的队伍。

用舵桨支撑平台助力出发的队伍。

七、赛道

（1）比赛中，各参赛队必须自始至终保持龙舟在本赛道中间划行，龙舟的任何部分均不得超越本赛道，龙舟偏离赛道的一切风险由赛队自行负责。

即使赛队是在本赛道直线划行，也应与相邻赛道龙舟保持至少 4 米的水面距离。水面距离是指相邻两条龙舟桨叶之间的距离。当赛道裁判员发出"保持水面距离"指令时，各参赛

队必须遵照执行，否则黄牌警告。

若发生串道并领先于被串道龙舟时，串道的队被判罚犯规，取消该队比赛资格。

若发生串道但落后于被串道龙舟，未影响其他赛队正常比赛且能够迅速划回本赛道的串道队，可不判犯规。

（2）划行姿势包括坐姿、站姿和跪姿。

除非竞赛规程另有规定，比赛必须采用坐姿。

传统龙舟比赛姿势不受限制。

（3）各参赛队锣手、鼓手必须有节奏地鸣锣、击鼓（允许加吹口哨）指挥划手。起航50米之后未鸣锣、击鼓的队将被判罚加时5秒。

（4）从附赛道划向起点的参赛队，中途不得靠岸。与比

赛龙舟相遇时，应提前停鼓、停锣、停桨，待全部的比赛龙舟通过后，方可继续划行，凡违反规定经警告不服从者，取消该队比赛资格。

（5）除非竞赛规程另有规定，各参赛队舵手、鼓手、锣手不得以任何方式划水，否则，判该队犯规，取消比赛资格。

（6）比赛中如发生两条或两条以上龙舟相撞，根据下列情况判罚和确定是否中止比赛：

预赛发生此等事件，犯规队被判罚红牌，取消该队比赛资格，其他队继续完成该组比赛，确已受到影响的队由总裁判长根据实际情况安排重赛。

复赛至决赛的赛次中，如在比赛半程内发生此等事件，由赛道裁判长发出中止比赛信号并拦截，此时，取消犯规队的比赛资格，其他队立即返回起点，重新比赛。

复赛至决赛的赛次中，如在比赛过半程发生此等事件，取消犯规队的比赛资格，其他队继续完成该组比赛，确已受影响的队由总裁判长根据实际情况安排重赛。

重赛时，该组名次以各参赛队完成比赛的计时成绩来确定。重赛时间安排在下一轮赛次之前，但不保证受影响的队进入下一赛次前有足够的休息时间。决赛中受影响的队在事发30分钟内重赛。

（7）参赛队若将龙舟故意翻转或损坏，除负责打捞、赔偿外，取消该队比赛资格。

（8）比赛中若发生器材损坏或失落，比赛继续进行。

（9）比赛中若出现队员落水，取消该队比赛资格。

（10）比赛中若出现未预见的情况（天气原因、水域情况等），导致龙舟在偶然的情况下翻沉或两船相撞，使整场比赛受到实质性影响，即使该场比赛已按正确程序开始，仍应由赛道裁判长发出中止比赛指令，召回起点重新比赛。

思考题

1. 简述龙舟的起源与发展。
2. 龙舟有哪些基本技术？
3. 龙舟竞赛的场地有哪些规定？

第二十二章

手　球

第一节　手球运动概述

一、手球运动的起源与发展

手球是综合篮球和足球的特点而发展起来的一种运动项目。在欧洲历史上，手球是各个球类项目中的一个远支，欧洲人很早就开始从事手球运动，这在荷马的《奥德赛》一书中已有记载。

现代手球运动在20世纪初曾作为游戏流行于欧洲。1917年，德国柏林体育教员M. 海泽尔为女孩子设计了与现代手球相似的集体游戏。两年后，柏林另一位体育教员K. 舍伦茨进一步把它改进成为男女皆宜的运动，他制定的比赛规则也开始被一些国家采用，他被人们公认为现代手球运动的奠基人。之后很长时间里，世界上的手球比赛主要是在室外进行的11人制比赛。1936年第11届奥运会上，手球被列为比赛项目，后因手球竞赛规则不健全而被取消。20世纪60年代，在室内进行比赛的7人制手球发展迅速，逐渐取代了11人制手球比赛。从1972年第20届奥运会开始，7人制男子手球被列为正式比赛项目。从1976年第21届奥运会起，女子7人制手球也被列为奥运会正式比赛项目。现今手球的重大国际比赛有奥运会手球比赛、世界手球锦标赛、世界大学生手球锦标赛、国际青少年手球锦标赛以及欧洲手球锦标赛。

世界手球运动由国际手球联合会负责管理。国际手球联合会于1946年成立于丹麦哥本哈根，创办国有丹麦、荷兰、挪威、波兰、芬兰、法国、瑞士和瑞典，总部设在瑞士巴塞尔。

手球运动于20世纪30年代传入中国。1980年，中国手球协会成为国际手球联合会的正式会员。1984年，中国国家女子手球队获得洛杉矶奥运会女子手球比赛季军。2010年，中国国家女子手球队获得广州亚运会女子手球比赛冠军。

二、手球运动的特点与锻炼价值

手球运动参与者在有限的比赛场地上要最大限度地发挥人体奔跑、跳跃、闪躲、对抗、投掷等方面的能力，以使高超的手球技术得到充分的发挥，使强健的身体能力得以展现；同时在频繁、激烈的比赛中既要发扬勇敢顽强、敢于对抗的拼搏精神，又要具有高尚的体育道德，在激烈的身体对抗中不使用过分粗暴的动作或野蛮行为危及对手；手球运动参与者还必须具备优秀的团队精神和积极的协作态度。手球比赛中，运动员相互支持、相互鼓励的团队精神可以培养集体主义精神，加强组织纪律性。手球比赛常常以灵活多变的传球配合与快攻组织、变化多端的射门动作以及激烈的身体对抗吸引无数的青少年球迷。手球运动也被认为是力量与技巧、意志与品质的绝妙结合。

手球比赛的欣赏

第二节　手球基本技术

一、脚步移动技术

移动是手球比赛中运动员为了改变位置、方向、速度和高度所采取的各种脚步动作的总称。移动包括起动、跑、跳、急停、滑步、转身和变向等一系列的脚步动作。快速灵活的脚步移动是现代手球运动的基础。

（一）基本站立姿势

两脚前后或左右开立，与肩同宽，前脚掌着地，两膝微屈，身体重心保持在两脚之间，上体微前倾，两臂屈肘自然置于体侧，两眼观察场上情况。

（二）启动方法

从基本站立姿势开始，身体重心迅速转移至两脚前脚掌，启动（向前启动）时后脚或异侧脚（向侧移动）急促有力地蹬地，上体同时向启动方向迅速侧倾或转动，身体重心迅速跟上，两臂协调摆动，充分利用蹬地作用力与反作用力，两脚迅速交替向移动方向迈出。

（三）其他移动技术

场上队员应充分利用跑、跳、后转身等移动技术突破对方的防守，或将球传到有利队员手中，从而形成有威胁的进攻，或利用移动技术成功防守。

（四）练习方法

（1）练习启动跑，每次练习距离为 20 ～ 30 米。

（2）各种移动技术的往返跑练习。

（3）移动技术的综合练习，如起跑 5 米后左右侧撤步接滑步 10 米，再接起动跑 5 米。

二、持球技术

（一）持球的分类

手球的持球分双手持球和单手持球两种。（图 22-2-1）

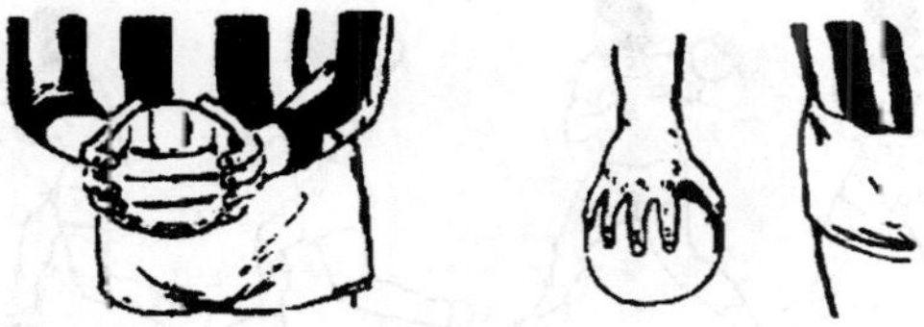

图 22-2-1

（二）持球动作要领

双手持球要求手指自然张开，拇指相对成八字形，用指根以上部位握球的两侧，靠近对方时，手指须用力握紧球。双手持球较单手持球牢固，尤其在持球突破时便于用身体护球，有利于扩大观察范围，便于传球、射门。

单手持球时，五指张开，用指根以上部位触球，并用五指的最后一个指节的合力将球牢固地拿住，但腕关节要放松，以便翻转做各种传球、射门动作。

（三）持球练习方法

（1）一人单手持球平举，另一人夺对方手中的球。

（2）单手持球做原地体前交叉摆动或体侧直臂绕环练习。

（3）单手持球向前做甩腕假传球练习。

三、运球技术

（一）高运球

高运球指反弹高度在胸腹之间的运球，是为了快速推进和射门。

（二）低运球

低运球指反弹高度在膝关节左右的运球，是为了变向和突破。

（三）变向运球

行进间运球要突破对方，多采用变向运球。由于这是一种体前变向运球，变向运球时须离对方一臂半距离，以防对方伸臂将球打掉。

四、传球技术

手球传球的方法多种多样，有单手肩上传球、单手体侧传球、单手甩腕传球、单手背后传球、双手胸前传球、双手低手传球等。在此介绍常用的四种传球方式。

（一）单手肩上传球

单手肩上传球多用于长距离传球，动作如图 22–2–2 所示。

图 22–2–2

（二）单手体侧传球

单手体侧传球多用于改变传球角度和射门角度，动作如图 22–2–3 所示。

图 22–2–3

（三）单手甩腕传球

单手甩腕传球多用于近距离快速传球，动作如图 22–2–4 所示。

图 22–2–4

（四）单手背后传球

单手背后传球多用于近距离隐蔽传球，动作如图 22–2–5 所示。

图 22-2-5

五、接球技术

接球分双手接球和单手接球两种。比赛中以双手接球为主，一般不提倡单手接球，只有在来球偏离身体重心较远时，才采用单手接球。

（一）双手接平球

双手接平球时，两眼看球，两臂向来球方向伸出迎球，手腕上翻后仰，五指自然分开，指尖向上，两拇指靠近食指，指尖相对成八字形，手掌成勺形，两拇指和食指间空隙正对来球圆心。两手一触球就屈臂缓冲，同时用力握球。（图 22-2-6 ①）

（二）双手接高球

双手接高球时，两臂向额头上方伸出迎球，手腕稍后仰，手型与双手接平球相同，双手触球的瞬间，即屈臂向下缓冲握球于胸前。（图 22-2-6 ②）

（三）双手接低球

双手接低平球时，降低身体重心，上体前倾，两手向前下方伸出迎球，五指自然分开，指尖向下，掌心向前，两手成半球形，两手一触球就顺势后引缓冲，用力握球。（图 22-2-6 ③）

① 双手接平球　② 双手接高球　③ 双手接低球

图 22-2-6

（四）传接球的练习方法

（1）两人一组做原地传接球练习。

（2）三人做三角形跑动练习。

（3）两人做全场行进间中路短传和边路长传练习。

六、射门技术

（一）单手肩上射门

单手肩上射门最能发挥全身力量，是最有力量的射门方法之一。

1. 原地单手肩上射门

持球时，身体侧对球门，两脚前后站立，左脚在前，右脚在后，左脚脚尖与右脚脚跟在一条直线上，两脚间距稍宽于肩，两膝微屈，双手或单手持球于胸前或体侧。发力时，右脚蹬地，身体重心前移，转髋转体，左脚积极支撑地面，随即以蹬转、顶肩、收腹的力量，带动右臂前挥，利用上臂猛烈挥甩，屈腕“鞭打”，结合食指、中指、无名指扣压球的动作，使球快速射向球门。（图 22–2–7）

图 22–2–7

2. 跳步肩上射门

持球，向前跳步后单手肩上射门。（图 22–2–8）

图 22–2–8

3. 交叉步单手肩上射门

交叉步单手肩上射门是在原地单手肩上射门的基础上增加一个交叉步。交叉步的作用在于增大射门的力量。（图 22–2–9）

图 22-2-9

4. 跳起单手肩上射门

快速助跑过渡为有力的蹬地左脚跳起。投掷臂同侧小角度射门时，一般采用侧身射门的方法进行射门。右手持球，起跳时身体重心落在左脚上并用力向 7 米线方向跳起，起跳的同时上体向左侧倾倒，直接从体前引球于肩上，挺胸展体，整个身体横在空中，利用短暂的停顿观察守门员，运用转体、顶肩、收腹带动手臂前挥，前臂手腕用鞭打动作将球从头上射出。左脚先，右脚后，屈膝并跑动缓冲；或滚翻倒地缓冲以保护身体。（图 22-2-10）

图 22-2-10

（二）原地前扑倒地射门

射门前右手持球，两脚开立，左脚靠前。射门时，屈膝降低身体重心，右脚蹬伸，上体向前上方伸展并倾倒，同时右手引球于肩上，身体侧对球门，停顿，观察守门员。出手时，上体左传，迅速挥臂出手。出手后，两臂同时屈肘触地，挺胸展腹，伸直膝关节成直体俯卧姿势。（图 22-2-11）

图 22-2-11

（三）射门动作练习

（1）空门射门练习，注意动作规范。

（2）面对消极防守守门员的射门练习。

（3）结合其他技术和战术的射门练习。

七、防守技术

防守技术分为防守的脚步移动，防无球队员，防控球队员及封球、拨打球、抢球、断球技术四种。

（一）防守的脚步移动

防守的脚步移动是防守技术的基础，要多种移动方法组合在一起运用。它包括防守的基本站立姿势和一系列的脚步移动技术。防守姿势包括高位和低位两种站立姿势。

1. 高位站立姿势

高位站立姿势是指进攻队员距离球门较远，没有进攻威胁时，防守队员所采用的基本站立姿势。两脚前后站立或左右开立，距离与肩同宽，两膝微屈，身体重心落在两脚之间，上体正直，抬头挺胸，观察场上情况。

2. 低位站立姿势

低位站立姿势是指进攻球员位于射门的有效区域或准备行动时，防守队员所采用的基本站立姿势。两脚前后站立，距离与肩同宽，两膝微屈，身体重心落在两脚的前脚掌上，上体前倾，收腹，挺胸，抬头观察，两臂微屈并向两侧或上方举起。

（二）防无球队员

防无球队员应做到以下几点。

（1）人球兼顾；

（2）随球移动，密集防守；

（3）要积极地堵空切，破坏接球，阻断传球，力抢回弹球，不让对方切入有利空位。

（三）防控球队员

防控球队员应做到以下几点。

（1）应该站在封堵持球队员的射门角度处。

（2）准确判断控球队员的动作意图，识破其假动作，以求正确运用封射门、封传球等技术。

（3）要尽力做到每射必封，并注意与守门员的配合。

（4）要注意让对手在不利的位置射门，控制防守动作，避免犯规。

（5）在外侧区域或两侧小角度要伺机紧逼失去攻击力的持球队员。

（四）封球、拨打球、抢球和断球

1. 封球

防守队员在伸出两臂封球时，两手根据对方持球站位自然张开，增大防守面积，手随球动。（图 22-2-12）

2. 拨打球

在对方持球、运球时或射门前，防守队员都可以快速移动抢好位置，伸臂，用手靠近球，用指腕点拨动作将球拨落。（图 22-2-13）

3. 抢球

手球比赛中出现没有被两方控制的球，如进攻队员传球失误，防守队员必须迅速抢位，身体和手臂迅速敏捷地去抢截球或扑抢地面上的球。

4. 断球

断球是用手臂截获对方传出的球。断球可以分为横断球和纵断球两种。

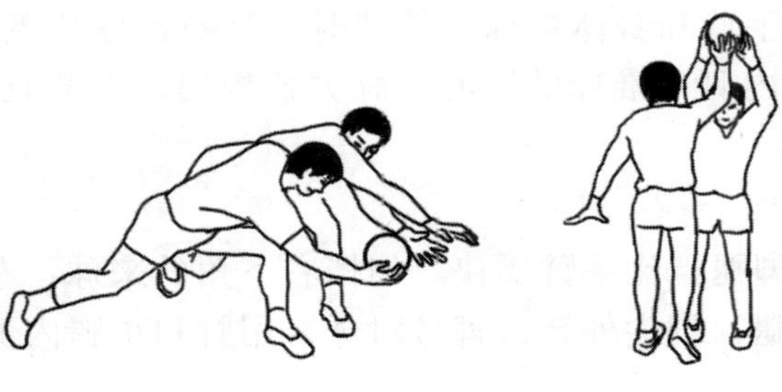

图 22-2-12

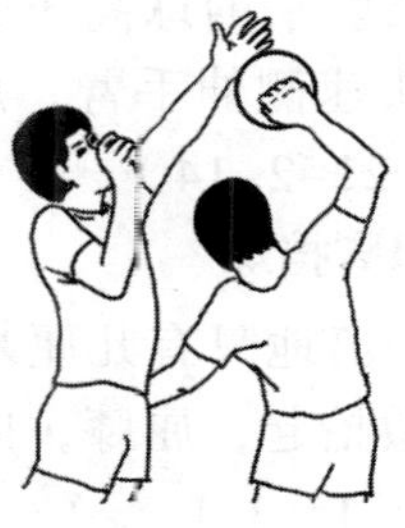

图 22-2-13

（五）练习方法

（1）两人一组，一人射门，一人封球。球可以从不出手到出手，动作由慢到快，封球 10 次后互相交换。

（2）五人一组，每人一球，在球门区内运球，在保护好自己球的情况下，去拨打他人运的球。

（3）三人一组，两人传接球，一人积极移动，从接球人背后或侧面拨打对方接到的球。

（4）三人一组，一人在中线传球，两人分别站在传球人的两侧，在传出地滚球或反弹球后，两人同时启动抢球，抢到球的人积极摆脱对方射门，未抢到球的人积极移动防守。

（5）三人一组，两人传球，一人从接球人侧面侧跨跳起断球。

（6）三人一组，两人传球，一人从接球人背后绕其前面断球。

八、守门员技术

（一）准备姿势

守门员应该正面对球，两脚开立，距离约与肩同宽，两膝微屈，前脚掌着地，身体重心保持在两前脚掌之间，微微含胸收腹，两臂屈肘张开，腕关节上举过肩，五指自然分开，掌心向前，抬头平视观察球的动向。如球在小于 30° 的区域，守门员仍要正对持球队员，靠近球门柱的手臂举在头上，封住近上角，另一手臂应屈肘上抬，手部置于耳外侧，两脚距离应缩小到球不能通过。

（二）选位与移动

守门员的防守位置应在球与两球门柱所形成的夹角的平分线上，距离球门 1 米左右。随着球的移动，守门员要迅速利用滑步、交叉步等脚步移动技术积极移动，以调整到合理的位置。

（三）挡球

挡球技术是守门员最主要的技术。只有具备快速熟练的挡球技术，才能有效破坏速度快、角度刁的射门。

1. 手臂挡球

如果射来的球高于臀部，就要用手臂和身体挡球。挡球时，判断好球的飞行路线和高度，快速侧伸手臂，用掌心和手臂内侧对准球的圆心，膝关节稍屈，手臂肌肉紧张起来。（图 22–2–14）

2. 腿脚挡球

对于离地只有几厘米的低球，用脚腿挡比手臂要快。如挡右下角的来球：左脚蹬地，右脚稍微抬起，屈膝，向右侧伸直小腿，脚尖外转，脚弓对球，用脚和小腿内侧去挡球。（图 22–2–15 ①）

3. 手臂和腿脚配合挡球

对于臀部以下膝关节以上的来球，尤其对于离地 20 ～ 30 厘米的球，就要用手臂和脚腿配合挡球。在伸腿用脚挡球时，身体要很快侧倒前倾，以便充分伸直肘关节，用前臂和手掌去挡球。（图 22–2–15 ②）

4. 迎击挡球

与射门队员一对一时，守门员要主动出击，身体正面对着射手的投掷臂，两手臂在肩上举起，封防球门上方，对着投掷臂的腿要及时抬起，伸展臂、腿，封挡平球和低球。（图 22–2–16）

图 22-2-14

①　②

图 22-2-15

图 22-2-16

（四）练习方法

（1）以单脚的侧蹬、侧跳为主，结合身体和手臂的动作，进行封挡上、中、下三路来球的技术动作练习。

（2）多球（10 ～ 15 个球）连续射门，练习快速挡球动作。

（3）每个队员一个球，在半场中区站成一路纵队，交替射门，守门员用多种挡球技术练习。

思考题

1. 手球运动的特点和价值体现在哪些方面？
2. 如何根据手球基本技术进行练习和比赛？

第二十三章

休闲体育运动

第一节　毽　球

一、毽球运动概述

（一）毽球运动的起源

踢毽子，是我国一项流传很广，有着悠久历史的民族体育活动。踢毽子起源于我国汉代，盛行于六朝、隋、唐。

（二）毽球运动的发展

从源于汉代的毽子发展到今天的毽球、花毽，从花式的多样性、观赏性、个人性到现在的群众性、对抗性，毽球运动在广泛开展的基础上，其运动水平也在不断提高。

踢毽技术在普及的基础上得到了提高，踢法丰富多彩，高难翻新动作层出不穷，不同风格争奇斗艳，使观者眼花缭乱，惊叹不已。我国传统的踢毽运动日趋完善。1928 年 12 月，在上海市举办的“中华国货展览会”上，我国第一次踢毽子公开比赛举行，推动了这项民族体育项目的发展。1933 年 3 月 26 日，第一次全国性的踢毽比赛在南京举行，不仅新闻媒体进行了报道，赛后还拍摄了电影。

中华人民共和国成立后，毽球这项民族体育运动逐渐得到发展和重视。1963 年，毽球被列为国家提倡开展的体育活动，还被编入了小学体育教材。

从 1984 年至今，毽球运动无论是在群众体育的普及方面，还是在运动技术水平的提高方面都有明显的突破。从技战术的发展趋势来看，根据毽球本身的特点及攻防对抗的规律，今后毽球在技术方面的主要发展趋势将体现为全面、快速、多变、进攻技术千姿百态，网上争夺更加激烈等特点。全面、快速、多变不仅要求各项技术要全面，而且要求强攻和快攻要全面，身体素质、心理素质、战术意识、实践经验也要全面。

二、毽球基本技术

毽球技术是运动员在参加毽球比赛中所采用的合理动作。毽球基本技术包括六大类，即准备姿势、步法移动、起球、触球、发球、进攻和防守等。

毽球基本技术

（一）准备姿势

准备姿势是运动员在场上未接球时身体的一种等待状态，保持良好的姿势是使身体能随时在瞬间由静变动、由被动变主动的关键。准备姿势一般分为以下两种。

1. 左右开立站势

两脚左右开立，比髋略宽，脚跟稍提起，脚掌内侧着地，两膝稍弯曲内扣，身体重心稍降，上体放松前倾，两臂自然屈于体侧，目视来球，保持静中待动状态。

这种站势使运动员能从静止状态快速转向左右的移动状态，主要用在比赛的防守过程中。

2. 前后开立站势

两脚前后开立，支撑脚在前，左右脚间隔略宽于髋，前脚稍内扣，用脚掌内侧着力，后脚稍内扣，脚跟提起，用前脚掌内侧着地，两膝弯曲内扣，身体重心稍前移并下降，两臂自然屈于体侧，目视来球，保持静中待动状态。

这种站势使运动员能从静止状态快速转向前后的移动状态，较多应用在比赛过程中的接发球和防守当中。

（二）步法移动

步法是移动的灵魂，没有纯熟的步法移动技巧，在比赛中就不能变被动为主动。

步法移动一般有 8 种，分别为前上步、后撤步、滑步、交叉步、并步、跨步、转体上步、跑动步。只有熟悉各种步法的移动运用，在比赛中才能更具主动性和灵活性。

（三）起球

起球技术是指根据来球线路和落点，用不同的脚法把过网的攻球或突破拦网后的球接起来，也就是组织进攻的击球动作。起球基本技术主要有脚内侧起球、脚外侧起球和脚背起球。

1. 脚内侧起球

起球前，两脚前后自然分立，两腿微屈，击球脚在后，两臂放松垂于体侧，目视来球。起球时，身体重心前移到支撑脚上，击球脚大腿带动小腿由后向前上方摆动。在向上摆腿的过程中，髋关节外张，膝关节弯曲外展，踝关节内翻击球。击球瞬间足弓击球面应端平，用脚内侧足弓中部击球，击球点一般在支撑腿膝关节高度和体前 40 厘米处。起球的全过程中，动作柔和、协调、用力适当，大腿、小腿应顺着用力方向完成送球的动作。（图 23–1–1）

2. 脚外侧起球

两脚自然分立，成准备姿势，目视来球。当来球在自己身体的侧面时，身体重心移到支撑脚上，击球腿的髋、膝内扣，屈踝，屈膝，踝关节外翻，触球脚外侧端平。击球是利用小腿内翻快速上抬的动作完成，触球部位在脚外侧的中部和后部，击球点的高度一般不超过膝关节。当来球较高并快速向体侧后方飞行时，击球腿应快速从下向后摆，踝关节自然勾起、外翻，脚趾向外，使脚的外侧基本成平面，上体成前俯姿势。击球时大腿后摆，小腿屈膝，用迅速向上摆动的动作向身体前上方击球，触球部位在脚外侧的中部或中后部。（图 23–1–2）

3. 脚背起球

击球前做好准备姿势，目视前方。正面来球时，先移动调整体位，以前脚为支撑脚，后脚从后向前摆起，脚背与地面基本水平，利用适度地伸膝和踝关节背屈的协调用力的勾踢动作把球向上踢起。击球部位应在脚的脚趾关节处，击球点应在离地面 10 ～ 15 厘米的高度为好。起球的方向、弧度和落点可以通过脚背的变化、踝关节背屈勾踢的幅度来调整。（图 23–1–3）

（四）触球

在身体膝关节以上部位的踢球都叫触球，可以分为大腿触球、腹部触球、胸部触球和头部触球。大腿触球时，要注意抬大腿迎球，放松小腿，用大腿正面前段击球（图 23–1–4）。腹部触踢球、胸部触踢球、头部触踢球都要注意触球时腹部、胸部和头部要稍微向前主动迎接球，并控制球落在自己的前方，然后用脚将球踢出。

图 23–1–1

图 23–1–2

图 23–1–3

图 23–1–4

（五）发球

发球技术一般有 3 种：脚内侧发球、脚外侧发球、脚背正面发球。

（1）脚内侧发球时，球要抛至脚前，要抬大腿带小腿并转髋，用内足弓部位向前上方送髋推踢。其特点是既稳又准，破坏性强。（图 23–1–5）

（2）脚外侧发球时，要注意稍侧身站位，抬腿踝内转，绷脚尖，用脚外侧发力扫踢，其发球的特点是既快又狠，攻击力强。（图 23–1–6）

（3）脚背正面发球时，球要抛至脚前，注意绷脚背，用脚背正面向前上方发力挑踢，它的特点是平、快、准。（图 23–1–7）

发球是比赛的开始，也是一项进攻技术，发球的时候可以采用盯人、找空、压后、吊前等手段发出各种战术球，以达到破坏对方组织进攻或直接得分的目的。

图 23–1–5

图 23–1–6

图 23–1–7

（六）进攻

毽球的进攻技术有多种，这里主要介绍五种进攻技术。

1. 正面脚掌前踏攻球（脚踏攻球）技术

脚踏攻球是向上抬腿后，向下发力，用前脚掌部位推压击球。快和狠是其唯一的发展方向。脚踏攻球的特点是视野开阔，目的性强，球速快，变化多，既可以压踏前场，又可以推踏后场，还可以抹吊近网。脚踏攻球与倒钩球力量方面相比相对较弱，因此必须充分发挥其快、刁的特点，攻其不备才能给对方防守带来较大的威胁，令防守者防不胜防。

进攻队员面对网站立，两膝微屈，做好攻球的准备姿势，当二传传球至攻球点时，进攻队员支撑脚迅速上步，也可二步、三步助跑，然后击球腿大腿带动小腿迅速上摆至最高点，支撑腿伸直、提踵式跳起提高击球点，同时两臂放松上摆，提高身体重心并保持平衡。击球时，击球腿、髋、膝、踝依次发力鞭打式下压，用脚掌前 1/3 处击球。击球点一般保持在攻手头前上方距离身体 50 厘米的高度，远网球宜展腹直腿发力踏球，近网球可屈膝，小腿主动发力踏球，还可以利用身体转动和脚腕的变化改变攻球路线和落点。（图 23–1–8）

2. 外摆脚背倒钩攻球

进攻队员稍向右侧背对球网站立，两腿微屈，做好攻球的准备姿势，密切观察二传传球信号。当传球至击球点时，采用一步或两步助跑，起跳时膝踝关节充分蹬直，摆动腿和摆臂协调用力。身体腾空后，摆动腿下落，击球腿迅速外摆，膝关节猛力伸踢，屈踝用脚背勾踢动作攻球过网。击球部位在脚背外侧的脚趾根处，击球点应在攻手头上方右侧约 50 厘米的落点上。击球后，应注意控制击球腿的腾空摆动幅度，避免触网，两腿依次缓冲落地，保持身体平稳。（图 23–1–9）

图 23–1–8

图 23–1–9

3. 正倒钩脚掌吊球

攻球前，进攻队员背网站立，做好攻球的准备姿势，密切观察传球情况，当二传传来的球离身体较近，落点在头前上方时，迅速调整好位置，采用原地或调整一步起跳做脚背倒钩佯攻，当身体腾空时突然变脚背倒钩攻球为脚掌触击将球吊入对方场区。击球时，击球腿微屈上摆，逐步伸直，勾脚尖屈踝使脚掌在头前成水平状，脚掌触球并用腿向后摆的托送动作将球吊入对方场区的空当，完成攻球动作后，摆动腿和击球腿依次缓冲下落，保持身体平衡。

4. 正倒钩攻球

背向球网两脚平行站立，右腿蹬地起跳，也可以上步起跳，左腿屈膝上摆，上摆到空中最高点时，左腿自然下摆，同时右腿屈膝大腿带动小腿用力上摆，当球下落到头的右侧斜前上方 10 ～ 20 厘米时，小腿用力摆出，击球的一刹那，踝关节抖屈，以脚趾或脚趾根部位击球，随后左右脚顺势依次缓冲着地，保持身体平衡。其特点：线路多，力量大，能变线，是进攻的主要手段，但攻球时背对防守者，易被对方拦网堵防。

5. 凌空倒钩攻球

背向球网两脚左右站立，右腿用力蹬地，左腿屈膝稍向外侧上摆起跳，起跳到空中最高点，当球下落到身体内侧斜前上方时，左腿迅速下摆，同时右腿向内上摆，在空中向内转体，击球的一刹那，小腿加速上摆，脚背绷直，用脚趾或脚趾根部位击球，然后左脚着地，右脚依次缓冲着地。

这种攻球难度大，攻击力强，力度好，但失误率较高，一般队员难于掌握使用。比赛中倒钩攻球是进攻的主要手段，使用时应注意掌握击球力量的大小变化，线路和击球点的变化，通过观察对方防守站位来确定攻球动作、攻球线路和攻球的落点，一般应以大力为主，拨、打、吊、抹相结合。

（七）防守

毽球的防守技术一般有拦网、踢防、触防和跑防 4 种。

1. 拦网

拦网是防守的第一道防线，是得分、得球权的重要手段，是破坏对方进攻并组织反击的重要手段，有效的拦网能使本方化被动为主动，削弱对方的进攻威力，给对方造成心理压力，在比赛中占有重要地位。

拦网时，面向球网，距网 20 ～ 25 厘米，两脚平行开立，与肩同宽，两膝微屈，身体重心下降，自然收腹，上体稍前倾，两臂自然下垂置于体侧，目视来球。起跳后，提腰收腹挺胸击球。击球后脚自然下落，缓冲落地。为及时对准对手击球点，应采用并步、交叉步等技术移动取位，准备起跳拦网。

2. 踢防

毽球的踢防技术有内踢、外踢、挑踢 3 种。

（1）内踢。

当球的落点在身体前面时，快速移动，膝关节外张，小腿由内向上摆动，用脚内侧完成踢球动作。

（2）外踢。

当球落于体侧时，在腰和髋关节的带动下，利用小腿的外摆和脚外侧击球，完成踢球动作。

（3）挑踢。

当球落于较低位置时，将脚插入球底下，在踢球时的瞬间，依靠髋、膝、踝三个关节的带动，抖动上挑脚尖，同时绷直膝关节，完成踢球动作。

3. 触防

触防是根据对方攻球的情况，在单人拦网的同时，另外 2 名防守队员判断击球路线，用膝关节以上的身体部位挡球。

4. 跑防

跑防就是对方的攻球将落于较大的空当区域，而球速又不是太快的情况下，快速跑动接近球，使用恰当的防守技术“起球”。

第二节　花样跳绳

一、花样跳绳概述

（一）花样跳绳简介

花样跳绳是近些年国内新兴的体育运动项目。它是在汲取中华民族传统跳绳运动的精华和结合现代表演项目特色的基础上发展而来的，融汇街舞、体操、武术、杂技和音乐等现代元素精粹，在绳艺、绳技、绳舞和绳操等方面使跳绳者的个性得到淋漓尽致的发挥，更加突出其休闲、娱乐、趣味和健身效果等。近年来，花样跳绳成为花式繁多、新颖别致、动感十足、吸引眼球、深受国内青少年喜爱的时尚运动之一。

（二）花样跳绳注意事项

（1）须在平滑地面进行，注意地面不可有高低落差及坑洞。

（2）室内跳绳时须留意天花板的高度，也应远离挂墙风扇及家私杂物。

（3）多人跳绳时须留意人与人之间的距离，避免被他人的绳子打伤。

（三）花样跳绳的步骤

1. 选择一条适合跳绳者的绳子

绳子长度应适合跳绳者的身高，长度适中的绳子可以顺畅地绕过身体及头部，过长或过短的绳子会令跳绳动作不协调。

计算绳子长度的方法：初学者可以两脚踏住绳的中央，两手执绳的两端拉直至胸口位置（或以下），便是适当长度。

花样跳绳竞赛的评分方法

2. 选择适合的运动鞋

为了减轻脚部因跳绳时与地面接触而产生的撞击力，应选择有避震或弹性设计的运动鞋。

3. 跳绳前须做准备活动

准备活动应以伸展动作为基础，每个动作须保持 8 ～ 10 秒，以使肌肉柔和舒缓地伸展，使肌肉能充分地适应进一步的运动量。一般而言，全套热身运动所需时间长为 5 ～ 10 分钟，但也须配合当时天气的温度而加长或缩短，以使体温轻微上升。

4. 跳绳姿势要正确

（1）眼向前望，腰背要伸直。

（2）沉肘：手臂与手肘约成 90°。

（3）以手腕力量摆绳。

（4）跳跃时两脚并合，脚尖或前脚掌有节奏地踏地跳。

（5）着地时膝关节微屈，以缓冲跳跃时的震荡力。

（6）踏跳时以前脚掌着地，脚跟大部分时间是不着地的。

5. 跳绳后须做舒缓运动

将身体尽量放松，做深呼吸，可重复先前用绳进行的伸展运动，也可利用散步方式放松身体各部位，直至体温和呼吸恢复正常为止。

二、花样跳绳基本技术

（一）个人花样

花样跳绳基本技术

1. 左中右跳

左中右跳如图 23-2-1 至图 23-2-3 所示

图 23-2-1

图 23-2-2

图 23-2-3

2. 左右钟摆跳

左右钟摆跳如图 23-2-4、图 23-2-5 所示。

图 23-2-4

图 23-2-5

3. 前绳交叉及后绳交叉跳

前绳交叉及后绳交叉跳如图 23-2-6、图 23-2-7 所示。

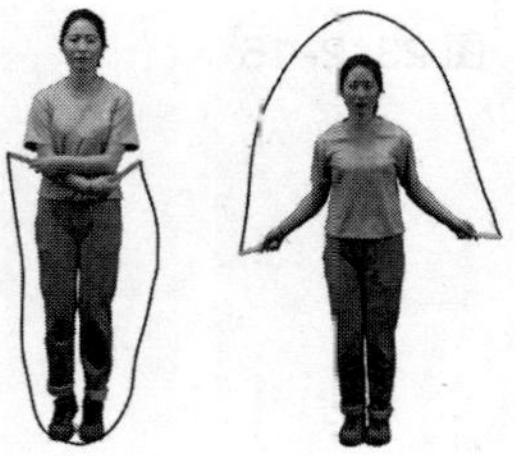
图 23-2-6

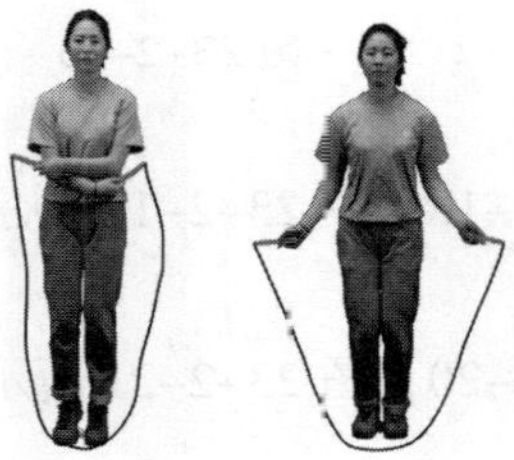
图 23-2-7

4. 开合跳

开合跳如图 23-2-8 至图 23-2-11 所示。

图 23-2-8

图 23-2-9

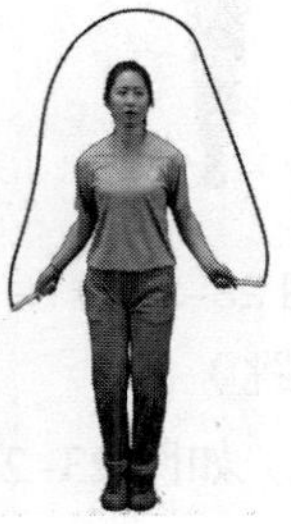
图 23-2-10

图 23-2-11

5. 扭动跳

扭动跳如图 23-2-12、图 23-2-13 所示。

图 23-2-12

图 23-2-13

6. **胯下一跳，胯下二跳**

胯下一跳，胯下二跳如图 23–2–14 至图 23–2–17 所示。

图 23–2–14

图 23–2–15

图 23–2–16

图 23–2–17

7. **单脚跳**

单脚跳如图 23–2–18、图 23–2–19 所示。

8. **脚踝跳**

脚踝跳如图 23–2–20、图 23–2–21 所示。

图 23–2–18

图 23–2–19

图 23–2–20

图 23–2–21

9. **脚步花样（如踢腿或肯肯跳）**

脚步花样（如踢腿或肯肯跳）如图 23–2–22 至图 23–2–25 所示。

肯肯舞跳（提膝跳+踢腿跳）：

第一跳：提膝跳。

第二跳：双脚跳。

第三跳：踢腿跳。

第四跳：双脚跳。

大家也可以自由创作新的脚步方式，编成一套独有的跳绳动作。

图 23–2–22

图 23–2–23

图 23–2–24

图 23–2–25

10. 不同摆绳花样（不需跳过绳子）

（1）花样一。（图 23-2-26 至图 23-2-28）

图 23-2-26

图 23-2-27

之后向相反方向解绳

图 23-2-28

（2）花样二。（图 23-2-29 至图 23-2-31）

图 23-2-29

图 23-2-30

之后向相反方向解绳

图 23-2-31

（3）花样三。（图 23-2-32 至图 23-2-34）

图 23-2-32

图 23-2-33

图 23-2-34

（二）双人花样

1. 朋友跳

可朋友跳如图 23-2-35 所示。加转身跳或摆绳者出入等动作。

图 23-2-35

2. 单侧回旋跳

单侧回旋跳如图 23-2-36、图 23-2-37 所示。

图 23-2-36

图 23-2-37

3. 横排跳

横排跳如图 23-2-38、图 23-2-39 所示。

图 23-2-38

图 23-2-39

4. 连锁跳（图 23-2-40、图 23-2-41）

连锁跳如图 23-2-40、图 23-2-41 所示。可随意加减人数，若绳子没有绳柄，则需要在跳动时转动绳头。

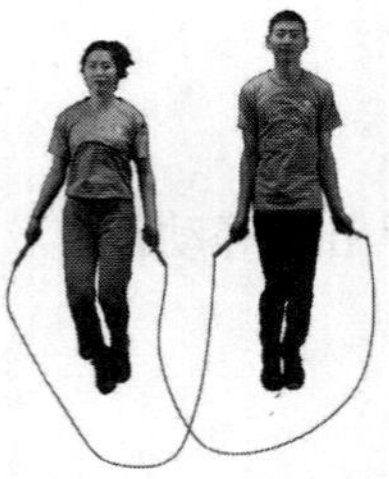

图 23-2-40

图 23-2-41

（三）多人花样

1. 跳大绳

跳大绳如图 23–2–42 所示。可自创花式，如猜拳、转球、转换位置和集体舞步等。

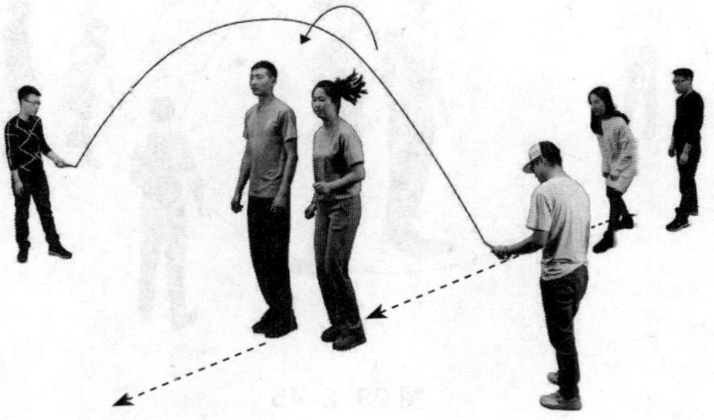

图 23–2–42

2. 大绳绳中绳

大绳绳中绳如图 23–2–43 所示。

图 23–2–43

3.“十”字绳

“十”字绳如图 23–2–44 所示。

图 23–2–44

4. 交互跳

交互跳如图 23–2–45 所示。基本上所有集体跳都可以加入绳中绳动作，若技术许可，更可加入双人跳。

图 23–2–45

5. 伞形跳

伞形跳如图 23–2–46 所示。

图 23–2–46

（四）集体花样

应根据音乐节奏做出不同的跳绳花样，将单人、双人和多人串联起来，再配合不同的队形编排出一套原创的跳绳动作。

第三节　定向运动

一、定向运动概述

定向运动是一项参与者借助地图和指北针，在尽可能短的时间内到访若干个被分别标记在地图上和地面上的检查点的体育运动。定向运动集智能、体能于一体，它不仅能强健体魄，而且能培养人独立思考、独立解决所遇到困难的能力及在体力和智力受到压力下做出迅速反应、果断决定的能力。

（一）定向运动的起源与发展

定向运动起源于北欧瑞典。“定向”一词最早出现在 1886 年的瑞典，现已遍布全球。第 1 届正式定向比赛于 1895 年举行，这标志着定向运动作为一个体育项目的诞生。1932 年举行了第 1 届世界定向锦标赛。1961 年国际定向越野联合会（IOF）在丹麦首都哥本哈根成立。定向运动是奥委会承认的准奥运会项目。1983 年定向运动传入我国内地，目前已被教育部列为学校体育教学内容之一，是大学生喜爱的一门课程。2019 年，中国定向运动员郝双燕夺得定向世界杯短距离项目女子组冠军，这是中国运动员在定向运动领域夺得的第一个世界冠军。

（二）定向运动的特点

定向运动的特点是多方面的。就运动的自身方式而言，有其自然属性，即自然性方面的特点；就该项运动作为一种社会活动而言，有其社会属性，即社会性方面的特点。

1. 自然性方面的特点

在自然性方面，定向运动具有运动性、智能性、环境性和情趣性。

2. 社会性方面的特点

在社会性方面，定向运动具有游戏性、竞技性、群众性和实用性。

校园定向运动训练

（三）定向运动的基础知识

1. 定向地图

定向地图是建立在地形图基础之上的运动用图，它利用等高线表示山的形状和高度，利用各种颜色表示前进的难易程度、植物分布，利用各种符号表示地面的特征。

（1）定向地图的符号。

① 地物符号：定向地图的地物符号由图形和颜色组成。黑色：人造景观，表示建筑物、道路、小径和岩石（大石头、悬崖峭壁）。棕色：地形，用等高线显示地貌，用符号表示山丘、小坑。蓝色：水，表示有水的地方（湖泊、溪流、泥沼）。绿色：植被，表示较难通过（绿色越深，越难通过）。白色：普通林区，表示易通过。黄色：空旷地，表示易奔跑。紫色：

线路。② 地貌符号：定向地图的地貌符号用等高线表示。这类符号还包括小丘、小洼地、土崖、冲沟、陡坡和土垣等表示地面详细形态的专门符号。

（2）地图上的线路。

定向运动地图识图是基础，用图是关键。在使用地图时，要坚持先图外后图内、先地物后地貌、先注记后符号和先主要后次要的原则。（图 23-3-1）

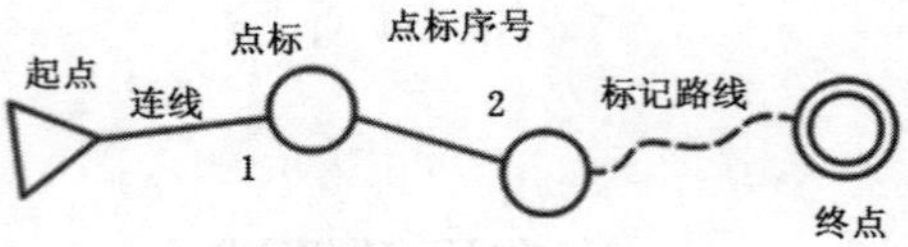

图 23-3-1

2. 指北针、检查卡、指卡、点标和电子计时系统

（1）指北针。

指北针（图 23-3-2）是定向运动中的合法工具，其主要作用是辨别方向、标定地图、确定站立点与目标点的方向。使用指北针时，必须水平放置。

（2）检查卡和指卡。

检查卡（图 23-3-3）是选手达到点标的凭据。有机械和电子两种。有的检查卡以指卡形式出现，指卡是电子计时系统中选手身份的唯一标识，佩戴在手指上，记录选手在各点标的信息。

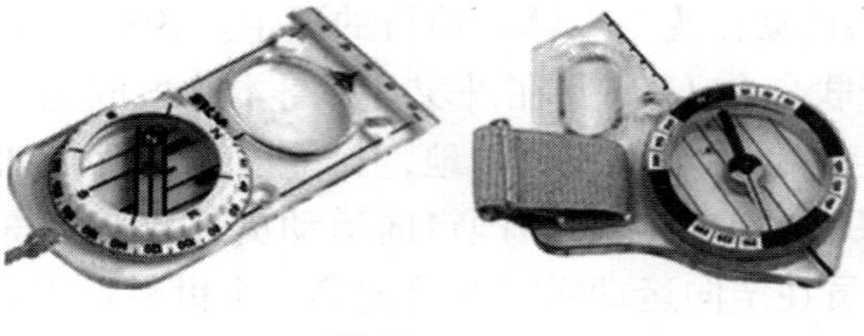

图 23-3-2

图 23-3-3

（3）点标。

点标是在特征物、特征点或其附近放置了点标旗（图 23-3-4）或机械打卡器（图 23-3-5）或点签器（图 23-3-6）的地方。

图 23-3-4

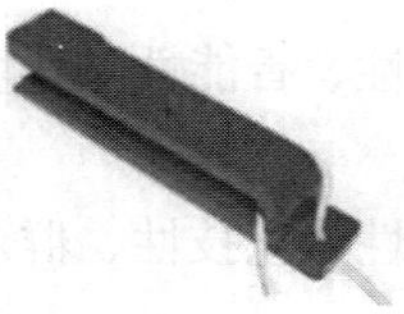

图 23-3-5

图 23-3-6

（4）电子计时系统。（图 23-3-7）

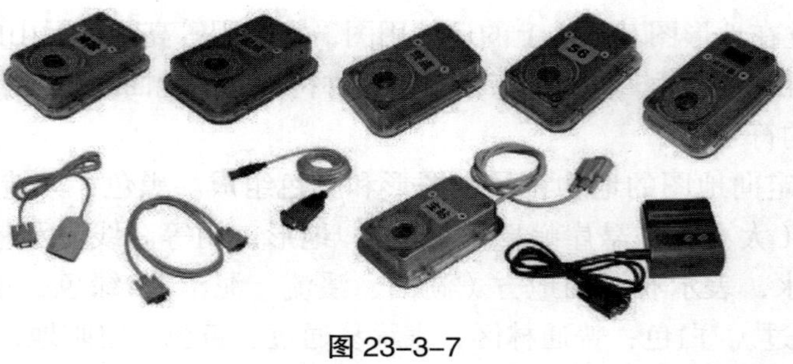

图 23-3-7

二、定向运动的基本技能

定向运动的基本技能包括定位与定向、快速行进、判读地貌、选择路线、捕捉点标和越野跑等技能。

（一）定位与定向

定向运动的实质就是用最短的时间到达规定的目标点。想尽快地到达目标点，首先要会辨明方向，判定方向，即了解自己实地所在的位置，并能够在地图上找到站立点的位置。在此基础上确定目标点的方向和位置，迅速找到目标点。

1. 判定方位

判定方位是指辨明方向，了解实地的方位是使用地图的前提。在野外可以利用指北针、地物特征、太阳与手表等来判定方位。

2. 标定地图

给地图定向就是标定地图，使地图的方位与实地的方位一致。通过标定地图，就可以将地图上的地物地貌符号与实物的地物地貌一一对应。常用的标定地图的方法有概略标定、利用指北针标定和利用地物标定等。

（1）概略标定地图。

在实地正确地辨别方向之后，将地图的上方对向实地的北方，地图即已标定。

（2）利用指北针标定地图。

利用指北针标定地图时，将地图与指北针都水平放置，通过转动地图，使指北针的红色指针与磁北线的方向吻合或平行。

（3）利用地物标定地图。① 利用直长地物标定地图：直长地物是指较长的线状地物，如铁路、公路、土垣、沟渠和高压线等。首先应在地图上找到这段直长地物，概略标定地图后，使图上与实地直长地物方向一致，地图即被标定。② 利用明显地形点标定地图：在实地找出一个与地图上地物符号对应的明显地物，如小桥、亭子和独立的建筑等，然后转动地图使图上的站立点至目标的连线与实地的站立点至目标的连线重合。

3. 确定站立点

确定站立点在地图上的位置是从事定向运动的一项基本技能。其主要方法是：通过标定地图，将地图与实地的地物、地貌进行逐一对照，以确定自己的方位。

（1）直接确定。

当自己所处位置在明显地形点上时，只要从地图上找出该地形点，站立点即可确定。这是最常用的确定方位的方法。

（2）利用位置关系确定。

当站立点位于明显地形点附近时，可以利用相对位置关系来确定。利用位置关系确定站立点主要依据两个要素：一是站立点至明显点的方向，二是站立点至明显点的距离。在地形起伏明显的地方，还可以结合高差情况进行判定。

（3）利用“交会法”确定。

当站立点附近无明显地形点时，可以利用“交会法”确定站立点位置。按不同情况，它又可以具体分为 90° 法、截线法、连线法、后方交会法和磁方位交会法等。这些方法的优点是不需要判断或测量距离就能确定出较为准确的站立点位置。

当站在线状地物上时，可以利用 90° 法、截线法和连线法来确定站立点位置。

4. 确定目标点

在进行地图与实地对照以及在运动中需要明确运动方向和运动路线时，都要确定目标点的图上位置。

（1）目估法。

当目标点在明显地形点上时，从图上找出该明显地形点，即为目标点在图上的位置。

（2）关系法。

当目标较多，附近没有明显地形点时，多采用关系法确定目标点的图上位置。

（3）前方交会法。

当目标点较远且附近又无明显地形点时，可在两个站立点上用前方交会法确定目标点在图上的位置。

（二）快速行进

1. 用拇指辅行法行进

在运动过程中，不断转动地图，使地图与实地方向一致，并将手指压在站立点上，做到“人在地上走，指在图上移”。（图 23-3-8）

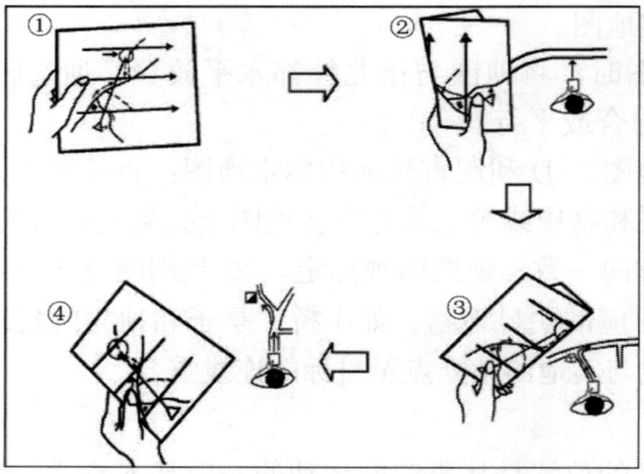

图 23-3-8

2. 沿地形地貌行进

选择参照物，如河流、小路、围墙、房屋、独立树、石碑以及等高线等，这可以提供安全、快捷的路线。其方法是按所跑路线的顺序，分段、连续或一次性地记住前进方向上经过的地形点、两侧的特征物等内容，使实地的情景不断地与记忆内容“叠印”，做到“人在地上走，心在图上移”。

3. 行进技巧

（1）借线法行进。

利用道路、围栏和高压线等线状地物，将它们作为行进的“导引”。由于沿着线状地物行走犹如扶着楼梯的扶手行走，因此，此方法称为“扶手法”。（图 23-3-9）

（2）借点法行进。

借点法行进就是利用明显的地物地貌点控制方向向前行进。当点标附近有高大、明显的参照物时，可采用此方法。（图 23-3-10）

（3）水平位移法行进。

当站立点与点标在同一高度上时，可沿等高线行进，但要确定站立点与检查点之间可否通行。（图 23-3-11）

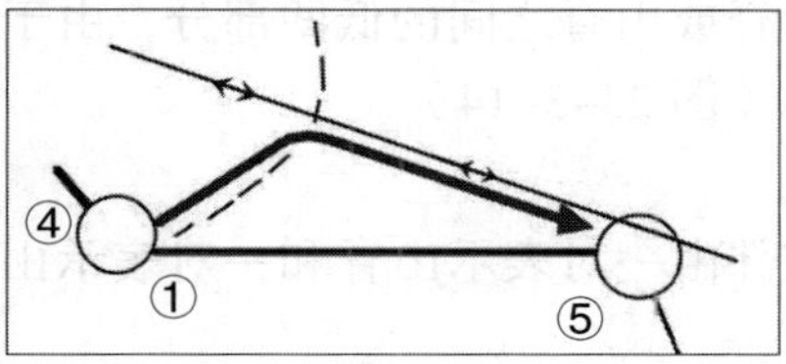

图 23-3-9

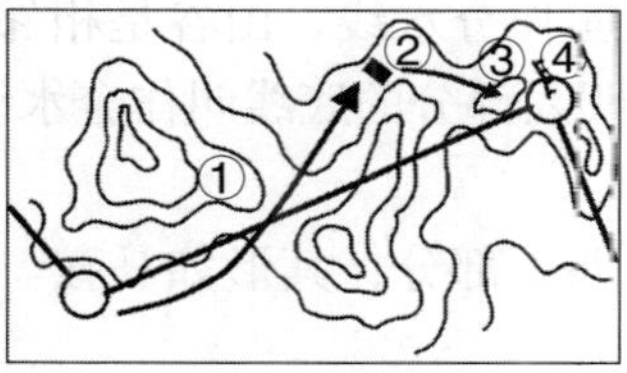

图 23-3-10

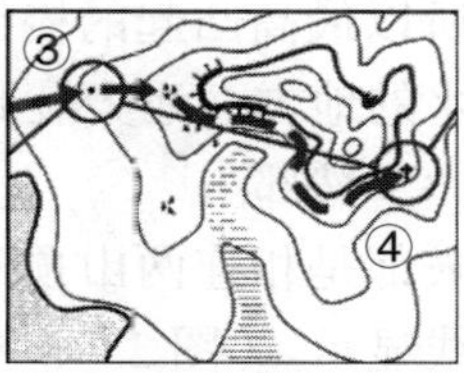

图 23-3-11

（4）提前绕行法行进。

当点标之间有较大的障碍时，可提前选择最佳路线。直线跑，上山过山顶，下山找目标，缺点是要艰难地翻过山顶（图 23-3-12）。提前绕：沿着山向前跑，虽然路线较长，但不必爬山；沿着山脊向前跑，虽然路线比直线长些，但不需要太多的攀爬（图 23-3-13）。

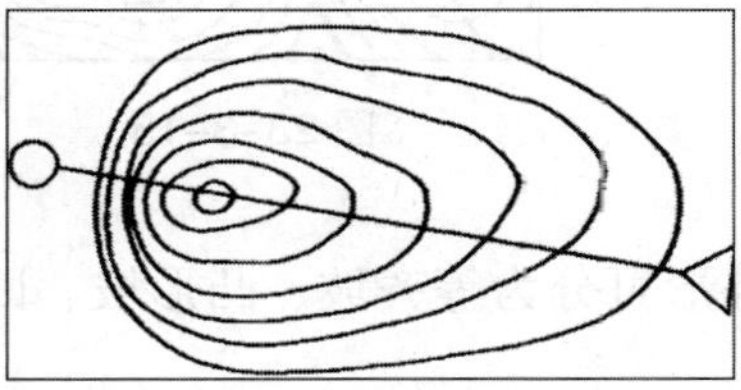
图 23-3-12

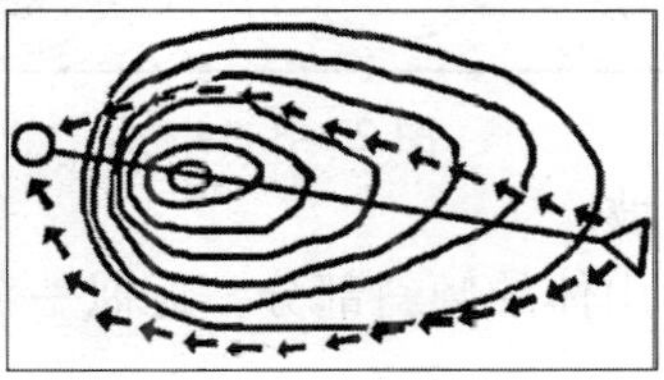
图 23-3-13

4. 行进中应注意的问题

① 经过岔路口、道路转弯点和居民地进出口时，应对照地形；② 遇到实地地形变化与地图不一致时，应仔细对照全貌，分析地形的变化和位置关系，然后准确地判定站立点的位置和行进方向，做到有疑不走、有矛盾不走和方向不明不走；③ 发现走错了路时，应立即对照地形，回忆所走过的路，判明是从什么地方走错的、偏离原定路线有多远，再根据情况另选迂回路线或先返回原定路线后再继续前进。

（三）判读地貌

通过地图上的等高线以及相关的注记，可以了解很多地貌的信息。例如，通过等高线可以了解山坡的陡缓，通过高程注记可以了解山体的高度，通过等高线图形还可以判断出地貌的主要形态和特征。

1. 山的各部分形态

地貌千姿百态、千差万别，但都是由某些基本形态组成的。这些基本形态包括山顶、凹地、山脊、山谷、鞍部、山坡和小丘等。

（1）山顶与凹地。

比周围地面突高隆起的部分叫作山，山的最高部位叫作山顶。表示山顶的等高线呈小的闭合环圈。山顶依其形态可分为尖顶、圆顶和平顶三种。

比周围地面凹陷，且经常无水的低地叫作凹地，大面积的凹地称为盆地。表示凹地的等高线是一个或数个小闭合环圈。为了区别凹地与山顶，表示凹地的环圈都加绘了示坡线，示坡线是指示斜坡降落方向的棕色短线。（图 23–3–14）

（2）山脊与山谷。

山脊是从山顶到山脚的凸起部分，很像动物的脊背。下雨时，雨水落在山脊上向两边分流，所以最高凸起的棱线又叫作分水线。山谷是相邻山脊或山脊之间的低凹部分，由于山谷是聚水的地方，地势最低的凹入部分的底线叫作合水线。（图 23–3–14）

（3）鞍部。

鞍部是相连两山顶间的凹下部分，其形如马鞍。鞍部由一对表示山脊和一对表示山谷的等高线显示。（图 23–3–15）

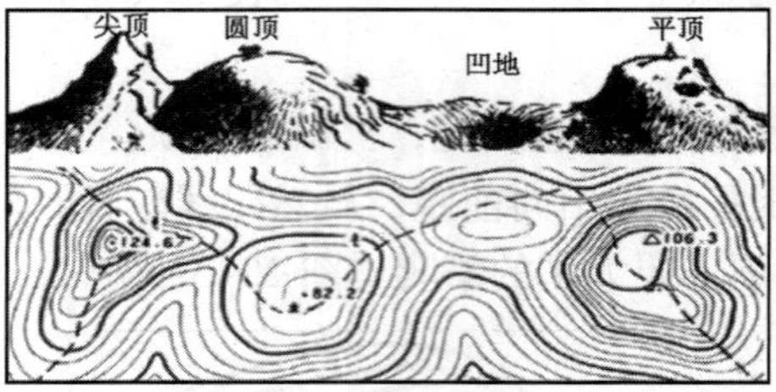

图 23–3–14

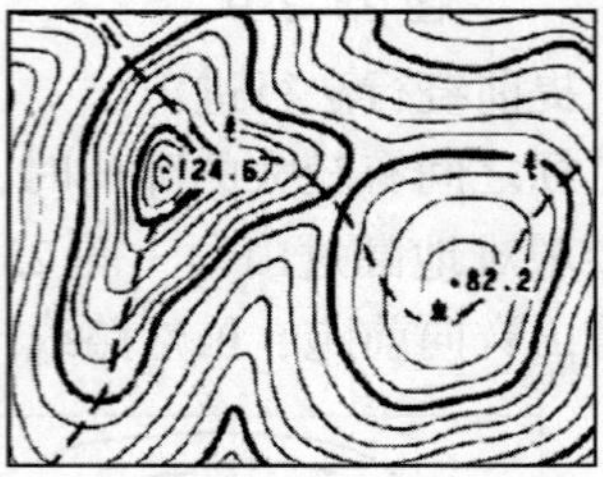

图 23–3–15

（4）山坡。

山坡是山体的倾斜部分，近似一个斜面，根据外形可分为等齐坡、凸形坡、凹形坡和阶状坡等。

（5）小丘。

小丘是体积较小、只能以一条等高线表示的小山包。

2. 地貌起伏的判断（上坡与下坡）

根据等高线图形的形状来判断山体的坡向。山脊、山垄等地面隆起部分的等高线图形，其突出部分总是朝着下坡，而山谷、凹地的等高线图形则相反，总是朝着上坡。等高线图形由疏变密为上坡，等高线图形由密变疏为下坡。根据等高线的示坡线来判断斜坡的坡向，顺示坡线方向的为下坡，逆示坡线方向的为上坡。根据等高线的注记来判断斜坡的坡向，朝着字头方向的为上坡，背着字头方向的为下坡。

（四）选择路线

定向地图上各点标的连线是提供方位的直线，然而，沿着这条方位直线前进一般是不可能直接到达的，必须依照地图上各种符号和色彩的提示，进行路线选择。不同的人技术水平不同，体能状况不同，所选择的路线也不尽相同。

1. 选择路线的标准

省体力、省时间、最稳妥和最能发挥自己的特长、尽量不失误或减少失误和顺利完成赛程并最终夺取胜利，是选择路线的基本标准。

2. 选择路线的原则

（1）有路不越野。

比赛地图现实性强，道路标示较详细。利用道路有利于在运动中图地对照，随时明确站立点的图上位置，不易迷失方向，同时还可省力节时。如图 23–3–16 所示，最佳的运动路线是：从出发点出发，先沿大车路向东到岔路口，然后向北沿小路到①号点标，而不应翻越山顶运动，但选择道路时要考虑距离。

要考虑距离。

（2）选近不选远。

如图 23–3–17 所示，虽然从②号点标到③号点标有路可选，但距离太远，因此不宜采用。两点标之间，地形较平坦，树木不多，直接越野为最佳路线。

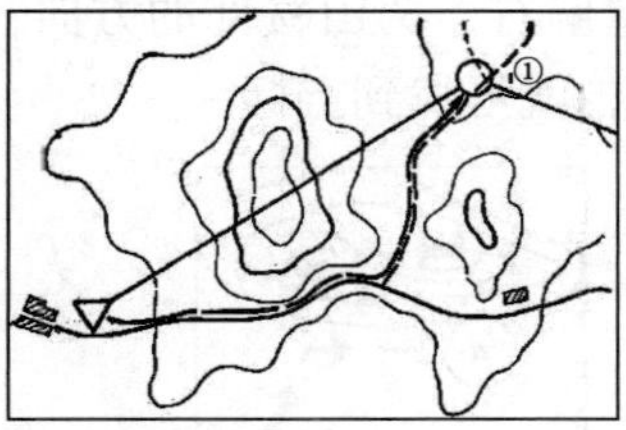

图 23–3–16

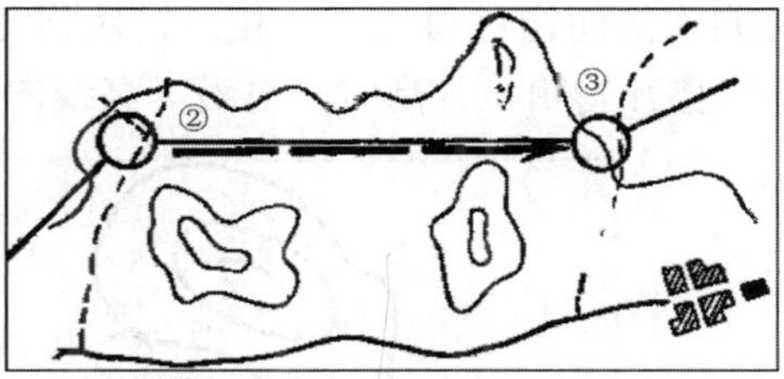

图 23–3–17

（3）统观全局，提前绕行。

如图 23–3–18 所示，从③号点标到④号点标，既无道路可利用，又因途中有陡坎、大水塘以及难攀登的高地，因此，在选择运动路线时，要分析整个地形，尽量避开这些不能通过的地段，提前做好绕行准备。

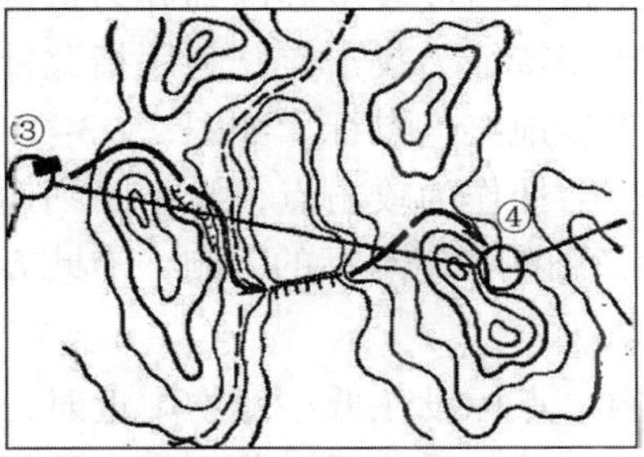

图 23–3–18

（4）走高不走低。

选择路线时，若选择越野，则应遵守尽量在高处行进、避免在低处行进的原则。这是因为：高处地势高，视野好，便于确定站立点和保持行进方向；高处通风、干燥，荆棘、杂草、虫害及其他危险少；人们都习惯在高处行走，因此高处常常会有行人踏出的小路，利用它便于提高行进速度。

（五）捕捉点标

捕捉点标是参加定向越野比赛决定胜负的一项关键性的技能。当接近点标时，应对点标的实地准确位置做出分析和判断，并考虑采用何种方法去捕捉它。常用的方法有定点攻击法、提前偏差法、距离定点法和地貌分析法等。

1. 定点攻击法

当点标设在明显、较大的地物、地貌点上或附近时，可采用定点攻击。首先将这些明显的地物、地貌设为攻击点，然后根据这一攻击点与点标的相对方位、距离关系寻找点标。如图 23-3-19 所示，3 号点标到 4 号点标，沿着小路行进，目标是建筑物，找到建筑物后，在建筑物的北面就能找到点标。

2. 提前偏差法

当点标设在线状地物如大路、沟渠和河流的一侧时，可采用提前偏差法。首先根据地形条件，选择线状物为目标点，然后提前偏离点标，跑到线状物上，再根据线状物与点标的位置关系找到点标。如图 23-3-20 所示，点标为山脚下的小屋，可以用指北针直接定位该点，但很有可能跑偏而错过目的地。相反，用指北针定位在小屋偏右、两山鞍部的方向，当跑到山脚下，地势开始明显升高时，再沿等高线向左边水平位移，就可找到点标。

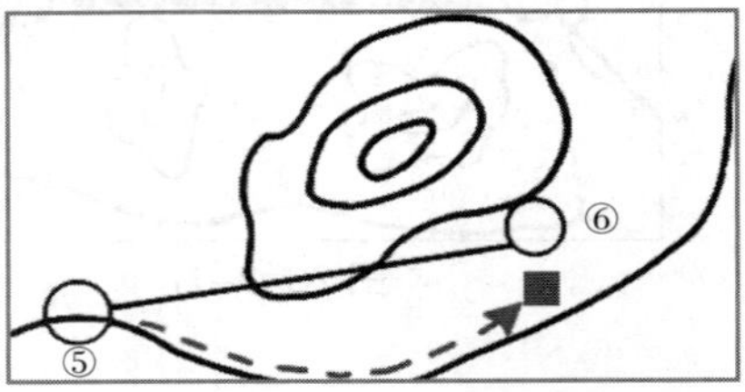

图 23-3-19

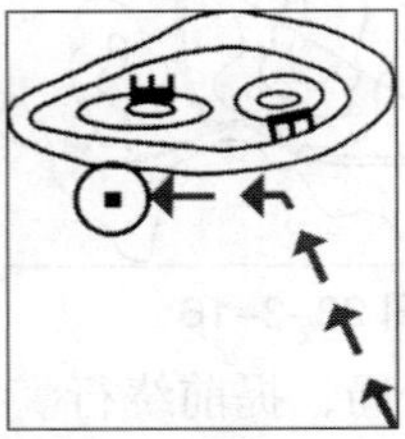

图 23-3-20

3. 距离定点法

当点标处于地势较平坦、无路和植被较多等以细碎为特征的地貌中时，可以采用距离定点法。首先要以周围的地物、地貌特征为攻击点，利用指北针瞄准目标点方向，然后结合步测、目测等方法测算距离，一步步地接近点标。如图 23-3-21 所示，点标位于细碎的地貌特征之中，情况复杂。选择小路交会处作为攻击点，沿小路到达攻击点，在图上量出至点标的距离（换算成复步），用指北针仔细地测定点标的方向，沿此方向步测前，捕捉 5 号点标。

4. 地貌分析法

在地貌有一定起伏的地域内，点标设在低小地物附近时，采用地貌分析法。采用这种方法时，首先根据地图上点标与地貌的关系位置，分析出实地相对应的关系位置，再依据这种关系位置来寻找到点标。如图 23-3-22 所示，首先跑到点标西南山顶，在山顶位置通过地图与实地对照，判定出点标在山脊，然后沿山脊下山寻找石碑，即可发现 9 号点标。

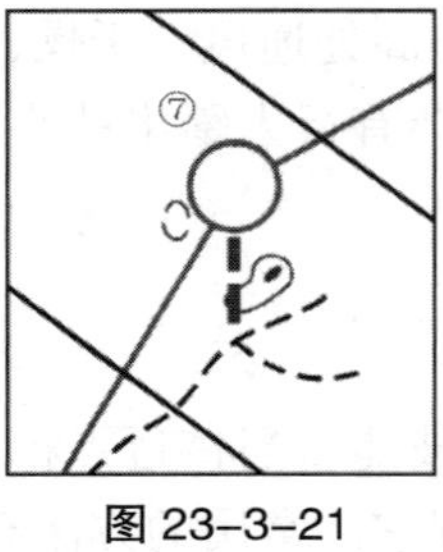

图 23-3-21

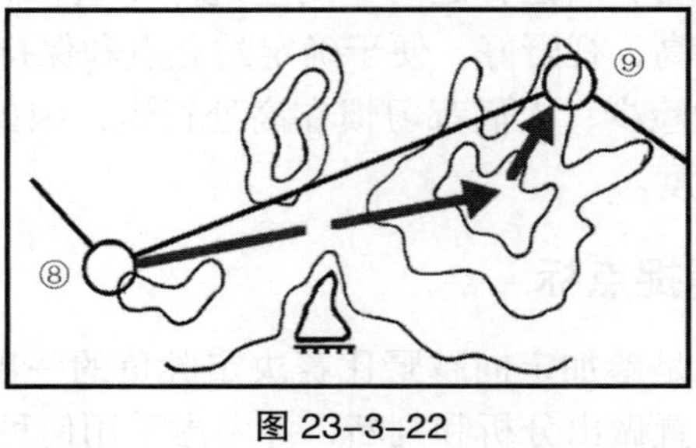

图 23-3-22

（六）越野跑

能否掌握越野跑技术是决定定向运动成绩优劣的重要因素之一。定向运动中的越野跑实际上是一种长距离的间歇跑。由于在途中常常需要停下来看图和辨别方向，在崎岖的道路上不可能始终保持均匀的跑速，越野跑总是体现出走、跑和停相交替的间歇跑的特点。

第四节 皮划艇

一、皮划艇的起源与沿革

皮划艇项目分为皮划艇静水和皮划艇激流回旋两个分项，前者是在平静的水道里进行的比赛。奥运会的比赛项目有 500 米和 1000 米 2 种。

皮划艇静水比赛是运动员在尽可能短的时间内通过一段标志清楚而无障碍的航道。

皮划艇激流回旋比赛是运动员力求用最短的时间正确无误地通过一段设有水门的湍急河道。

国际皮划艇联合会成立于 1924 年，作为奥林匹克运动的一员，它是国际奥委会承认的在全球范围内管理皮划艇运动的团体，截至 2022 年初，国际皮划艇联合会有 170 个协会会员。

皮艇起源于北美洲格陵兰岛上爱斯基摩人用动物皮包在木架子上制作的兽皮船。1865 年苏格兰的麦克格雷戈（John Mac Gregor）仿兽皮船制作了一条长 4 米、宽 0.75 米、重 30 千克的“诺布 · 诺依”号皮艇，驾艇穿越了瑞典、芬兰、德国、英国。19 世纪 90 年代皮划艇运动在欧洲得到广泛开展。

皮划艇运动在开展的过程中，为了不断提高艇速，不断改进艇形。19 世纪末德国工程师赫曼根据自己的经验，将皮艇制造成鱼形，这大大提高了艇速。此后，英国造艇专家弗龙德发现船体越长阻力越小，速度也越快，因此造船者纷纷加长船体。1923 年，丹麦、瑞典、奥地利等国组成了一个工作委员会，规定单人皮划艇的长度为 5.2 米，宽度为 0.51 米，这个规定一直沿用至今。

1956 年皮划艇出现凹形船体。1960 年，横向的凹形轮廓线达到顶点。1964 年，国际皮划艇联合会制定了“无凹面”的规则，使艇设计标准化。但是人们又设计出菱形皮划艇，1972 年出现玻璃钢艇。近年来，蜂窝结构的碳素纤维艇出现。而美国造船家为提高船速，在皮艇外壳制造了人工鲨鱼皮，其表面有一层平行的“里布勒特”沟纹，这些又细又密的沟纹，能使水平稳地流过而不会形成旋涡。但这种设计未被国际皮划艇联合会通过。尽管如此，其精神仍是可嘉的，因为皮划艇运动必须协调人的技术、运动器材和水的作用这三者的关系。

现代静水皮艇是有舵的，比赛时，运动员坐在艇内，面向前方，手持两头带桨叶的桨在艇的两侧轮流划动，依靠脚操纵舵控制航向。

1924 年 1 月，由丹麦、瑞典、法国和奥地利发起，在丹麦首都哥本哈根成立了国际皮划艇协会 I.R.K. [（后更名为国际皮划艇联合会（ICF）]，拟订代表大会的章程和第一个皮划艇竞赛规则。随着皮划艇运动的广泛开展，各国相继成立皮划艇俱乐部。

国际皮划艇联合会成立初期，只为静水皮艇项目的比赛定规，随着项目的普及和发展，皮划艇激流回旋运动在皮划艇静水运动的基础上发展起来。皮划艇激流回旋运动是运动员在规定的水流湍急赛道内穿越或绕过规定的水门或障碍通过终点，以速度快、罚分少者为胜。

2004 年，中国皮划艇运动员孟关良、杨文军在第 28 届奥运会男子 500 米双人划艇决赛中曾一度落后，但他们并没有选择放弃，而是选择迎难而上，放手一搏，在最后关头超越了其他对手，最终夺得冠军。这是中国皮划艇界的第一个奥运会冠军。孟关良、杨文军永不言弃的拼搏精神值得当代大学生学习。

二、皮划艇竞赛规则要点

皮划艇静水和激流回旋竞赛规则是由国际皮划艇联合会制定的，适用于国际皮划艇联合会承认的国际比赛。

（一）皮划艇静水竞赛规则

1. 出发规定

应通过抽签方式决定参赛艇参加预赛的道次，依次排列。运动员应按时进入起航区，以便做好起航的准备工作。

起航应不受任何缺席者的影响。取齐员负责协调各艇在起点的位置，应使参赛艇的船头处于起航线上。发令员在认为可以发令时喊“10 秒内将出发”，之后在 10 秒内的适当时机发令，发令口令为“GO”或鸣发令枪。

2. 竞赛途中规定

比赛进行时，禁止非参赛的船艇进入整个或部分航道，甚至浮标外区域。在 1000 米以内的比赛中，参赛运动员必须在从起点至终点的本航道内划行。运动员应尽可能地保持在其航道的中心线上划行，相邻的两名运动员之间距离不得小于 5 米。

在比赛过程中，由于本身原因而翻船的舟艇，允许运动员不依靠他人帮助重新上船继续比赛，但不得越出本航道，并应在下一组比赛开始前划到终点才有效。

3. 通过终点规定

艇首到达终点线的时间为到达时间，艇中的运动员必须全部通过本航道的终点线才算有效。此时，终点裁判长应用音响设备发出到达信号。

比赛舟艇通过终点线，艇上应有航道牌，如航道牌因故失落，运动员应向终点裁判长说明情况并报告航道号码，等待航道裁判员的决定。

4. 气象预报

规则规定，在比赛期间，大会组委会要为参赛队提供每天的气象预报，包括每日气温、降水量、湿度、能见度、风况（风速和风向）。

（二）皮划艇激流回旋竞赛规则

1. 出发规定

一般情况下，运动员在出发区准备就绪，采取静止出发方式，时间到时由一名扶船员帮助出发。预赛出发顺序由国际皮划艇联合会根据运动员的世界排名确定；半决赛的出发顺序根据预赛成绩确定；决赛的出发顺序根据半决赛的成绩确定；决赛的出发顺序根据半决赛的成绩确定，成绩好的后出发。

2. 通过水门、罚分与漏门等规定

运动员必须按照水门号码顺序和标出的正确方向通过各个水门。水门的设置由总裁判长、裁判长、技术组织者和赛道设计者确定。当运动员的整个头部及艇身全部或部分通过水门杆之间连线，艇、桨及身体的任何部位不触及门杆并以指定方向通过水门时，视为正确通过，不罚分；如运动员艇、桨或身体在通过水门时触及门杆，视为碰杆，罚 2 分；如运动员没有通过指定水门，视为漏门，罚 50 分。

比赛过程中桨折断或丢失时，运动员只能使用艇上的备用桨。当艇底向上，运动员（C2 中任一运动员）脱离艇时可视为翻艇。

3. 计算成绩和公布成绩

两轮比赛时间（以秒为单位）＋罚分＝成绩。每轮比赛单项成绩计算方法如下。

比赛时间：2：20.82 ＝ 60 ＋ 60 ＋ 20.82 ＝ 140.82

罚分：2 ＋ 2 ＋ 50 ＝ 54

总计：194.82 分

运动员在比赛中脱离艇则被取消该轮比赛成绩。

思考题

1. 毽球运动包括哪些基本技术？
2. 花样跳绳有哪些注意事项？
3. 如何选择定向运动的路线？
4. 简述皮划艇运动的竞赛规则要点。

附　录

学生体质健康测试

附录一　《国家学生体质健康标准（2014 年修订）》简介 *

一、说明

《国家学生体质健康标准》（以下简称《标准》）是国家学校教育工作的基础性指导文件和教育质量基本标准，是评价学生综合素质、评估学校工作和衡量各地教育发展的重要依据，是《国家体育锻炼标准》在学校的具体实施，适用于全日制普通小学、初中、普通高中、中等职业学校、普通高等学校的学生。

本标准的修订坚持健康第一，落实《国家中长期教育改革和发展规划纲要（2010—2020年）》《国务院办公厅转发教育部等部门关于进一步加强学校体育工作若干意见的通知》《教育部关于印发〈学生体质健康监测评价办法〉等三个文件的通知》有关要求，着重提高《标准》应用的信度、效度和区分度，着重强化其教育激励、反馈调整和引导锻炼的功能，着重提高其教育监测和绩效评价的支撑能力。

《标准》从身体形态、身体机能和身体素质等方面综合评定学生的体质健康水平，是促进学生体质健康发展、激励学生积极进行身体锻炼的教育手段，是国家学生发展核心素养体系和学业质量标准的重要组成部分，是学生体质健康的个体评价标准。

《标准》将适用对象中的大学部分分为以下级别：大学一、二年级为一组，三、四年级为一组。

大学各组别的测试指标均为必测指标。其中，身体形态类中的身高、体重，身体机能类中的肺活量，以及身体素质类中的 50 米跑、坐位体前屈为各年级学生共性指标。

《标准》的学年总分由标准分与附加分之和构成，满分为 120 分。标准分由各单项指标得分与权重乘积之和组成，满分为 100 分。附加分根据实测成绩确定，即对成绩超过 100 分的加分指标进行加分，满分为 20 分；大学的加分指标为男生引体向上和 1000 米跑，女生 1 分

* 节选自教育部印发的《国家学生体质健康标准（2014年修订）》。

钟仰卧起坐和 800 米跑，各指标加分幅度均为 10 分。

根据学生学年总分评定等级：90.0 分及以上为优秀，80.0 ～ 89.9 分为良好，60.0 ～ 79.9 分为及格，59.9 分及以下为不及格。

每个学生每学年评定一次，记入《〈国家学生体质健康标准〉登记卡》。特殊学制的学校，在填写登记卡时可以按规定和需求相应地增减栏目。学生毕业时的成绩和等级，按毕业当年学年总分的 50% 与其他学年总分平均得分的 50% 之和进行评定。

学生测试成绩评定达到良好及以上者，方可参加评优与评奖；成绩达到优秀者，方可获体育奖学分。测试成绩评定不及格者，在本学年度准予补测一次，补测仍不及格，则学年成绩评定为不及格。普通高等学校学生毕业时，《标准》测试的成绩达不到 50 分者按结业或肄业处理。

二、单项指标与权重

大学各年级单项指标与权重见附表 1–1。

附表 1–1　单项指标与权重

测试对象	单项指标	权重
大学各年级	体重指数（BMI）	15%
	肺活量	15%
	50米跑	20%
	坐位体前屈	10%
	立定跳远	10%
	引体向上（男）/1分钟仰卧起坐（女）	10%
	1000米跑（男）/800米跑（女）	20%

注：体重指数（BMI）= 体重（千克）/ 身高 2（米 2）。

三、评分表

《国家学生体质健康标准（2014 年修订）》中大学阶段的测试评分表见附表 1–2 至附表 1–8。

附表 1–2　体重指数（BMI）单项评分表　　（单位：千克 / 米 ^{2}）

等级	单项得分	大学男生	大学女生
正常	100	17.9～23.9	17.2～23.9
低体重	80	≤17.8	≤17.1
超重		24.0～27.9	24.0～27.9
肥胖	60	≥28.0	≥28.0

附表 1–3　大学男生各测试项目评分表　（大一、大二适用）

等级	单项得分	肺活量/毫升	50米跑/秒	坐位体前屈/厘米	立定跳远/厘米	引体向上/次	耐力跑1000米/(分:秒)
优秀	100	5040	6.7	24.9	273	19	3:17
	95	4920	6.8	23.1	268	18	3:22
	90	4800	6.9	21.3	263	17	3:27
良好	85	4550	7.0	19.5	256	16	3:34
	80	4300	7.1	17.7	248	15	3:42
及格	78	4180	7.3	16.3	244		3:47
	76	4060	7.5	14.9	240	14	3:52
	74	3940	7.7	13.5	236		3:57
	72	3820	7.9	12.1	232	13	4:02
	70	3700	8.1	10.7	228		4:07
	68	3580	8.3	9.3	224	12	4:12
	66	3460	8.5	7.9	220		4:17
	64	3340	8.7	6.5	216	11	4:22
	62	3220	8.9	5.1	212		4:27
	60	3100	9.1	3.7	208	10	4:32
不及格	50	2940	9.3	2.7	203	9	4:52
	40	2780	9.5	1.7	198	8	5:12
	30	2620	9.7	0.7	193	7	5:32
	20	2460	9.9	−0.3	188	6	5:52
	10	2300	10.1	−1.3	183	5	6:12

附表 1–4　大学男生各测试项目评分表　（大三、大四适用）

等级	单项得分	肺活量/毫升	50米跑/秒	坐位体前屈/厘米	立定跳远/厘米	引体向上/次	耐力跑1000米/(分:秒)
优秀	100	5140	6.6	25.1	275	20	3:15
	95	5020	6.7	23.3	270	19	3:20
	90	4900	6.8	21.5	265	18	3:25
良好	85	4650	6.9	19.9	258	17	3:32
	80	4400	7.0	18.2	250	16	3:40

续表

等级	单项得分	肺活量/毫升	50米跑/秒	坐位体前屈/厘米	立定跳远/厘米	引体向上/次	耐力跑1000米/（分:秒）
及格	78	4280	7.2	16.8	246		3:45
	76	4160	7.4	15.4	242	15	3:50
	74	4040	7.6	14.0	238		3:55
	72	3920	7.8	12.6	234	14	4:00
	70	3800	8.0	11.2	230		4:05
	68	3680	8.2	9.8	226	13	4:10
	66	3560	8.4	8.4	222		4:15
	64	3440	8.6	7.0	218	12	4:20
	62	3320	8.8	5.6	214		4:25
	60	3200	9.0	4.2	210	11	4:30
不及格	50	3030	9.2	3.2	205	10	4:50
	40	2860	9.4	2.2	200	9	5:10
	30	2690	9.6	1.2	195	8	5:30
	20	2520	9.8	0.2	190	7	5:50
	10	2350	10.0	−0.8	185	6	6:10

附表 1–5　大学女生各测试项目评分表　（大一、大二适用）

等级	单项得分	肺活量/毫升	50米跑/秒	坐位体前屈/厘米	立定跳远/厘米	1分钟仰卧起坐/次	耐力跑800米/（分:秒）
优秀	100	3400	7.5	25.8	207	56	3:18
	95	3350	7.6	24.0	201	54	3:24
	90	3300	7.7	22.2	195	52	3:30
良好	85	3150	8.0	20.6	188	49	3:37
	80	3000	8.3	19.0	181	46	3:44
及格	78	2900	8.5	17.7	178	44	3:49
	76	2800	8.7	16.4	175	42	3:54
	74	2700	8.9	15.1	172	40	3:59
	72	2600	9.1	13.8	169	38	4:04
	70	2500	9.3	12.5	166	36	4:09
	68	2400	9.5	11.2	163	34	4:14
	66	2300	9.7	9.9	160	32	4:19
	64	2200	9.9	8.6	157	30	4:24
	62	2100	10.1	7.3	154	28	4:29
	60	2000	10.3	6.0	151	26	4:34

续表

等级	单项得分	肺活量/毫升	50米跑/秒	坐位体前屈/厘米	立定跳远/厘米	1分钟仰卧起坐/次	耐力跑800米/（分:秒）
不及格	50	1960	10.5	5.2	146	24	4:44
	40	1920	10.7	4.4	141	22	4:54
	30	1880	10.9	3.6	136	20	5:04
	20	1840	11.1	2.8	131	18	5:14
	10	1800	11.3	2.0	126	16	5:24

附表 1-6　大学女生各测试项目评分表　（大三、大四适用）

等级	单项得分	肺活量/毫升	50米跑/秒	坐位体前屈/厘米	立定跳远/厘米	1分钟仰卧起坐/次	耐力跑800米/（分:秒）
优秀	100	3450	7.4	26.3	208	57	3:16
	95	3400	7.5	24.4	202	55	3:22
	90	3350	7.6	22.4	196	53	3:28
良好	85	3200	7.9	21.0	189	50	3:35
	80	3050	8.2	19.5	182	47	3:42
及格	78	2950	8.4	18.2	179	45	3:47
	76	2850	8.6	16.9	176	43	3:52
	74	2750	8.8	15.6	173	41	3:57
	72	2650	9.0	14.3	170	39	4:02
	70	2550	9.2	13.0	167	37	4:07
	68	2450	9.4	11.7	164	35	4:12
	66	2350	9.6	10.4	161	33	4:17
	64	2250	9.8	9.1	158	31	4:22
	62	2150	10.0	7.8	155	29	4:27
	60	2050	10.2	6.5	152	27	4:32
不及格	50	2010	10.4	5.7	147	25	4:42
	40	1970	10.6	4.9	142	23	4:52
	30	1930	10.8	4.1	137	21	5:02
	20	1890	11.0	3.3	132	19	5:12
	10	1850	11.2	2.5	127	17	5:22

附表 1–7　大学生加分指标测试项目评分表一　（单位：次）

加分	引体向上（男）		1分钟仰卧起坐（女）	
	大一、大二	大三、大四	大一、大二	大三、大四
10	10	10	13	13
9	9	9	12	12
8	8	8	11	11
7	7	7	10	10
6	6	6	9	9
5	5	5	8	8
4	4	4	7	7
3	3	3	6	6
2	2	2	4	4
1	1	1	2	2

注：引体向上（男）、1 分钟仰卧起坐（女）均为高优指标，学生成绩超过单项评分 100 分后，以超过的次数所对应的分数进行加分。

附表 1–8　大学生加分指标测试项目评分表二　（单位：秒）

加分	1000米跑（男）		800米跑（女）	
	大一、大二	大三、大四	大一、大二	大三、大四
10	−35	−35	−50	−50
9	−32	−32	−45	−45
8	−29	−29	−40	−40
7	−26	−26	−35	−35
6	−23	−23	−30	−30
5	−20	−20	−25	−25
4	−16	−16	−20	−20
3	−12	−12	−15	−15
2	−8	−8	−10	−10
1	−4	−4	−5	−5

注：1000 米跑（男）、800 米跑（女）均为低优指标，学生成绩低于单项评分 100 分后，以减少的秒数所对应的分数进行加分。

附录二　学生体质健康测试方法

一、身高

受试者赤足，以立正姿势站在身高计的底板上（上肢自然下垂，两脚脚跟并拢，两脚脚尖分开约 60°）。脚跟、骶骨部及两肩胛区与立柱相接触，躯干自然挺直，头部正直，耳屏上缘与眼眶下缘成水平位（附图 2–1）。测试人员站在受试者右侧，将水平压板轻轻沿立柱下滑，轻压于受试者头顶。测试人员读数时，两眼应与压板水平面等高。测试结果以厘米为单位，保留一位小数。测试误差不得超过 0.5 厘米。

二、体重

测试时，体重秤应放在平坦的地面上。受试者赤足，男性受试者身着短裤（附图 2–2），女性受试者身着短裤、短袖衫，站在秤台中央。测试结果以千克为单位，保留一位小数。测试误差不超过 0.1 千克。

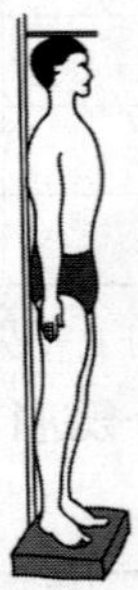
附图 2–1

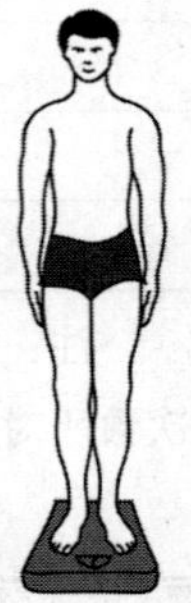
附图 2–2

三、肺活量

测试人员告知受试者不必紧张，以中等速度和力度尽全力吹气效果最好。受试者面对肺活量计站立，手持吹气口嘴。测试过程中，口嘴或鼻处不能漏气。若口嘴或鼻处漏气，则受试者应调整口嘴和用鼻夹（或自己捏鼻孔）。测试前，受试者应深吸气（避免耸肩提气，应该像闻花似的慢吸气）。受试者进行一两次较平日深一些的呼吸后，更深地吸一口气，屏住气向口嘴处慢慢呼出至不能再呼为止，防止此时从口嘴处吸气；测试中不得中途二次吸气。吹气完毕后，液晶显示屏上最终显示的数字即肺活量值。每位受试者测 3 次，每次间隔 15 秒，记录 3 次数值，选取最大值作为测试结果。以毫升为单位记录测试成绩，不计小数。

四、50 米跑

受试者至少两人一组进行测试，采用站立式起跑姿。受试者听到“跑”的口令后开始起跑。发令员在发出口令的同时要摆动发令旗。计时员视旗动开表计时，在受试者的躯干部到达终点线的垂直面时停表。测试结果以秒为单位，精确到小数点后一位，小数点后第二位数按非 0 进 1 原则进位，如 10.11 秒读成 10.2 秒。

五、坐位体前屈

受试者两腿伸直，坐在平地上，两脚分开 10 ～ 15 厘米，两脚平蹬测试纵板，上体前屈，两臂伸直，用两手中指指尖逐渐向前推动游标，直到不能前推为止（附图 2-3）。测试计的测试纵板内沿平面为 0 点，靠近身体方向的数值为负值，远离身体方向的数值为正值。测试结果以厘米为单位，保留一位小数。测试两次，取最好成绩。

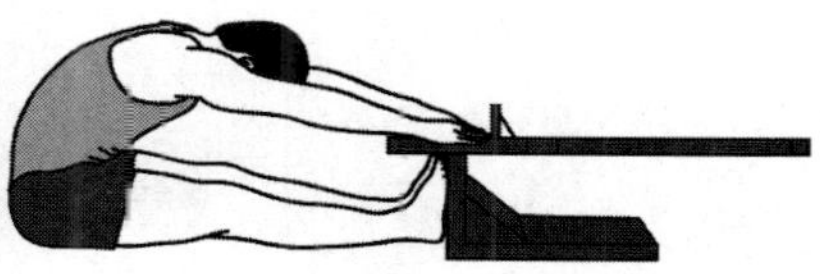

附图 2-3

六、立定跳远

受试者两脚自然分开站在起跳线后，脚尖不得踩线（最好用线绳做起跳线）。两脚原地同时起跳，不得有垫步或连跳动作。丈量起跳线后缘至最近着地点后垂直距离。每人试跳 3 次，记录其中成绩最好一次。以米为单位，保留 2 位小数。

七、引体向上（男）

受试者跳起，两手正握杠，两手间距与肩同宽，成直臂悬垂姿势。静止后，两臂同时用力引体（身体不能有附加动作），上拉到下颌超过横杠上缘为完成一次。测试人员记录引体次数。

八、1 分钟仰卧起坐（女）

受试者仰卧于垫上，两腿稍分开，屈膝约成 90°，两手手指交叉抱于脑后。受试者坐起时，两肘触及或超过两膝为完成 1 次。仰卧时，两肩胛必须触垫。测试人员发出“开始”口令的同时开表计时，记录 1 分钟内完成次数。1 分钟到时，受试者虽已坐起，但肘关节未达到两膝者不计该次数，精确到个位。（附图 2-4）

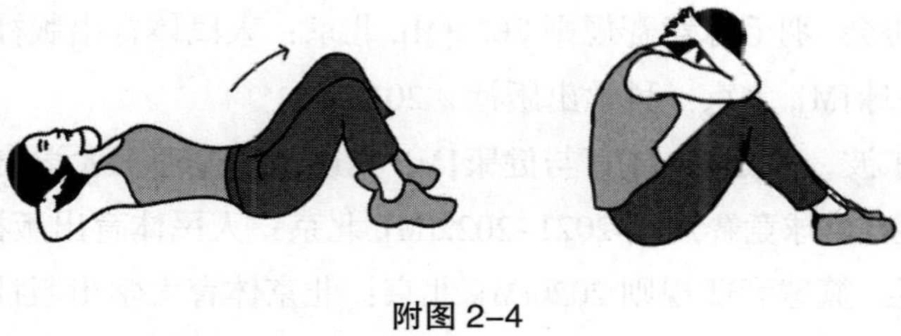

附图 2-4

九、1000 米跑（男）、800 米跑（女）

受试者至少两人一组进行测试，站立式起跑。受试者听到“跑”的口令后开始起跑。发令员在发出口令的同时摆动发令旗，计时员看到旗动开表计时，当受试者的躯干部位到达终点线垂直面时停表。以分、秒为单位记录测试成绩，不计小数。

参考文献

[1] 林少琴 . 高校体育教程 [M]. 长春：吉林大学出版社，2014.

[2] 张瑞林 . 游泳 [M]. 北京：高等教育出版社，2010.

[3] 胡振浩，张溪，田翔 . 职业体能训练 [M]. 北京：高等教育出版社，2008.

[4] 田麦久 . 运动训练学 [M]. 北京：高等教育出版社，2010.

[5] 陈智勇 . 现代大学体育教程 [M]. 北京：北京体育大学出版社，2010.

[6] 肖树新 . 乒乓球 [M]. 北京：北京师范大学出版社，2010.

[7] 孟令滨 . 普通高等学校体育理论教程 [M]. 哈尔滨：东北林业大学出版社，2016.

[8] 吴志刚 . 体育与健康 [M]. 北京：高等教育出版社，2013.

[9] 孙麒麟 . 体育与健康教程 [M]. 大连：大连理工大学出版社，2008.

[10] 谢香道，刘贺余，刘国荣 . 大学体育教程 [M]. 上海：立信会计出版社，2011.

[11] 李大威 . 北方高校体育教程 [M]. 北京：电子工业出版社，2015.

[12] 田丽芬 . 高职院校体育与健康教程 [M]. 北京：高等教育出版社，2014.

[13] 石雷 . 大学体育选项指导教程 [M]. 北京：人民体育出版社，2009.

[14] 张瑞林 . 足球运动 [M]. 北京：高等教育出版社，2010.

[15] 中国羽毛球协会 . 羽毛球竞赛规则 2021[M]. 北京：人民体育出版社，2021.

[16] 刘仁健 . 羽毛球 [M]. 北京：科学出版社，2010.

[17] 郑厚成，李东波，郑茹婷 . 体育与健康 [M]. 大连：大连理工大学出版社，2010.

[18] 中国足球协会 . 足球竞赛规则 2021–2022[M]. 北京：人民体育出版社，2022.

[19] 中国篮球协会 . 篮球竞赛规则 2020[M]. 北京：北京体育大学出版社，2020.

[20] 中国排球协会 . 排球竞赛规则 2017–2020[M]. 北京：人民体育出版社，2017.

[21] 中国网球协会 . 网球竞赛规则 2018[M]. 北京：人民体育出版社，2018.

[22] 中国乒乓球协会 . 乒乓球竞赛规则 2016[M]. 北京：人民体育出版社，2017.